DESCUBRA SUS DONES ESPIRITUALES

DON & KATIE FORTUNE

PATMOS

Descubra sus dones espirituales: Cómo servir mejor al Cuerpo de Cristo

Publicado por Editorial Patmos,
Miami, FL 33166.

Originalmente publicado en inglés como *Discover your God-given Gifts*, por Chosen Books, una división de Baker Book House Company, Grand Rapids, MI. ©1987 Don y Katie Fortune.

NOTA DEL EDITOR: Las citas bíblicas marcadas como «TAB» son traducidas de *Amplified Bible*, una versión amplificada de la Biblia en inglés.

ISBN: 978-1-64691-117-2

Diseño de portada por Adrián Romano

Categoría: Vida cristiana

Impreso en Brasil | *Printed in Brazil*

Índice

Tercera parte: Aplicaciones prácticas

INTRODUCCIÓN

Fue en el año 1974 que nuestros amigos Lynn y Glenn Koontz, nos invitaron a su hogar para compartir con nosotros lo que habían aprendido sobre los dones motivacionales durante un seminario avanzado titulado "Conflictos Básicos de la Juventud", enseñado por Bill Gothard. Nos emocionamos mientras Glenn leía sus notas. Enseguida entendimos por qué éramos tan diferentes el uno del otro. Eso nos ayudó a entender cosas sobre nosotros mismos que anteriormente no habíamos entendido.

– ¡Vaya! – me dijo Don, mi esposo –, Ahora entiendo por qué siempre estás tan ansiosa por organizar las cosas, ¡incluyéndome a mí y a los niños!

– ¡Sí! contesté –, y ahora entiendo por qué siempre dices a todos que deben ver el lado bueno de cada situación.

Pronto reconocí que la administración era mi don primario. Por primera vez en mi vida entendí la razón por la cual sentía tal pasión por cualquier cosa en la que me involucraba. Entendí que estaba bien que yo prefiriera delegar tareas en vez de hacerlas yo misma. Pude, entonces, liberarme de la culpa que sentía por no ser el "ama de casa ideal". Sentí alivio al saber que mi interés por emprender proyectos fuera del hogar era un comportamiento normal y aceptable para personas con mi don. También reconocí que algunos de los problemas en mi vida eran típicos de la persona que tiene el don de administración. De ahí en adelante entendería mucho mejor estos aspectos de mi vida, lo cual me ayudaría a cambiarlos.

Mi esposo Don reconoció que su don primario era el de la exhortación. Entendió por qué siempre tenía tantos deseos de aconsejar a las personas...algunas veces sin que se lo pidieran. Se dio cuenta de que el Señor lo había equipado para ser un motivador, para fortalecer al Cuerpo de Cristo, y que tenía que seguir haciéndolo, incluso cuando no hubiera resultados visibles de inmediato.

A raíz de esta revelación, Don dijo: "Empecé a aceptar algunas de las ideas y de los comportamientos de Katie. Al saber que ella obraba según los dones motivacionales que Dios le había dado, dejé de tratar de hacer que ella pensara y actuara a mi manera."

Por mi parte, yo me di cuenta de que necesitaba dejar que mi esposo fuera lo que Dios quería que fuera. Nuestras diferencias ya no nos intimidan. Por el contrario, hemos aprendido a deleitarnos en ellas, sabiendo que Dios nos ha unido en el matrimonio siendo personas con dones diferentes que nos enriquecerán a ambos, si permitimos que sea así.

De la misma manera, empezamos a reconocer los dones únicos en cada uno de nuestros tres hijos. Linda, nuestra hija, es un ejemplo típico de una persona con el don de compasión. David es una mezcla interesante de los dones de sus padres: tiene el don de administración, el de enseñanza y el de exhortación. Dan tiene el don de percepción modificado por el don de compasión. Fue una experiencia divertida ver cómo la personalidad de nuestros hijos se desarrollaba y florecía cuando les permitimos ser lo que Dios quería que fueran. Nos ayudó a comprender mejor cómo disciplinarlos y motivarlos.

También llegamos a ser más sensibles a los dones de nuestros amigos y colegas. Pudimos entender mejor el motivo por el cual algunas de nuestras acciones causaban en los demás cierta reacción negativa en vez de una respuesta positiva, y también por qué algunas veces nos sentíamos intimidados por ciertas personas. Los conflictos personales con los demás disminuyeron, y en muchos casos hasta desaparecieron.

Pronto empezamos a usar los conocimientos que habíamos adquirido en todas nuestras relaciones interpersonales. Entendimos por qué los sermones de nuestro pastor tendían con mucha frecuencia a basarse en un tema determinado. Comprendimos por qué cierta persona a quien se le había dado un puesto de liderazgo en la iglesia, no podía con su cargo. Entendimos por qué nuestro hijo mayor cultivaba un grupo grande de amistades mientras que nuestro hijo mejor era feliz teniendo sólo uno o dos amigos íntimos. Percibimos por qué nuestra hija siempre se hacía amiga y protegía a los rechazados y marginados. ¡Todo empezaba a tener sentido!

INVESTIGACIÓN ADICIONAL

Nuestra perspectiva fue enriquecida aun más cuando recibimos una serie de casetes desarrollados por el Reverendo Don Pickerill, presidente de *Life Bible College* en California, que hablaba sobre los dones bíblicos. Mientras más examinábamos las Escrituras, más nos emocionábamos. Los personajes bíblicos empezaron a cobrar vida. Empezamos a ver cómo su ministerio, sus motivos y sus métodos encajaban en el propósito y el plan de Dios para su vida.

Al mismo tiempo, el Espíritu Santo empezó a confirmar que este era un tema acerca del cual Él quería que yo enseñara. (Me había dado cuenta de que mi don secundario es el de la enseñanza.) Entonces, tomando lo que otros habían descubierto y agregando lo que nosotros habíamos aprendido de las Escrituras y de la experiencia propia, comenzamos a enseñar sobre los dones en los grupos de mujeres, los estudios bíblicos y en cualquier lugar en que el Señor abriera las puertas de la oportunidad.

Y por supuesto, mientras más enseñábamos sobre este tema, más aprendíamos. La respuesta de los grupos era muy positiva. ¡Más discernimiento! Más indicaciones que estas enseñanzas eran indispensables y que cambiaban la vida de las personas. Yo, por mi parte, recopilaba datos de cada grupo al que enseñaba y desarrollé un método de evaluación (mi don de administración puesto en acción), que permitía que las personas identificaran sus dones.

Varias mujeres de nuestra zona comenzaron a enseñar sobre el tema y decidimos reunirnos cada mes para compartir nuestras ideas y lo que habíamos aprendido. Les comenté a Margaret Ann Hardwick, Judy Walker, Bobbie Elmore y Barbara Walsh que estaba preparando un libro sobre el tema y les pedí a todas ellas que me dieran sus sugerencias. Pasamos juntas momentos muy agradables, mientras investigábamos, revisábamos y agregábamos datos.

Quiero agradecer de manera especial a aquellos que ayudaron posteriormente con la recopilación de la investigación: Collen McGowan, Lydia Mathre y Carol Miller. Quiero agradecer grandemente a Helen Bishop, quien me ayudó al pasar infinidad de horas frente a la computadora. También quiero agradecer a Elizabeth Sherrill por la delicadeza y la meticulosidad de su revisión.

EXPOSICIÓN GENERAL DE LA ENSEÑANZA

Durante los últimos doce años, Don y yo hemos enseñado nuestro seminario sobre los dones motivacionales alrededor del país, desde Washington hasta la Florida, y desde California hasta Nueva York. También lo hemos enseñado en Canadá, Nueva Zelanda, Australia, Inglaterra, Escocia, Alemania, Panamá, India, Singapur, Hong Kong, Corea, Japón, América Central y las Filipinas.

Hemos tenido el privilegio de trabajar con intérpretes excelentes. En Panamá, cualquiera hubiera pensado que Karen Hines (esposa del evangelista Mike Hines) había enseñado sobre el tema durante años. En Alemania, Waltraud Keil (un maestro en la Escuela de Idiomas Berlitz) adquirió hasta nuestros gestos y nuestro tono de voz. En Japón el joven pastor Kai se relacionó con nosotros de una forma que sólo pudo haber sido obra del Espíritu Santo.

En Corea, Archer Torrey, teólogo y además nieto del escritor teológico R. A. Torrey, nos sirvió de intérprete en *Jesus Abbey*. Cuando le preguntamos por qué su traducción generalmente era más larga que el original, nos explicó que estaba recibiendo revelaciones tan claras del Espíritu Santo que las estaba agregando a lo que nosotros decíamos.

También nos han sucedido cosas graciosas, como aquella vez que Don dijo: "El que tiene el don de percepción ayunará y orará a menudo." Nuestro amigo misionero, Ron Sisco, inmediatamente interrumpió para corregir al intérprete cuando este dijo: "El que tiene el don de percepción a menudo orará apresuradamente." (En inglés, la palabra *fast* se puede traducir "ayunar" o bien "apresuradamente".)

Hemos descubierto que estas enseñanzas atraen y se aplican no solamente a las personas de cada país y cada cultura, sino también a las personas de cada tipo de iglesia, denominación y organización. Asimismo, recibimos respuestas entusiastas de jóvenes, grupos universitarios, adultos y ancianos. Todos ellos dicen lo mismo: "¡Este seminario ha cambiado mi vida!"

Parte 1

Una Perspectiva General de Los Dones

Tres Categorías de Dones

1

Si usted tiene una canasta de manzanas, naranjas y bananos, ¿qué tiene en realidad? ¿Una canasta de manzanas? No. ¡Tiene una canasta de frutas! Lo mismo sucede con las tres categorías de dones que se mencionan en el Nuevo Testamento. Los tres grupos están compuestos de dones; sin embargo, al igual que las frutas en la canasta, cada grupo es único y distinto de los demás.

Uno de estos grupos de dones dados por Dios contiene la clave para entender muchas cosas sobre nosotros mismos: por qué pensamos y obramos de cierta forma, qué nos lleva a relacionarnos con otras personas y con las circunstancias que nos rodean de la manera en que lo hacemos, y qué hace que seamos los individuos especiales que somos. Este grupo de dones será el enfoque de este libro. La Biblia habla de estos dones en 1 Pedro:

> Cada uno, según el don que ha recibido (un talento espiritual en particular, un legado divino), minístrelo a los demás, como buenos administradores de la multiforme gracia de Dios, [mayordomos fieles de las muy diversas capacidades y dones que Dios ha dado a los creyentes mediante su favor desmerecido.]
>
> *I Pedro 4:10, TAB*

En este pasaje indudablemente encontramos una clara declaración de que Dios ha dado un don a cada cristiano. Aquí también encontramos un mandato para que utilicemos estos dones para el beneficio de otras personas. Podemos tener la plena seguridad de que Dios no nos mandará a utilizar algo que no poseemos. Sin embargo, ¿cómo obtenemos estos dones?

La palabra griega para "don" en este versículo es *carisma,* la cual mi diccionario griego define como "algo que Dios da gratuitamente... un presente espiritual... un regalo gratuito." De modo que esto no es algo que podamos ganarnos; de hecho, la Biblia no dice que tratemos de merecer nuestro don, sino de *utilizarlo.* Este tipo de don es algo que ya poseemos, algo que Dios nos dio a cada uno de nosotros cuando Él nos creó.

Como ya mencioné, esto no se aplica sino a uno de los tres grupos de dones que se encuentran en el Nuevo Testamento. Examinemos brevemente cada lista de dones para observar cuál de ellas entra en esta categoría de dones especiales que revelan tanto acerca de la manera en que Dios nos creó.

LOS DONES DE MANIFESTACION

El primer grupo de dones lo encontramos en 1 Corintios 12

> Pero a cada uno le es dada la manifestación del Espíritu (Santo), es decir, la evidencia, la iluminación espiritual del Espíritu, para provecho. Porque a éste es dado por el Espíritu (Santo) [el poder para hablar] palabra de sabiduría; a otro, [el poder para expresar] palabra de conocimiento ("ciencia", RV) según el mismo Espíritu (Santo); a otro, fe (que hace maravillas) por el mismo Espíritu (Santo); y a otro, dones (extraordinarios) de sanidades por el Espíritu; a otro, el hacer milagros; a otro profecía, es decir, el don de interpretar la voluntad y el propósito divinos; a otro, la habilidad de discernir y distinguir entre [la palabra de] los espíritus de verdad [y los falsos]; a otro, diversas lenguas [desconocidas]; y a otro, la interpretación de [tales] lenguas.
>
> *Versículos 7-10, TAB*

Hay nueve dones registrados en el versículo anterior:

1 - Palabra de sabiduría, una revelación de sabiduría que va más allá de la sabiduría natural humana, que le permite a la persona saber qué hacer o decir.

2 - Palabra de conocimiento, ("ciencia", RV), una revelación de información para una persona, grupo o situación que no puede conocerse por ningún medio natural.

3 - Fe, el tipo de fe en acción que mueve montañas y espera confiadamente los resultados.

4 - Dones de sanidad, las muchas maneras y la variedad de grados en los cuales Dios manifiesta la sanidad.

5 - Hacer milagros, la demostración del poder de Dios en acción que va más allá de las leyes naturales.

6 - Profecía, una proclamación ungida de Dios a través de un individuo para animar, exhortar y confrontar.

7 - Discernimiento de espíritus, la habilidad de una persona para percibir qué tipo de espíritu está operando en cierta situación.

8 - Diversas lenguas, las lenguas dadas a los cristianos por el Espíritu Santo que no son lenguas aprendidas o entendidas por los hablantes.

9 - Interpretación de lenguas, la habilidad sobrenatural de expresar el contenido de lo que se ha hablado en lenguas.

Algunos llaman estos dones los dones de manifestación, puesto que Pablo utilizó la palabra griega *phanerosis,* la cual significa "una exhibición, expresión o manifestación". En otras palabras, Pablo define estos dones como manifestaciones sobrenaturales del Espíritu Santo que obran a través de los cristianos.

Esta lista de dones no es el objetivo principal de nuestro estudio. La primera razón es porque la Biblia nos muestra que es la persona a quien se le ministra quien realmente recibe los dones (como cuando Jesús sanó al ciego o al paralítico). La segunda razón es porque nadie puede dictar cuándo será utilizado el don; el Espíritu Santo es el encargado de que los dones trabajen a través de vasos disponibles y dispuestos.

LOS DONES MINISTERIALES

La segunda lista de dones la encontramos en Efesios 4. En este texto, la palabra para don que se utiliza en el versículo 8 cuando dice: "... Subiendo a lo alto... y dio dones [*doma*] a los hombres" significa literalmente "un presente". Si examinamos este versículo en su contexto, vemos que después que Jesús ascendió al Padre, Él dio dones a las personas a quienes había llamado y dotado para dirigir y capacitar al resto del Cuerpo de Cristo.

Aunque muchas versiones no repiten la palabra "don", en el versículo 11, *the Amplified Bible* (versión amplificada de la Biblia en inglés, también conocida como la *TAB*) sí lo hace:

> Y sus dones fueron [variedad; Él mismo constituyó y nos dio hombres,] algunos para ser apóstoles (mensajeros especiales), otros profetas (predicadores y expositores inspirados), otros evangelistas (predicadores del evangelio, misioneros itinerantes), otros pastores (los que pastorean su rebaño) y maestros.
>
> *Efesios 4:11, TAB*

Es importante notar que en este versículo las palabras "hombres" y "algunos" se utilizan en el sentido de la "humanidad", es decir, hombres y mujeres. Por lo tanto, ambos sexos pueden ser *domas* para ministrar al Cuerpo de Cristo.

En este pasaje vemos que se registran cinco dones:

1 - El *apóstol,* aquel que establece y fortalece las iglesias.
2 - El *profeta,* aquel que pronuncia el mensaje de Dios.
3 - El *evangelista,* aquel que es llamado a predicar el evangelio.
4 - El *pastor,* aquel que alimenta y pastorea a los cristianos.
5 - El *maestro,* aquel que instruye a los cristianos en la Palabra de Dios.

Hemos escrito los cinco dones en letra minúscula a propósito, para hacer hincapié en el hecho de que estos no son títulos, sino funciones. Una persona no llega a ser profeta porque alguien le dé el nombre de profeta; más bien, se hace profeta cuando desarrolla la habilidad que Dios le ha dado de obrar como profeta y responde al llamado específico de Dios con un corazón dispuesto.

El propósito de estos dones ministeriales es muy claro. *The New American Standard Bible* lo dice de esta forma:

> Y Él puso a unos como apóstoles, a otros como profetas, a otros como evangelistas, y a otros como pastores y maestros, para equipar a los santos para la obra de servicio, para el fortalecimiento del Cuerpo de Cristo; hasta que todos lleguemos a la unidad de la fe, y al conocimiento del Hijo de Dios...
>
> *Efesios 4:11-13*

Estos cinco dones ministeriales también se pueden llamar los dones de "equipamiento", los cuales permiten a los santos (los creyentes) hacer la obra del ministerio, para que el Cuerpo de Cristo en la tierra (la Iglesia) pueda funcionar como el verdadero representante de Dios.

Por lo tanto, estos dones tampoco son los dones que nos pertenecen, de los cuales se habla en 1 Pedro 4:10. Más bien, aquí el texto se refiere a son *personas* que han sido dotadas para equipar al resto del Cuerpo de Cristo.

LOS DONES MOTIVACIONALES

Ahora veamos la tercera lista de dones en el Nuevo Testamento. Esta la encontramos en el libro de Romanos.

> De manera que, teniendo diferentes dones (facultades, talentos, cualidades), según la gracia que nos es dada, usémoslos: [El que tiene el don de] profecía, [que profetice], conforme a la medida de su fe; [El que tiene el don de] servicio, que se dedique a servir, el que enseña, que se dedique a la enseñanza; el que exhorta (anima) que se dedique a la exhortación; el que reparte, que lo haga con sencillez de corazón y liberalidad; el que preside, que presida con solicitud, de todo corazón; el que hace misericordia, que lo haga con verdadera alegría y entusiasmo.
>
> *Romanos 12:6-8 , TAB*

La palabra griega que se usa aquí es *carisma*, la misma palabra que encontramos en 1 Pedro 4:10. Creemos que esta es la categoría de dones a la cual se refería Pedro cuando dijo que debíamos emplear los dones para beneficio de otras personas. Nótese que este pasaje en Romanos nos anima a utilizarlos. Este versículo es como una repetición, un eco de lo que Pedro declara.

Esta sí es la lista de dones en la que nos enfocaremos en este libro. Estos son los dones que nosotros *poseemos*, los que Dios ha creado en nosotros y hecho parte de nosotros, para ser utilizados para el beneficio de los demás y para su gloria. Al igual que todos los demás dones, Dios nos los da por gracia. Nosotros no los merecemos. Sin embargo, Dios nos los da porque nos ama tanto. Estos son dones que *moldean nuestra personalidad.*

Debido a que Dios nos ha creado con libre albedrío, podemos escoger usar los dones motivacionales apropiadamente, o bien ser negligentes con ellos y abusar de ellos. Para poder "escoger" utilizar estos dones de acuerdo a la voluntad de Dios, es importante tener un entendimiento claro de lo que son y de cómo funcionan. Esa será nuestra meta en las siguientes páginas. A continuación hablaremos resumidamente de los siete dones, presentando las siete expresiones clave que hemos escogido para identificar a las personas que tienen los diferentes dones.

1 - Don de percepción ("profecía", RV60; "profecía", NVI). Lo tiene *el que percibe* claramente la voluntad de Dios. Hemos utilizado la palabra "percepción" en lugar de la palabra "profecía" para evitar confusión, debido a que la raíz de esta última palabra también se utiliza en las otras dos categorías de dones.

2 - Don de servicio. Lo tiene *el servidor,* aquel que disfruta de servir a los demás. A esta persona le gusta hacer cosas prácticas por los demás.

3 - Don de enseñanza. Lo tiene *el maestro,* aquel que disfruta de investigar y comunicar la verdad. Estuvimos a punto de seleccionar la palabra "investigador" debido a que esa motivación es tan fuerte en las personas que tienen este don.

4 - Don de exhortación ("animar", NVI). Lo tiene *el exhortador,* aquel que disfruta de animar y motivar a las personas para que vivan una vida cristiana victoriosa. Estas son personas extremadamente positivas que igualmente pueden ser llamadas "motivadores".

5 - Don de dar ("repartir", RV60). Lo tiene *el dador,* aquel que disfruta de dar tiempo, talento, energía y recursos para beneficiar a otras personas y para el avance del evangelio. Otra palabra para identificar a estas personas podría ser "contribuidor".

6 - Don de administración ("presidir", RV60; "dirigir", NVI). Lo tiene *el administrador,* aquel que disfruta de organizar, dirigir o liderar. A la persona con este don también se le puede llamar "facilitador" o "líder".

7 - Don de compasión ("misericordia", RV60). Lo tiene *el que tiene compasión,* quien se preocupa por los necesitados y les muestra compasión y amor. Hemos utilizado la palabra "compasión" en lugar de "misericordia" puesto que esta palabra es más comprensible en el vocabulario usado hoy día.

LOS DONES EN SU CONTEXTO

Es muy importante que siempre que estudiemos cualquier versículo lo miremos en el contexto del pasaje completo. En este caso, debemos enfocarnos brevemente en los primeros cinco versículos del capítulo doce de Romanos, los versículos que preceden la lista de los dones.

> Así que, hermanos, os ruego por [todas] las misericordias de Dios, que presentéis vuestros cuerpos – presentando todos sus miembros y facultades – en sacrificio vivo, santo (devoto, consagrado), agradable a Dios, que es vuestro culto racional (inteligente).
>
> No os conforméis a este siglo – es decir, a esta era, no siendo moldeados ni adaptándoos a sus costumbres externas y superficiales – sino transformaos (seáis cambiados) por medio de la [completa] renovación de vuestro entendimiento – por sus nuevos ideales y sus nuevas actitudes – para que experimentéis [por vosotros mismos] cuál sea la buena voluntad de Dios, agradable y perfecta [para vosotros, a los ojos de Dios].
>
> Digo, pues, por la gracia (el favor inmerecido de Dios) que me es dada, a cada cual que está entre vosotros, que no tenga más alto concepto de sí que el que debe tener – no teniendo una opinión exagerada de su propia importancia – sino que piense de sí con condura, conforme a la medida de la fe que Dios repartió a cada uno.
>
> Porque de la manera que en un cuerpo tenemos muchos miembros, pero no todos los miembros tienen la misma función; así nosotros, siendo muchos, somos un cuerpo en Cristo, y todos miembros los unos de los otros.
>
> *Romanos 12:1-5, TAB*

En el primer versículo, escribiendo a los cristianos en Roma, Pablo declara que todos los cristianos deben presentarse ante Dios como sacrificio vivo. Es sólo mediante esta dedicación incondicional y sin reservas que nuestros dones motivacionales pueden ser utilizados de la forma en que Dios los diseñó.

El versículo siguiente nos dice que tenemos que renovar nuestra mente. ¿Cómo hacemos esto? Por la Palabra de Dios. Conforme oramos, leemos y estudiamos la Biblia, esta se convierte en una revelación viva y personalizada de Dios para cada creyente, y nuestra mente es limpiada y renovada.

En el tercer versículo, aprendemos primeramente que debemos tener una actitud correcta acerca de nosotros mismos. Debemos ser agradecidos y humildes y no engreídos, pero al mismo tiempo, saber que somos valiosos a los ojos de Dios en vez de rebajarnos indebidamente. Luego aprendemos que a cada uno de nosotros se nos ha dado un grado de fe que nos permitirá usar efectivamente nuestros dones motivacionales. *El que percibe* tiene fe que Dios responderá a sus peticiones; *el servidor* tiene una fe que le permite terminar cualquier tarea que ha iniciado; *el maestro* tiene la fe necesaria para investigar y descubrir la verdad sobre cualquier tema; *el dador* tiene fe que Dios suplirá todas sus necesidades; el *administrador* tiene fe que cualquier proyecto puede llevarse a cabo si las personas adecuadas se unen para hacerlo; y *la persona compasiva* tiene fe que podrá ayudar a las personas a trabajar juntos en amor.

En los versículos cuatro y cinco aprendemos que debemos discernir los diferentes dones que hay en el Cuerpo de Cristo y trabajar juntos, dependiendo los unos de los otros.

En este contexto podemos ver la importancia de utilizar nuestros dones motivacionales para la gloria de Dios, puesto que esta es la única forma en que encontraremos satisfacción. Estos dones – cuya existencia hemos ignorado en gran parte – son lo que motivan nuestra vida, y si no son canalizados debidamente, indudablemente nos sentiremos frustrados. Pero al descubrirlos, descubrimos un gran potencial para ser felices.

Este libro le mostrará no solamente cómo identificar sus dones, sino también cómo usar estos dones de manera eficaz. Notará cómo sus dones particulares han sido evidentes en sus acciones, inclusive desde la niñez. Entenderá que sus dones son lo que motivan todas sus acciones, y que también afectan la manera en que las lleva a cabo. También descubrirá que cuando utiliza sus dones especiales únicamente para sus propios fines egoístas, estos tenderán a contaminarse. Pero cuando utiliza sus dones para beneficiar a otras personas, cooperando con el plan de Dios para su vida, estos producirán el gozo más grande de su vida.

Existe también otra lista de dones en la Biblia. No es una lista nueva, sino una compuesta de las tres listas que ya hemos mencionado. La encontramos en 1 Corintios 12:28-30 (NVI):

> En la iglesia Dios ha puesto, en primer lugar, apóstoles; en segundo lugar, profetas; en tercer lugar, maestros; luego los que hacen milagros; después los que tienen dones para sanar enfermos, los que ayudan a otros, los que administran y los que hablan en diversas lenguas. ¿Son todos apóstoles? ¿Son todos profetas? ¿Son todos maestros? ¿Hacen todos milagros? ¿Tienen todos dones para sanar enfermos? ¿Hablan todos en lenguas? ¿Acaso interpretan todos?

Aquí Pablo utiliza como ejemplo dones de cada una de las tres categorías:

MOTIVACIONALES	MINISTERIALES	DE MANIFESTACIÓN
Ayuda (servicio)	Apóstoles	Milagros
Administración	Profetas	Sanidades
	Lenguas	Interpretación

El famoso "capítulo del amor", 1 Corintios 13, le sigue directamente a este pasaje. Aquí Pablo señala un punto importante: ya sea que estemos usando los dones motivacionales, ministeriales o los de manifestación, si no lo hacemos en *amor* – el amor ágape de Dios – no estamos haciendo *nada*. Es una advertencia apropiada que siempre debemos recordar.

¡Todos Tenemos Un Don!

2

Buenas noticias: ¡Todos tenemos un don motivacional! Dios no ha excluido a nadie. Con mi esposo hemos evaluado a miles de personas y cada uno ha descubierto su don específico; a veces las personas tienen uno de los siete dones, y a veces descubren que tienen más de uno. (Nunca hemos encontrado a nadie que tenga un don "octavo", es decir, otro don que no sea uno de los siete que se mencionan en la Biblia. De hecho, no existe un don octavo.) Pero que no sea nuestra palabra la que valga. Veamos mejor la Palabra de Dios:

> Cada uno según el don que ha recibido, minístrelo a los otros, como buenos administradores de la multiforme gracia de Dios.
>
> *1 Pedro 4:10*

> De manera que, teniendo diferentes dones, según la gracia que nos es dada, si el de profecía, úsese conforme a la medida de la fe; o si el de servicio, en servir; o el que enseña, en la enseñanza; el que exhorta, en la exhortación; el que reparte, con liberalidad; el que preside, con solicitud; el que hace misericordia, con alegría.
>
> Romanos 12:6-8

¿Lo ve? Hay siete dones motivacionales (es decir, dones motivadores). Y *cada uno de nosotros* recibe uno (o más de uno). Entonces, ¿qué hacemos con ellos?

SE NOS MANDA A UTILIZAR NUESTROS DONES EN BENEFICIO DE OTROS

Las Escrituras destacan que nuestros dones motivacionales se nos han dado para *beneficiar a otros.* No se deben utilizar para fines egoístas. En primer lugar, es únicamente por la gracia de Dios que los tenemos; por lo tanto, debemos utilizar nuestros dones para ayudar y bendecir a los demás.

El ejemplo de los dos mares en Israel nos muestra que para que haya vida, es indispensable que haya una corriente de agua que fluya hacia fuera. El Mar de Galilea tiene corrientes de agua que llegan a él y otras que *salen* de él. Por lo tanto, el agua del lago se mantiene fresca y útil; sustenta la vida. Pero el Mar Muerto no tiene salidas de agua. Este retiene toda el agua que recibe. Debido a la evaporación, este lago se ha convertido en el lago más salado del mundo: en él no existe vida de ningún tipo.

Así pasa con los dones motivacionales: fueron diseñados por el Creador para que salieran de nosotros hacia aquellos que están a nuestro alrededor.

DIOS PUSO EN NOSOTROS NUESTROS DONES CUANDO NOS FORMÓ

Nuestros dones no fueron una idea de último momento. Dios nos creó con nuestros dones particulares para que pudiéramos desempeñar nuestro papel en la edificación de su Reino.

Uno de los pasajes más hermosos sobre la creación lo encontramos en el Antiguo Testamento, específicamente en el Salmo 139:13-16:

> Porque usted formaste mis entrañas; Tú me hiciste en el vientre de mi madre. Te alabaré; porque formidables, maravillosas son tus obras; Estoy maravillado, y mi alma lo sabe muy bien. No fue encubierto de ti mi cuerpo, bien que en oculto fui formado, y entretejido [como si hubiera sido bordado de varios colores] en lo más profundo de la tierra [una región de oscuridad y misterio]. Mi embrión vieron tus ojos, y en su libro estaban escritas todas aquellas cosas que fueron luego formadas, sin faltar una de ellas.
>
> *TAB*

¡Qué magnífica declaración del diseño y del desarrollo de una criatura en el vientre de su madre! En ese proceso Dios utiliza lo que los científicos ahora llaman el ADN. Cuando un niño es concebido, la mitad de su ADN lo hereda de su padre y la otra mitad de su madre. En ese microscópico huevo fertilizado, el ADN se une formando una escalera genética con forma de espiral que literalmente mide seis pies (1.75 metros) de largo. Sin embargo, se compacta maravillosamente dentro de un diminuto huevo. ¡Qué increíble!

Cada detalle de nuestro cuerpo está programado por el ADN. El funcionamiento de nuestro cuerpo es mucho más complejo y minucioso que la computadora más sofisticada que exista hoy día. El color de su cabello estaba preprogramado por su ADN. La forma de su nariz, su peso, la forma de su cuerpo, todas sus características físicas fueron determinadas en el momento de su concepción.

Si Dios ha planificado tan cuidadosamente el desarrollo de nuestro cuerpo físico, el cual se va desgastando y finalmente muere, cuánto más cuidado habrá tenido al planificar nuestros dones. Nosotros creemos que nuestros dones motivacionales nos son dados en el momento de la concepción. De la misma forma que el ADN produce con el tiempo nuestras características físicas, así nuestros dones motivacionales van produciendo nuestras habilidades, y crean interés y entusiasmo en nosotros por hacer ciertas cosas. Esto a su vez nos lleva a desempeñar ciertas acciones, y así llegamos a ser miembros útiles del Cuerpo de Cristo.

Una de las cosas que nos ha convencido de que los dones motivacionales son parte de nuestra creación inicial es nuestro estudio de los gemelos.

La primera vez que evalué a hermanos gemelos fue hace varios años atrás en Montana. Judy, una joven madre que tenía unos treinta y pico años de edad, comentó en aquella ocasión que lamentaba que su hermana gemela Jane viviera tan lejos que no podría asistir a nuestro seminario. El resultado de la evaluación de Judy mostró que ella tenía muy marcadamente el don de exhortación. Pero otra mujer que estaba en el grupo dijo que conocía a ambas gemelas e insistió que la evaluación de Jane probablemente daría el mismo resultado.

Un año después, fui invitada a enseñar sobre los dones motivacionales en otro pueblo de Montana y sucedió que era el pueblo donde vivía Jane. Aunque ella había escuchado a su hermana Judy hablar sobre el seminario, no había visto la hoja de evaluación ni el perfil de su hermana. "Pensé que sería mejor no ver los resultados de la evaluación de mi hermana Judy hasta después de yo tener la oportunidad de hacerme la evaluación," explicó Jane.

Después del seminario, Jane me trajo la hoja con su perfil. ¡El don primario de ella también era el de exhortación! Pero lo que más me sorprendió fue que su don secundario y su tercer don eran exactamente los mismos que los de su hermana Judy.

Desde entonces, nos hemos dado cuenta de que el resultado siempre es el mismo para todos los gemelos que toman la evaluación: su don primario es idéntico. Por ejemplo, la esposa de un pastor tenía el don de servicio. Lo que más le gustaba de su ministerio era la hospitalidad; le encantaba tener invitados y hospedar a las personas en su casa.

Por otra parte, su hermana gemela se había casado con un hombre de negocios muy adinerado. Ella podía darse el lujo de tener servidumbre que le ayudara en los quehaceres de la casa; sin embargo, prefería encargarse de la casa ella misma. Le encantaba invitar a las personas a su casa y servir a los colegas de negocios de su esposo. Ella también tenía el don de servicio.

En otra oportunidad, una mujer llamada Deanne fue evaluada en el estado de Washington y su hermana Dianne, su gemela idéntica, también fue evaluada al mismo tiempo en la Costa del Este. Según las evaluaciones, ambas tenían el don de percepción.

El periódico *The Reader's Digest* publicó un artículo sobre gemelos que presentaba aun mayores pruebas de que los dones motivacionales nacen en nosotros y no nos son añadidos con el tiempo. Veamos a continuación un párrafo revelador:

> Hace aproximadamente 40 años en el estado de Ohio nacieron gemelos idénticos; eran dos varoncitos. Días después de su nacimiento, ambos fueron adoptados por una familia diferente. Pero hace un año, después de estar separados durante aproximadamente 39 años, estos gemelos se reencontraron. En ese momento se descubrió que ambos se llamaban James; ambos habían estudiado leyes, a ambos les gustaban la mecánica y la carpintería. Cada uno se había casado con – una mujer llamada Linda, cada uno había tenido un hijo uno llamado James Alan y el otro James Allan – ambos se habían divorciado y se habían vuelto a casar con una mujer llamada Betty. Ambos tenían un perro llamado Toy. Además, ambos preferían ir de vacaciones a la misma playa de St. Petersburg, Florida. [1]

Para fines de nuestro estudio, es importante notar que estos gemelos fueron criados por separado, en diferentes hogares. Por esta razón, ni sus familiares ni su escuela podían haber influido en el hecho que escogieran un trabajo, pasatiempos y diversiones idénticos. Obviamente, algo mucho más fundamental estaba involucrado, algo que, a nuestro parecer, fue creado en ellos el momento de la concepción.

NUESTRO DON PUEDE OBSERVARSE EN LA NIÑEZ

> Instruye al niño en su camino, y aun cuando fuere viejo no se apartará de él.
>
> *Proverbios 22:6*

Cuando empezamos a criar a nuestros hijos, tomamos esta escritura muy en serio, y nos esforzamos por criar a nuestros hijos según los principios morales y bíblicos.

Luego, cuando los muchachos tenían ocho y diez años de edad, descubrimos los dones motivacionales y nos dimos cuenta de que Proverbios 22:6 encerraba mucho más que una simple enseñanza sobre disciplina e instrucción. La *TAB* *(The Amplified Bible)* nos da una nueva visión de esta escritura: "Instruye al niño en su camino [tomando en cuenta sus dones individuales o inclinaciones], y aun cuando fuere viejo no se apartará de él."

El hebreo original encierra la idea de que cada niño tiene un *don* (un don motivacional) y una *inclinación* (una tendencia que se llevará a cabo a medida que él utilice sus dones motivacionales.) De modo que nosotros, como padres, tenemos la responsabilidad de descubrir el don de nuestros hijos e "instruirlos" en estos, para fortalecer el desarrollo de estos dones, de manera que cuando nuestros hijos lleguen a ser mayores de edad, ya estén utilizando sus dones para la gloria de Dios y para su propia satisfacción.

Mi esposo y yo estamos muy agradecidos de haber descubierto esto antes de que nuestros hijos varones hubieran crecido completamente. Pudimos ver fácilmente que Dave tenía el don de administración (con un don secundario de exhortación) y pudimos motivar su liderazgo en la escuela. Dan era completamente diferente a su hermano mayor: él tiene el don de percepción, modificado por el don de compasión. Sabiendo esto, pudimos animarlo a adoptar una postura firme en cuanto a temas de trascendencia e ideales.

Nuestros hijos varones nos han agradecido por haberles animado en sus dones, y además, a través de los años, han traído a sus amigos y compañeros de la escuela a la casa para que ellos también tomen la evaluación sobre los dones motivacionales.

Linda, nuestra hija, ya era adulta, y además estaba casada cuando nosotros aprendimos acerca de los dones motivacionales. Sin embargo, pudimos descubrir que ella tenía un fuerte don de compasión. De niña, ella siempre se apegaba a las personas que estaban heridas o que no tenían amigos. Su amor por los animales era excepcional. Ella quería ser veterinaria para poder trabajar con animales, pero cuando se enteró que los veterinarios también hacían cirugías, le pareció insoportable la idea de hacerle una operación a un animal.

NO DEBEMOS DESCUIDAR NUESTRO DON

> No descuides el don [*carisma*] que hay en ti, que te fue dado mediante profecía con la imposición de las manos del presbiterio.
>
> *1 Timoteo 4:14*

De las quince veces que se usa la palabra *carisma* en el Nuevo Testamento, podemos ver que no es raro que se refiera a más de una categoría de dones al mismo tiempo. (Este término, como cualquier otro, debe entenderse de acuerdo al contexto en el que se utiliza.) En esta referencia, por ejemplo, vemos expresados los tres tipos de dones: los dones sobrenaturales posiblemente se manifestaron más libremente después que el presbiterio le impuso manos a Timoteo; el don de manifestación de profecía fluyó a través de un anciano que tenía el don ministerial de profeta; y el don motivacional con el que Timoteo había sido dotado, fue identificado y liberado en este momento especial en que fue ordenado. Cuando examinamos a fondo este versículo, como lo hace la versión en inglés del Nuevo Testamento *The Interlinear*

Greek-English New Testament[2], vemos algo interesante. Esta versión dice: "No seas descuidado con el don que se encuentra en ti, el cual te fue dado a través de profecía con la imposición de las manos de los ancianos."

Antes que nada, nótese que el griego original se refiere al "don que se encuentra en ti", indicando que el don ya estaba en Timoteo cuando los ancianos oraron por él. La palabra "dado" en el griego es *didomi* que según la concordancia en inglés *Strong's Exhaustive Concordance of the Bible* [3] puede tener diferentes significados, entre ellos "suscitado, mostrado, y expresado." Es probable que Timoteo, siendo una persona joven, todavía no había identificado su don motivacional primario. De manera que cuando los ancianos lo estaban ordenando (utilizando los dones de manifestación de profecía y palabra de ciencia), el don que ya estaba "en él" fue identificado verbalmente. (Al parecer, su don motivacional primario era el de la enseñanza, lo cual vemos en muchas escrituras que hablan de Timoteo y su ministerio de enseñanza. (Véanse 1 Timoteo 4:6, 11, 13-16; 2 Timoteo 2:2, 15; 4:2.)

Vemos que Pablo probablemente fue una de las personas que profetizó a Timoteo por lo que él dice en 1 Timoteo 1:18: "Este mandamiento, hijo Timoteo, te encargo, para que conforme a las profecías que anteriormente recibí acerca de ti, siendo ayudado e inspirado por ellas, milites la buena milicia" (*TAB).*

Pero hay algo aun más importante que el momento en que recibimos el don: si descuidamos nuestro don, estamos descuidando el propósito y el plan de Dios para nuestra vida. Cada uno de nosotros tiene un don "en nosotros" y, como Timoteo, necesitamos utilizarlo para la gloria de Dios y para el beneficio de otros.

NUESTRO DON AFECTA LA MANERA EN QUE PERCIBIMOS LA VIDA

Si una persona se pone unos lentes de sol, todo lo que ve será del color del cristal de los lentes. Igual sucede con nuestro don motivacional. El que tiene el don de percepción verá la vida a través de los ojos de alguien que percibe. Todo será bueno o malo, correcto o incorrecto, según la voluntad de Dios o fuera de la voluntad de Dios. Para el que tiene el don de percepción, es imposible ver la vida de cualquier otra manera.

Por otra parte, el que tiene el don de servicio abordará la vida haciéndose la siguiente pregunta: "¿Qué puedo hacer para ayudar en esta situación?" Esta persona constantemente ve oportunidades para hacer cosas por los demás.

El que tiene el don de enseñanza buscará la verdad en todo lo que se le aparezca. Así como lo hizo el persistente Diógenes de la literatura griega, el cual buscaba con una linterna un hombre honrado, así el maestro investigará, buscará e indagará.

El que tiene el don de exhortación buscará oportunidades para animar y motivar a las personas en cualquier cosa que ellos hagan.

El que tiene el don de dar buscará la manera de invertir su tiempo, talentos y dinero en proveer las necesidades de otras personas.

El que tiene el don de administración, con su extensa visión, advertirá todas las dimensiones de una situación.

El que tiene el don de compasión percibirá heridas y dolencias que necesitan ser sanadas y verá un sinfín de oportunidades para expresar amor.

Y cada uno puede pensar: *¿Por qué los demás no ven las cosas como las veo yo?*

NUESTRO DON SOLAMENTE NOS MUESTRA UN PUNTO DE VISTA

Dios ha limitado y enfocado nuestros dones a propósito, de manera que tengamos que trabajar juntos y depender unos de otros para comprender la verdad en su totalidad.

¿Recuerdan los cinco hombres ciegos que fueron a "ver" un elefante? Uno de ellos tocó el costado del elefante y dijo que un elefante era como una pared. El otro tocó su colmillo y dijo que un elefante era como una lanza. El tercer hombre tocó su trompa y dijo que un elefante era como una serpiente. El cuarto hombre tocó su pierna y dijo que un elefante era como un árbol. El quinto tocó su oreja y declaró que un elefante es como un abanico. El sexto tocó su cola e insistió que un elefante es como una cuerda. Ninguno de ellos acertó completamente; sin embargo, ninguno de ellos se equivocó completamente. Fue cuando ellos unieron todas las conclusiones que habían sacado que pudieron "ver" el elefante en su totalidad.

Lo mismo sucede con nuestros dones motivacionales. Cada uno de nosotros está ciego de cierta manera ya que no vemos la perspectiva de los demás. Nos equivocamos si decimos que nuestra forma de ver las cosas es la única forma correcta. Todos tenemos parcialmente la razón. Pero no tenemos TODA la razón. Necesitamos el punto de vista unos de otros para poder ver el panorama completo.

En nuestra presentación de los dones motivacionales no solamente queremos ayudarle a descubrir sus dones, sino que también queremos que se familiarice con los dones de otras personas para que comprenda cómo piensan las personas con diferentes dones, cómo obran y cómo benefician a todo el Cuerpo de Cristo. Creemos que será enriquecido tanto personalmente como en su relación con otros al obtener estas perspectivas.

CADA DON TIENE IGUAL VALOR

Dibuje un círculo en el espacio
a la derecha.

Supongamos que el círculo representa un pastel. Obviamente es mucho más fácil cortar el pastel en seis u ocho trozos, pero nosotros queremos que hoy corte el pastel que dibujó arriba en siete partes *iguales*. ¿Es un reto? Trate de hacerlo lo mejor que pueda.

Ahora, en caso de que los trozos no hayan salido todos iguales, escriba "Estos son trozos iguales" al lado del pastel. Luego, escriba en cada trozo un don motivacional: percepción, servicio, enseñanza, exhortación, dar, administración y compasión.

Queremos que usted comprenda el concepto de este diagrama: todos los dones son iguales. Son iguales ante los ojos de Dios. Todos tienen el mismo valor en el Cuerpo de Cristo. Ningún don vale más o es mejor que otro don. Cada uno contribuye inestimablemente al funcionamiento colectivo del Cuerpo de Cristo. Si un don no está funcionando, entonces existe una carencia, una insuficiencia.

El don motivacional que Dios le dio a usted es el mejor don que Él le pudo haber dado para llevar a cabo el propósito de Él en su vida y para el beneficio de otras personas. ¡Regocíjese en su don! ¡Utilice sus dones! ¡Desarrolle sus dones! Nos gusta mucho un dicho que dice:

"Nuestra vida es un regalo de Dios;
lo que hagamos con ella es nuestro regalo a Él."

Es cierto que Dios da ciertos dones más frecuentemente que otros. Esto se debe a que se necesitan más personas en ciertas funciones. Por ejemplo, es necesario que haya más seguidores que líderes. A continuación veamos el porcentaje de personas que tienen cada don, según los datos que hemos recopilado:*

Percepción	12%	Dar	6%
Servicio	17%	Administración	13%
Enseñanza	6%	Compasión	30%
Exhortación	16%		

El don que más prevalece es el de compasión, tal vez porque existe tanta necesitad de amor y compasión en el mundo.

Los dones de servicio y exhortación van casi empatados en segundo lugar. Se necesitan muchos servidores para llevar a cabo la obra de Dios, y todos necesitamos ser animados y motivados a diario.

Pero el simple hecho de que existan más personas con cierto don no significa que ese don sea más importante. Tampoco significa que el don que tiene menor porcentaje es más especial. Todos los dones tienen igual importancia. Todos son necesarios. Cuando se usan apropiadamente, todos los dones son una bendición.

*Estos porcentajes se basan en hojas de respuesta detalladas que hemos obtenido de 1.000 personas durante un período de diez años. Están representados más de 100 grupos de diferentes estados, provincias y ciudades.

A continuación hagamos un pequeño repaso de los dones motivacionales y las necesidades que ellos tienden a suplir:

DON	**DEFINICION**	**NECESIDADES QUE SUPLE**	**LO QUE HACE**
PERCEPCIÓN	Declara la voluntad de Dios	Espirituales	Mantiene nuestro enfoque en fundamentos espirituales
SERVICIO	Realiza servicio práctico	Prácticas	Mantiene la obra del ministerio en movimiento
ENSEÑANZA	Investiga y enseña la Biblia	Mentales	Nos mantiene estudiando y aprendiendo
EXHORTACIÓN	Anima y motiva el crecimiento personal	Psicológicas	Nos ayuda a aplicar las verdades espirituales
DAR	Provee ayuda material	Materiales	Suple necesidades específicas
ADMINISTRACIÓN	Da liderazgo y dirección	Funcionales	Nos mantiene organizados y aumenta nuestra visión
COMPASIÓN	Provee apoyo personal y emocional	Emocionales	Nos ayuda a mantener actitudesy relaciones personales correctas

La gráfica anterior ofrece solamente una perspectiva general de cómo funcionan los dones motivacionales; existe, por supuesto, la posibilidad de que haya traslapo e interacción entre los dones. Además, los dones secundarios modifican e influyen en la ejecución de los dones primarios.

Estudiaremos esto en detalle en la segunda parte del libro; por ahora, sigamos poniendo los fundamentos al estudiar la manera en que Dios coloca cada don en el Cuerpo de Cristo.

Colocados en Su Cuerpo

3

En los dos versículos bíblicos que preceden a su descripción de los dones motivacionales, Pablo usa el ejemplo del cuerpo humano:

> Porque de la manera que en un cuerpo tenemos muchos miembros (órganos, partes), pero no todos los miembros tienen la misma función o uso, así nosotros, aunque somos muchos, somos un cuerpo en Cristo el Mesías, e individualmente somos miembros unos de otros y dependemos unos de otros.
>
> *Romanos 12: 4-5, TAB*

En esta escritura vemos tres verdades que se aplican a nuestro estudio de los dones motivacionales.

Primero, el cuerpo representa una totalidad, algo completo y entero, pero es una totalidad compuesta de diferentes partes. De la misma manera, los que conformamos el Cuerpo de Cristo tenemos diferentes funciones. No todos somos iguales. Tenemos diferentes habilidades y dones. Así como un cuerpo físico necesita manos, pies, ojos y oídos para funcionar adecuadamente, de igual manera, el Cuerpo de Cristo necesita personas con diferentes dones motivacionales para que el Cuerpo pueda funcionar adecuadamente. Debemos estar unidos a pesar de nuestra diversidad.

Es bueno saber que no todos tenemos que comportarnos igual. Está bien que seamos diferentes.

En segundo lugar, podemos ver a través de esta analogía que no tenemos que hacer las cosas "por nosotros mismos". Nosotros hacemos nuestra parte. Otros hacen su parte. *Juntos* llevamos a cabo la obra del ministerio de nuestro Señor.

Recuerdo que siendo adolescente, escuchaba un sermón diferente cada semana y me esforzaba por hacer lo que decía el predicador. Un domingo él predicaba sobre la importancia de la oración, y durante toda la semana siguiente yo oraba intensamente. La semana siguiente él predicaba sobre tener un corazón de siervo, y yo me esmeraba por servir a cualquier persona con la que me encontrara. El siguiente domingo tal vez predicaba sobre el diezmo, y yo resolvía aumentar mis ofrendas. O quizás se predicaba sobre el amor y yo, enjugándome la frente del cansancio y respirando hondo, salía de la iglesia decidida a amar, costara lo que costara.

Y me acerqué al colapso tratando de hacer todas aquellas cosas. Aspiraba a ser una "super-cristiana" y era imposible alcanzar esta meta. Estaba convencida de que tenía que sobresalir en todas estas áreas si quería agradar a Dios. Y al fallar, como lo hubiera hecho cualquier persona, me llené de culpabilidad y condenación.

Me sentí tan aliviada cuando descubrí los dones motivacionales, y me di cuenta de que no tenía que ser o hacer todo bien, sino que podía concentrarme en aquellas áreas en las que había sido dotada por Dios. También me ayudó a apreciar los diferentes dones que tenían los demás.

En tercer lugar, Pablo enfatiza nuestra dependencia mutua en el Cuerpo de Cristo. Realmente nos necesitamos unos a otros. Ningún miembro del Cuerpo de Cristo puede retirarse a una isla desierta y ser un cristiano victorioso por sí mismo. Dios nos ha hecho así a propósito, de manera que estemos incompletos sin la interacción y el ministerio de nuestros hermanos cristianos.

David DuPlessis, quien fue conocido internacionalmente como "el señor Pentecostés" debido a los años que pasó tratando de acercar a las denominaciones alrededor del mundo, solía decir lo siguiente: "Cuando conozco a alguien no importa quién es siempre me pregunto: '¿Qué puedo impartir a esta persona, y qué puede ella impartirme a mí?' "

LOS DONES EN EL CUERPO

Un día le dije al Señor: "Ya que Pablo puso esta analogía del Cuerpo antes de la lista de los dones motivacionales en Romanos 12, ¿será que cada don corresponde a una parte del cuerpo físico?"

El Señor no solamente me mostró dónde podía encajar cada don en tal esquema, sino que también me dio una escritura para cada uno.

1. **Percepción:** Este don son los ojos del cuerpo

"Pero bienaventurados – felices, afortunados y dichosos – vuestros ojos, porque ven; y vuestros oídos, porque oyen..." (Mateo 13:16, TAB).

Es evidente que los que tienen el don de percepción han sido dotados con mejor visión espiritual que todos los demás miembros del Cuerpo de Cristo. Ellos ven cosas que los demás generalmente no vemos.

"La lámpara del cuerpo es el ojo; así que, si su ojo es bueno, todo su cuerpo estará lleno de luz; pero si su ojo es maligno, todo su cuerpo estará en tinieblas. Así que, si la luz que en ti hay es tinieblas ¿cuántas no serán las mismas tinieblas?" (Mateo 6:22-23).

Aunque estas palabras de Jesús puedan aplicarse al individuo, también se aplican directamente al Cuerpo de Cristo. El que tiene el don de percepción tiene una responsabilidad especial de mantener los ojos limpios y saludables para poder percibir con ellos las verdades de Dios. De todos los miembros del Cuerpo, este es el que menos puede permitir contaminación o pecado en su vida, porque si lo hace, su visión se nublará. El resto del Cuerpo cuenta con que los que perciben podrán identificar y proclamar adecuadamente la voluntad de Dios. Si el que tiene el don de percepción no está viviendo en santidad, su visión se dañará y proclamará la voluntad de Dios equivocadamente. De hecho, lo que él ve como algo verdadero, puede ser un error, lo cual guiará a muchos por mal camino. Entonces ¡la oscuridad se multiplicará!

2. Servicio: Este don son las manos del cuerpo

"Alarga su mano al pobre, y extiende sus manos llenas al menesteroso [ya sea en cuerpo, mente o espíritu]" (Proverbios 31:20, TAB).

De todos los dones, podemos notar que los que tienen el don de servicio son literalmente los que más habilidad tienen en las manos. Tienen gran destreza. Pareciera que pueden construir o arreglar casi cualquier cosa.

1 Corintios 12:28 se refiere a este don como el don de ayuda. Estas personas disfrutan de ayudar a los demás, en cualquier lugar y a cualquier hora... especialmente cuando se trata de ayudar de alguna manera práctica.

3. Enseñanza: Este don es la mente del cuerpo

"Y estos [judíos de Berea] eran más nobles que los que estaban en Tesalónica, pues recibieron la palabra [el mensaje] con toda solicitud, escudriñando cada día las Escrituras para ver si estas cosas eran así" (Hechos 17:11, TAB).

Los maestros han sido excepcionalmente dotados de inteligencia. Al principio, quizá esto no nos parezca justo a los demás, pero recordemos que para ser la mente del Cuerpo ellos necesitan ser muy dotados. Estas personas siempre están haciendo preguntas. Quieren conocer las bases de todo, e investigarán hasta que los datos los convenzan de que algo es veraz. Notemos que Pablo elogió a los judíos de Berea porque escudriñaban las Escrituras (lo que nosotros llamamos ahora el Antiguo Testamento), para asegurarse de que su aceptación de las buenas nuevas de Jesús tenía en una base comprobable.

4. Exhortación: Este don es la boca del cuerpo

"Y después de la lectura de la ley y de los profetas, los principales [de la adoración] de la sinagoga mandaron a decirles: Varones hermanos, si tenéis alguna palabra de exhortación para el pueblo, hablad" (Hechos 13:15 TAB).

Los que tienen el don de exhortación hablan mucho. En broma hemos dicho que de todo el Cuerpo de Cristo, ellos son los que tienen las mandíbulas más engrasadas. Pero, en serio, Dios los ha capacitado con una maravillosa habilidad de hablar. ¿De qué otra forma pudiera podrían exhortar, consolar y animar a otros?

5. Dar: Este don son los brazos del cuerpo

"Mostró fuerza e hizo proezas con su brazo..." (Lucas 1:51, TAB).

En este pasaje del Nuevo Testamento, María está recitando una escritura del Antiguo Testamento que muestra que el brazo de Dios es fuerte. (Otro ejemplo es Isaías 51:0, TAB: "Despiértate, despiértate, vístete de poder [y fuerza], o brazo de Jehová.")

Los que tienen el don de dar tienen mucha fuerza en el área espiritual, pues ellos ayudan a que la obra cristiana se extienda. ¿Recuerda cuando Moisés levantó sus brazos para que el pueblo de Israel ganara la batalla contra los amalecitas? (Véase Éxodo 17:8-18.) Cuando sus brazos se cansaban, él los bajaba y los amalecitas empezaban a ganar la batalla. Entonces, Dios proveyó a dos personas para ayudar al pueblo: Aarón y Hur. Estos sostuvieron los brazos de Moisés hasta que se puso el sol y los israelitas ganaron la batalla. Los que tienen el don de dar son un apoyo fuerte para aquellos que se encuentran en medio de la batalla espiritual o los que están en otras naciones predicando el evangelio.

6. Administración: Este don son los hombros del cuerpo

"Porque un niño nos ha nacido, un hijo nos es dado, y el principado será sobre su hombro..." (Isaías 9:6 TAB).

Los administradores son los hombros en el Cuerpo de Cristo, llevando la carga del liderazgo. Los administradores sabios saben cómo dar su carga a Cristo de manera que Él los ayude a llevarla.

7. Compasión: Este don es el corazón del cuerpo

"Y que el Señor dirija vuestros corazones al amor de Dios, y a la paciencia de Cristo [comprendiendo y demostrando estos]" (2 Tesalonicenses 3:5 TAB).

Las personas con el don de compasión son gobernadas por su corazón y no por su mente. Ellos revelan la verdadera naturaleza de Dios al mostrar amabilidad, amor y misericordia hacia otras personas.

DOS CATEGORÍAS DE DONES

Cuando inicié mi estudio de los dones, fue 1 Pedro 4:10 que me ayudó a identificar los dones que nos han sido dados para toda la vida. Sin embargo, durante mucho tiempo, me desconcertó el versículo que le seguía:

> Si alguno habla, [déjenlo que] hable conforme a las palabras de Dios; si alguno presta algún servicio, [déjenlo que] sirva conforme a la fuerza que da Dios, para que en todo sea Dios glorificado por Jesucristo, a quien pertenecen la gloria y el imperio por los siglos de los siglos.
>
> *1 Pedro 4:11, TAB*

Sabía que este pasaje, por su contexto, podía referirse a los dones motivacionales. Parecía que Pedro estaba diciendo que existen dos categorías básicas de dones motivacionales: aquellos que tienen que ver con el hablar y aquellos que tienen que ver con el servicio. Pero ¿qué dones encierra cada grupo?

Mientras estudiaba y oraba sobre esto, el Señor me dijo: "Dibuja el cuerpo humano y traza una línea horizontal debajo de los hombros y sobre el corazón."

De modo que dibujé una figurita y una línea de puntos.

"Ahora, mira los dones que están representados por las partes del cuerpo arriba y debajo de la línea."

Miré, e inmediatamente entendí la idea. Pude ver que el que tiene el don de enseñanza, que es la mente del cuerpo, debe hablar para poder enseñar. El que tiene el don de percepción los – ojos del cuerpo – debe hablar para poder proclamar la voluntad de Dios. El que tiene el don de exhortación, siendo la boca del cuerpo, obviamente tiene un don del habla. Y el que tiene el don de administración, que son los hombros del cuerpo, debe hablar para poder liderar.

De modo que estos cuatro dones son dones que tienen que ver con hablar.

Observando los dones debajo de la línea de puntos, pude ver que la persona con el don de compasión, que es el corazón del cuerpo, generalmente no es una persona a quien le guste pararse frente a un grupo de personas a hablar. Más bien prefiere trabajar entre bastidores sirviendo a otros a través de la abundancia de amor que Dios le ha dado. El que tiene el don de dar, que son los brazos del cuerpo, también tiene un don de apoyo. A esta persona no le gusta estar en primera plana, sino que le gusta servir donde nadie lo ve. Y el que tiene el don de servicio, las manos del cuerpo, obviamente sobresale en esta área. Estos tres son los dones de servicio.

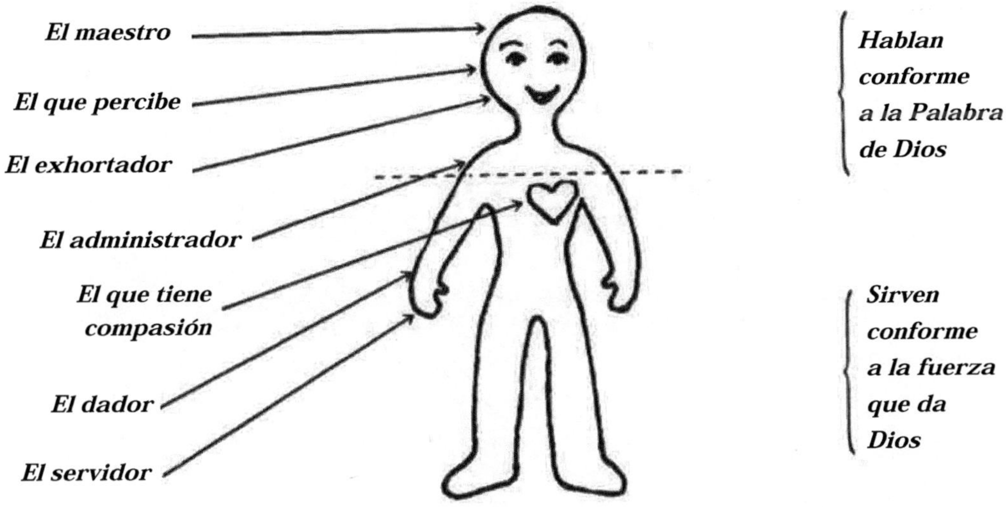

1 Pedro 4:11 manda a aquellos que tienen un don del habla "que hablen conforme a las palabras de Dios." Tales personas tienen la responsabilidad de asegurarse que lo que sale de su boca es lo que Dios quiere que digan. Nuestras palabras tienen poder. Dios *habló* y el mundo fue creado (Génesis 1:3). Nuestras palabras influyen en la vida de los demás. Cualquier persona con un don del habla debe buscar constantemente ser guiado por el Espíritu Santo mientras habla.

Para aquellos con uno de los tres dones de servicio, 1 Pedro 4:11 contiene una gran promesa. Ellos deben servir "conforme a la fuerza que da Dios." Dios les dará fuerzas y energías abundantes para que realicen la obra que han de realizar. Hemos observado que pareciera que los que tienen el don de servicio tienen energías excepcionales.

El versículo también enfatiza que no importa en qué categoría recaiga nuestro don, *todos* deben realizarse de manera tal que Dios sea glorificado.

Ministramos en Todas Las Áreas

4

Muchas personas nos han preguntado: "¿Es posible que en cierta medida yo tenga los siete dones motivacionales en mi vida?"

La respuesta es que sí es posible. Durante el proceso de evaluación usted descubrirá que tiene resultados positivos, aunque sea con una calificación baja, en cada don. Todos hemos sido dotados en cada don lo suficiente como para poder llevar a cabo una tarea, hasta cierto punto, cuando se nos lo pide.

El hecho de no tener un don particular como su don primario no significa que usted debe rehuir responder a ciertas necesidades que se presentan.

Por ejemplo, supongamos que su don motivacional primario es el de enseñanza y su puntuación en el don de compasión fue el más bajo de todos. Pero un domingo en la iglesia se da cuenta de que la mujer que está sentada a su lado está llorando. Usted no sabe qué problema tiene, pero sí sabe que está herida. En ese momento usted recuerda que en cuanto al don de compasión obtuvo la puntuación más baja de su evaluación y le dice a la mujer: "Sabe, yo no la puedo ayudar. Vaya a buscar a alguien con el don de compasión."

¿Haría eso?

¡Claro que no!

Como parte del Cuerpo de Cristo podemos ministrar a cualquier persona en cualquier necesidad, en cualquier lugar y a cualquier hora.

Nunca permita que el conocer su don motivacional lo prive de ministrar en otras áreas.

Si bien es cierto que en la situación que acabamos de mencionar una persona con el don de compasión se hubiera dado cuenta antes que cualquier otro que había una persona herida, y que además se hubiera movilizado rápidamente para suplir la necesidad, no significa que otro no es capaz de mostrar compasión a los demás cuando es necesario.

Todos ministraremos en la esfera de los siete dones.

Lo cierto es que existe una diferencia entre *ser* (su don motivacional lo hace la persona que es) y *hacer* (su servicio a Jesús incluirá una extensa variedad de actividades). Sin embargo, la forma en que usted ministra en cualquier área se verá afectada por su don motivacional primario.

Además, recordemos que la gracia de Dios es suficiente para cualquier circunstancia en la cual nos podamos encontrar. Él nos capacita. Él nos unge para hacer la obra que está a la mano. Podemos contar con Él.

¿Cómo podemos saber que todos los cristianos están capacitados para ministrar usando los siete dones? La Biblia lo aclara:

1. Don de percepción: Usted debe percibir la voluntad de Dios hasta cierto punto y en ciertas situaciones.

Todos debemos percibir verdades espirituales:

"Hablando a sus discípulos (a todos) Jesús dijo: Porque a vosotros os es dado saber los misterios del reino de los cielos..." (Mateo 13:11, TAB).

Todos debemos proclamar la voluntad de Dios con la ayuda del Espíritu Santo:

"Y en los postreros días, dice Dios, derramaré de mi Espíritu sobre toda carne, y vuestros hijos y vuestras hijas profetizarán, declarando la voluntad de Dios" (Hechos 2:17, TAB).

Todos debemos buscar la sabiduría:

"Para que la gente conozca la habilidad, y la sabiduría y doctrina divinas, y discierna (perciba) y comprenda las palabras de entendimiento y conocimiento" (Proverbios 1:2, *TAB*).

2. Don de servicio: Usted debe servir al Señor y a otras personas de diferentes maneras.

Todos debemos servir a Dios:

"¡Servid a Jehová con alegría! ¡Venid ante su presencia con cantos!" (Salmo 100:2, TAB).

Todos debemos servir a otros:

"...Por amor deben serviros los unos a los otros" (Gálatas 5:13, TAB).

Todos debemos servir a Jesús:

"Si alguno me sirve, debe perseverar en seguirme (debe apegarse firmemente a mí, ajustarse completamente a mi ejemplo al vivir, y si fuera necesario, al morir); y dondequiera que yo esté, ahí estará también mi siervo. Si alguno me sirve, el Padre lo honrará" (Juan 12:26, TAB).

3. Don de enseñanza: Usted debe enseñar a otros de la forma apropiada.

Todos debemos estar preparados para enseñar:

"Estudia y sé entusiasta, y procura con diligencia presentarte a Dios aprobado, como obrero que no tiene de qué avergonzarse, uno que analiza y divide de manera precisa, que maneja y enseña hábilmente la Palabra de verdad" (2 Timoteo 2:15, TAB).

Todos debemos enseñarnos los unos a los otros:

"Deja que la palabra.[proferida por] Cristo... tenga su morada en vosotros (en vuestro corazón y mente) y que more en vosotros en [toda su] riqueza, enseñándoos y exhortándoos unos a otros en toda inteligencia y sabiduría [en cuanto a cosas espirituales]..." (Colosenses 3:16, TAB).

Todos debemos enseñar a otros a obedecer los mandamientos de Jesús:
"Por tanto, id y haced discípulos a todas las naciones, bautizándolos en el nombre del Padre, y del Hijo, y del Espíritu Santo; enseñándoles que guarden todas las cosas que os he mandado..." (Mateo 28:19-20, TAB.)

4. Don de exhortación: Usted debe exhortar, amonestar y animar a otros.

Todos debemos exhortarnos los unos a los otros cuando nos reunimos:

"No dejando de congregarnos [como creyentes], como algunos tienen por costumbre, sino exhortándonos (amonestándonos, advirtiéndonos y animándoos unos a otros), y tanto más, cuanto veis que aquel día se acerca" (Hebreos 10:25, TAB).

Todos debemos dedicarnos a la exhortación:

"Entre tanto que voy, ocúpate en la lectura [privada y pública], a la exhortación (a la predicación y a compartir el evangelio personalmente) y a la enseñanza y a la inculcación de la doctrina" (1 Timoteo 4:13, TAB).

Todos debemos exhortar a otros cada día:

"Antes exhortaos (amonestaos, instaos y animaos) los unos a los otros cada día, entre tanto que se dice: Hoy; para que ninguno de vosotros se endurezca por el engaño del pecado" (Hebreos 3:13, TAB).

5. Don de dar: Usted debe dar de sus recursos y energías a Dios y a otros.

Todos debemos ser generosos:

"Dad, y se os dará [presentes]; medida buena, apretada, remecida y rebosando darán en vuestro regazo..." (Lucas 6:38, TAB).

Todos debemos dar libremente:

"De gracia (sin pagar) recibisteis, dad de gracia (sin cobrar)" (Mateo 10:8, TAB).

Todos debemos ser responsables en cuanto a apoyar el ministerio:

"Compartiendo para las necesidades del pueblo de Dios, contribuyendo a suplir la carencia de los santos; dedicándoos a practicar la hospitalidad" (Romanos 12:13, TAB).

6. Don de administración: Usted debe dirigir (liderar) de la manera en que Dios lo mande a hacerlo.

Debemos dirigir con corazón de siervo:

"Sabéis que los que son tenidos por gobernantes y han de dirigir a los gentiles (a las naciones) se enseñorean de ellos, y gobiernan con poder absoluto, teniéndolos sometidos, y sus grandes ejercen sobre ellos potestad y dominio. Pero no será así entre vosotros, sino que el que quiera hacerse grande entre vosotros será vuestro servidor" (Marcos 10:42-43, TAB).

Todos debemos empezar administrando bien lo que tenemos:

"Y su señor le dijo: Bien, buen siervo y fiel: sobre poco has sido fiel y fidedigno; sobre mucho te pondré..." (Mateo 25:21, TAB).

Todos debemos esperar recibir de Dios una posición de liderazgo:

"¡Pero Dios es el juez! Humilla a uno y enaltece a otro" (Salmo 75:7, TAB).

7. Don de compasión: Usted debe mostrar amor, compasión y misericordia hacia otros.

Todos debemos abundar en misericordia:

"Bienaventurados los misericordiosos, porque ellos alcanzarán misericordia" (Mateo 5:7).

Todos debemos ser amorosos:

"Finalmente, sean todos de un mismo sentir (unidos en espíritu), teniendo empatía unos con otros, amándose fraternalmente (como si fueran de la misma casa), compasivos y corteses, tiernos y humildes" (1 Pedro 3:8, TAB).

Todos debemos mostrar compasión hacia otros:

"Así habló Jehová de los ejércitos, diciendo: Juzguen conforme a la verdad, y muestren misericordia, amabilidad y tierna compasión cada cual con su hermano" (Zacarías 7:9, TAB).

De todas estas maneras, la Biblia nos insta a usar todos los dones para ministrar a otros. Esto ayuda a traer un equilibrio a nuestra vida. Todavía obraremos en gran parte según nuestro don motivacional primario (eso es lo que nos motiva, ¿recuerda?), pero también somos capaces de ministrar – y debemos ministrar – en otras áreas.

Si Tengo Un Don, ¿Por Qué No Lo Sabía?

5

La mejor forma de medir si usted está o no está funcionando en sus dones motivacionales es mediante esta simple evaluación:

Si usted está funcionando en su don motivacional, tendrá *gozo*. Si no lo está haciendo, sentirá *frustración*.

El gozo es siempre un producto o consecuencia de hacer la voluntad de Dios para nuestra vida. El gozo nunca puede verse como una meta o un fin en sí mismo. Sin embargo, conforme funcionamos en el don que Dios nos ha dado, tendremos gozo.

RAZONES POR LAS CUALES TAL VEZ NO SEPA CUÁL ES SU DON MOTIVACIONAL

1. Nunca le enseñaron sobre esto.

Esta es la razón por la que la mayoría de las personas no saben cuáles son sus dones. Para nosotros lo fue. Hasta hace algunos años atrás cuando nuestros amigos nos hablaron de la lista de los dones motivacionales en Romanos 12:6-8, no sabíamos nada sobre el tema. Habíamos leído el pasaje muchas veces; sin embargo, nunca lo habíamos entendido a plenitud.

Estimamos que menos del dos por ciento de las personas que asisten a la iglesia en EE.UU. saben que existen los dones motivacionales. De ese porcentaje, menos de la mitad han descubierto su don particular. En otros lugares será mucho menor el porcentaje. En muchos de los países donde hemos enseñado, que sepamos, hemos sido los primeros en enseñar sobre el tema.

Esta es la razón por la cual creemos que es tan importante hacer llegar esta información a más personas.

Esperamos que usted comparta las enseñanzas en este libro con sus parientes, amigos, grupos de estudio, su pastor (o con sus ovejas si usted es pastor), y con cualquier otra persona que cree que sería bendecida por ellas.

2. Nunca ha recibido a Jesucristo como su Salvador y Señor personal.

Aunque cada persona es dotada por Dios, sea cristiana o no, el recibir a Cristo como Salvador abre el camino para que los dones motivacionales de la persona fluyan libremente y sean utilizados como Dios lo planificó.

Antes de que una persona se convierta al evangelio, sus dones motivacionales estarán funcionando, por lo menos hasta cierto punto, pero muchas veces de una manera egoísta y egocéntrica. Antes de que Cristo sea el centro de nuestra vida, nosotros somos ese centro.

3. No está siendo alimentado espiritualmente.

De la misma forma en que un bebé recién nacido necesita ser alimentado, así la persona que ha "nacido de nuevo" necesita sustento espiritual para que pueda crecer. Muchas personas llegan a los pies de Cristo, pero luego no reciben instrucción y apoyo. Su habilidad para reconocer sus dones, al igual que el resto del su progreso espiritual, es limitada.

4. Ha recibido enseñanzas confusas sobre los dones motivacionales.

Debido a que la misma palabra en español se utiliza para traducir las tres diferentes palabras griegas para "don" en el Nuevo Testamento, algunos creen que todos los dones mencionados en el Nuevo Testamento funcionan de la misma manera.

Usted posiblemente haya escuchado enseñanzas que combinan los nueve dones de manifestación en 1 Corintios 12:7-10, los cinco dones ministeriales en Efesios 4:11, los siete dones motivacionales en Romanos 12:6-8, y también otros dones, como el "don" de celibato (soltería). ¿El resultado? ¡Confusión!

Quizás usted hasta haya realizado una evaluación para averiguar cuáles de los 26 dones tenía. Sin embargo, después de terminar la evaluación, todavía se sentía inseguro acerca de sus dones. Muchas veces nos encontramos con personas que están tan confundidas por tales enseñanzas que han desistido indagar acerca de sus dones.

Es muy importante tener una clara enseñanza acerca de los dones que Dios nos ha dado, para que podamos identificarlos y utilizarlos para la gloria de Dios y para servir a los demás. El Cuerpo de Cristo sólo puede aprovechar plenamente los dones motivacionales en Romanos 12:6-8 si entiende que estos son los dones que poseemos.

Sin embargo, aun cuando tenemos conocimiento pleno de los dones y entendemos cuáles son los nuestros, es posible que no veamos ninguna evidencia de su operación en nuestra vida.

OBSTÁCULOS QUE BLOQUEAN EL FLUIR DE LOS DONES MOTIVACIONALES

1. Puede ser que usted tenga ataduras que obstaculizan el fluir de sus dones.

Así como los escombros que se encuentran en un río pueden obstaculizar el fluir de la corriente de agua, así también las ataduras en su vida pueden bloquear el fluir de los dones motivacionales que Dios le ha dado.

La atadura más común que vemos es la del temor. El temor es algo que nos incapacita e impide que desarrollemos nuestros dones a plenitud.

Generalmente, las ataduras surgen como resultado de un acondicionamiento negativo en la niñez. Desafortunadamente, no todos los niños son criados en un hogar donde hay un ambiente positivo. Divorcio, peleas entre los padres, alcoholismo, drogadicción, prácticas ocultistas, problemas mentales, padres que abusan de sus hijos con palabras y acciones... todo esto limita la libertad que experimentará la persona en su vida adulta.

En una encuesta en la que pedimos a las personas que comentaran cómo fue su niñez, recibimos muchas respuestas como, "Lo siento, pero no pude completar la encuesta. Los recuerdos de mi infancia son demasiado dolorosos."

Afortunadamente, las personas pueden ser libres de tales ataduras cuando se les ministra y aconseja en el nombre de Cristo.

2. La ira puede obstaculizar el fluir de los dones.

La ira es la respuesta del ser humano ante el abuso, las heridas y el rechazo. Si la ira no se resuelve, esta puede ser *expresada* (lo cual produce rebelión, venganza, resentimiento, odio, violencia y en algunos casos, asesinato) u *reprimida* (lo cual produce autocompasión, odio hacia sí mismo, depresión y hasta suicidio).

En ambos casos, la persona vive en una prisión creada por sí misma. Jesús describe esto de manera muy gráfica en Mateo 5:21-26 cuando dice que cuando abrigamos ira en nuestro corazón contra alguien, es como si asesináramos a la persona. Según nuestra experiencia, hay tres pasos necesarios para destruir el obstáculo de la ira: Debemos: 1) perdonar completamente a todos aquellos que nos hayan hecho enojado de una manera u otra, 2) recibir liberación, y 3) recibir oración por sanidad interior.

3. Si usted ha tratado de ser otra persona y no usted mismo, eso también impide la expresión natural de su don motivacional.

Muchas veces, otras personas nos presionan para que nos ajustemos a cierta imagen. O bien nosotros mismos tratamos de imitar a alguien a quien admiramos. A menos que por casualidad, la persona que hemos estado imitando tiene el mismo don motivacional que nosotros, esto puede obstruir el fluir de nuestros dones.

Nos hemos dado cuenta de que cuando los adolescentes toman la evaluación de los dones motivacionales, se emocionan mucho al enterarse de quiénes son y al darse cuenta de que pueden ser ellos mismos y seguir el plan de Dios para su vida.

4. Una imagen negativa de sí mismo puede impedir la operación de los dones motivacionales.

La mayoría de las personas tienen una imagen de sí misma negativa hasta cierto punto, a raíz de problemas y presiones en su infancia.

El Creador ha diseñado a los niños para ser criados en un ambiente de amor por dos padres cariñosos que edifican en ellos una sólida base de confianza. Pero no todos los niños tienen la buena fortuna de haber sido creados de esta manera. Nuestra condición como seres humanos caídos deja mucho que desear. Muchas veces, los mismos padres nunca recibieron el tipo de amor que los habría hecho personas completas.

Sin embargo, pese a los daños que hemos sufrido, debemos estar agradecidos que estamos siendo transformados a la imagen de Cristo mientras permanecemos en Él.

5. La irresponsabilidad puede impedir el fluir de nuestros dones motivacionales.

¿Quién yo? ¿Irresponsable? Solamente usted puede tener la respuesta. Veamos un principio:

"Porque a todo aquel a quien se haya dado mucho, mucho se le demandará; y al que mucho se le haya confiado, más se le pedirá" (Lucas 12:48).

Aquellos que han sido dotados en gran manera tienen una gran responsabilidad de utilizar todo lo que tienen para ayudar a otros. Descuidar el uso de nuestros dones es ser irresponsable.

Al descubrir su don (o dones) motivacional(es) quizá se dé cuenta de que no los ha utilizado bien. No deje que eso lo desanime o lo haga sentir culpable. Es posible que no se haya dado cuenta de que tenía estos dones. Más bien, relájese, siga leyendo y descubra cuáles son sus dones. Cuando los haya descubierto, tendrá que esforzarse por ser responsable.

6. El pecado puede bloquear o distorsionar el funcionamiento de sus dones.

No hay duda de eso. El pecado contamina. Contagia cada aspecto de nuestra vida y esto incluye nuestros dones motivacionales.

De hecho, el grado al que somos capaces de utilizar nuestros dones depende del grado al que estamos sometidos a la voluntad de Dios. Esto quiere decir que mientras más entretengamos el pecado en nuestra vida, más será contaminado el uso de nuestros dones motivacionales.

El pecado significa no dar en el blanco. Dios tiene planes para cada vida, y nuestra meta debe ser descubrir y cooperar con ese plan. Algunas veces cometemos pecados de omisión porque no nos damos cuenta de la voluntad de Dios en una situación. Otras veces, pecamos a propósito, haciendo algo que sabemos que está mal. Sin embargo, el pecado es pecado, ya sea que se cometa a sabiendas o no.

El propósito de este libro no es hablar sobre el pecado, sino exhortarlo a que se libere del pecado que ya sabe que hay en su vida (y pedir a Dios que le revele cualquier pecado desconocido u oculto para que también se pueda liberar de él), si quiere que sus dones motivacionales fluyan libre y eficazmente a través de su vida para el beneficio de otros.

EL ESPÍRITU AVIVA LOS DONES

Puede ser que esté haciendo todo correctamente en su vida, pero si no está en contacto con el poder del Espíritu Santo, le falta la gran dinámica de la tercera persona de la Trinidad que está disponible para cada cristiano. Pablo lo expresó de esta manera: "...antes bien sed llenos de (y estimulados por) el Espíritu (Santo)" (Efesios 5:18 *TAB*). Esto es parte de nuestra herencia. Si lo pedimos, nos será dado.

Dios, el Espíritu Santo, quiere ser fluir libremente en nuestra vida para convertirse en ese manantial de agua viva, la savia que brota cuando permanecemos en la vid que es Cristo. Hemos observado que el fluir del Espíritu Santo en la vida de una persona siempre aumenta la ejecución eficaz de sus dones motivacionales.

Cómo Evaluarse

6

Recuerdo que cuando me presentaron por primera vez el concepto de los dones motivacionales, me dije a mí misma: "¿Por qué será que nadie ha inventado un método de evaluación que nos ayude a descubrir nuestros propios dones?" Entonces me di cuenta de que por el simple hecho de hacerme esa pregunta estaba poniendo en acción mi don motivacional primario. De modo que me senté y lo intenté.

Siempre he sentido gran curiosidad por las evaluaciones psicológicas y las pruebas de aptitud, como las que tomé estando en la escuela secundaria y en la universidad. Sabía que algo de ese tipo sería apropiado en este caso. Además sabía que si en realidad Dios había creado siete dones motivacionales básicos (que también podemos llamar los siete tipos de personalidad básicos) entonces tenían que haber características consistentes para cada uno. Juntos, mi esposo Don y yo buscamos indicadores fuertes y únicos, y diseñamos un proceso de evaluación. Probamos nuestro material de evaluación con muchos grupos, ¡y funcionó! Las personas descubrían sus dones.

Cuatro años más tarde, mientras yo estaba presentando un seminario sobre los dones motivacionales en Kansas City, Missouri, antes de una reunión de la Asociación de Hombres de Negocios del Evangelio Completo, me enteré de que Edward Carr, un psicólogo clínico muy conocido, estaba presente. En ese momento un sentimiento de insuficiencia e incapacidad se apoderó de mí, y empecé a disculparme con el público por ser solamente "una esposa—madre—ama de casa".

Al terminar la reunión, el Sr. Carr se acercó a mí y dijo: "Nunca se disculpe por lo que está enseñando. ¡Lo que nos ha presentado esta noche es increíble! Ha basado sus enseñanzas en la Biblia. Sin embargo, esto es semejante a lo que los psicólogos clínicos han descubierto a raíz de una investigación secular de las características personales a través de muchos años de investigación, y con la inversión de una enorme cantidad de dinero. Este sistema se llama *the Cleaver Technique* y divide a todas las personas en nueve diferentes tipos. Es increíble cuánto se parecen a las siete categorías de dones que usted ha descubierto. De hecho, dos de los nueve tipos lógicamente se pueden combinar con otros dos, reduciendo el número a siete, lo cual encaja precisamente con los siete dones bíblicos. La investigación de estos psicólogos seculares simplemente confirma lo que usted está enseñando."

Me alegró mucho saber que lo que estábamos enseñando no solamente era bíblico, sino que también era veraz psicológicamente. Lo que Dios ha creado puede ser descubierto empíricamente y verificado, aun por aquellos que no lo conocen.

Para cada uno de los siete dones motivacionales hemos desarrollado una lista de veinte características típicas de la personalidad de una persona con este don y su manera de abordar la vida. Estas se basan en:

1 - Los ejemplos bíblicos de cada don,
2 - Algunas de las sugerencias iniciales de las características de cada personalidad presentadas por Bill Gothard y Don Pickerell,
3 - Conceptos sugeridos por nuestro grupo de investigación.
4 - La investigación que hemos llevado a cabo en los últimos 12 años al enseñar a miles de personas en muchos países. Además nos hemos beneficiado de sus respuestas verbales y escritas sobre las características consistentes en su vida, y
5 - Cientos de cartas de respuesta y sugerencias.

Hemos tratado de incluir sólo características únicas de cada don. De vez en cuando, una característica típica de un don también es típica de otro don. Aunque cada lista es bastante completa, nos damos cuenta de que puede haber características adicionales que se podrían agregar. Sin embargo, hemos tratado de seleccionar las cualidades más indicativas de cada don, para poder desarrollar un método de evaluación eficaz.

Somos una creación admirable, y como los copos de nieve, ninguna persona es igual a otra. Aunque miles compartan sus dones, su manera de expresar los dones será única. Aun si usted tiene un(a) hermano(a) gemelo(a) idéntico(a), siempre habrá diferencias que afectarán su manera de ser individual.

Estas diferencias surgen a raíz de un sinfín de factores variables en su vida. Por ejemplo, la salud es un factor variable. Mientras que para algunos la enfermedad o las heridas internas pueden frustrar los dones, para otros esto puede ser lo que los desafía a salir adelante y utilizar sus dones aun más, a pesar de sus limitaciones. Otros factores variables son: la herencia, la educación, la cultura, el nivel socioeconómico, el estado civil, los talentos, el lugar en que vive, la imagen propia; en fin, la lista es infinita y cada factor influye en su vida y en la forma en que utiliza sus dones.

Esto nos lleva a reflexionar acerca de la magnitud del plan de Dios al crear personas que aunque son únicas, son todos influenciadas por uno de los siete dones motivacionales.

CALIFICACIÓN

La calificación funciona de la siguiente manera: Conforme presentamos y definimos cada característica en los siguientes capítulos, pregúntese a sí mismo: "¿Hasta qué punto refleja esto mi manera de ser?" Su primera respuesta probablemente será la más exacta. No responda según cómo le *gustaría* ser o cómo le parece que *debería* ser. ¡Sea honesto! Recuerde que no existen respuestas correctas o incorrectas. Este es simplemente un proceso de descubrimiento. Usted se conoce a sí mismo lo suficientemente como para calificarse apropiadamente.

Al calificarse, también es importante diferenciar entre un comportamiento aprendido y la forma en que usted actúa o piensa naturalmente. Si tiene un trabajo en este momento, asegúrese que sus obligaciones actuales no influyan en sus respuestas. En su trabajo, puede ser que esté utilizando sus dones motivacionales, o puede ser que no.

Si la característica nunca se aplica a su vida, ponga una "x" en la casilla que dice *nunca.* Luego, escriba un "0" (cero) en la columna de puntaje.

Si la característica se aplica a su vida solamente en raras ocasiones, marque *rara vez* y ponga un "1" en la columna de puntaje.

Si la característica se aplica a su vida algunas veces (más de 49 por ciento del tiempo), marque *a veces* y escriba "2" puntos en la columna de puntaje.

Si la característica se aplica a usted en 50 a 75 por ciento de las veces, marque *usualmente,* y escriba un "3" en la columna de puntaje.

Si la característica se aplica a su vida la mayor parte del tiempo, marque *mayormente,* y ponga un "4" en la columna de puntaje.

Si la característica se aplica a usted todo el tiempo, marque *siempre*, y escriba un "5" en la columna de puntaje.

Después que se haya dado una calificación para las veinte características, sume sus calificaciones en la hoja general al final de cada capítulo de evaluación. No importa si su puntaje haya sido alto o bajo. Recuerde que esta es una evaluación subjetiva. Es el hecho de *comparar* sus siete calificaciones que le ayudarán a determinar sus dones motivacionales.

Si se diera "5" puntos para cada una de las veinte características de un don en particular recibiría la calificación máxima de 100.

Ahora observe la hoja de perfil al final de este capítulo. Escriba el total que obtuvo para cada don en esta hoja de perfil coloreando la columna horizontal apropiada de izquierda (0) a derecha, deteniéndose en donde su calificación corresponda con el número en la parte de arriba de la gráfica. (Encontrará un ejemplo de la hoja de perfil en los capítulos finales.)

Luego de haber transferido sus 7 calificaciones, tendrá un perfil completo de sí mismo. La calificación en que obtuvo la mayor cantidad de puntos, que sea la fila más larga hacia la derecha, parecida a la nariz en el rostro de una persona, será su don motivacional primario. También podrá observar a simple vista cuál es su don secundario, el tercero y así sucesivamente. También es importante identificar las áreas en las que ha sido menos dotado. Debe conocer esto para que pueda:

Reconocer las áreas en que depende más de otros,
Regocijarse con aquellos que sí han sido dotados en dichas áreas,
Evitar tratar de ser lo que no es, y
Decir "No, gracias" con confianza cuando le pidan que haga cosas que se encuentran fuera de la esfera de su don (con la excepción, por supuesto, de algo general o cuando haya una necesidad inmediata, como ya hemos dicho en el capítulo anterior).

Por otra parte, al descubrir sus dones sentirá la libertad de aceptar responsabilidades que tengan que ver con estas. Además, le ayudará a utilizar su tiempo y sus energías en ocupaciones en las cuales tenderá a tener éxito y también a ser de bendición para otros.

Ahora, ¡prepárese para *descubrir sus dones motivacionales!*

HOJA DE PERFIL DE LOS DONES MOTIVACIONALES DE LOS ADULTOS

DON	0	10	20	30	40	50	60	70	80	90	100
Percepción											
Servicio											
Enseñaza											
Exhortación											
Dar											
Administración											
Compasión											

NOMBRE ______________________ DON #1 ______________________

DIRECCION ______________________ DON #2 ______________________

DON #3 ______________________

Parte 2

Los Siete Dones

Características Del Que Percibe

7

Hemos decidido llamar este primer don en la lista de Romanos 12 "el don de percepción". La versión Reina Valera utiliza la palabra "profecía". Sin embargo, como esa misma palabra se utiliza en las otras dos listas de dones en el Nuevo Testamento, sería más fácil confundirla con el don de manifestación de profecía o con el don ministerial de profeta.

Además, la palabra "profecía" en nuestro vocabulario actual tiene muchas connotaciones, tanto positivas como negativas. Nos pareció que una palabra nueva y fresca eliminaría toda confusión.

La palabra griega para "profecía" en el versículo seis es *propheteia,* relacionada a *profetas,* la cual de acuerdo con la concordancia *Strong's Exhaustive Concordance,* significa "un orador inspirado". Una de sus raíces es la palabra *phemi*, que significa "mostrar o dar a conocer sus pensamientos, hablar, decir o afirmar".

De acuerdo con los estudiosos de la Biblia, la idea prominente de profecía en el Nuevo Testamento no es predicción, sino "la pronunciación inspirada de una advertencia, una exhortación, una palabra de instrucción o un juicio; la manifestación de los secretos del corazón." [4]

En el contexto específico de los dones motivacionales vemos que la palabra se refiere a alguien que tiene una sensibilidad especial para percibir la voluntad de Dios, y luego proclamarla, o, dependiendo de la dirección de Dios, orar para que se cumpla.

De modo que el que tiene el don de percepción es alguien que fácilmente percibe, ora, proclama y promueve la voluntad de Dios.

En este capítulo examinaremos en detalle cada una de las veinte características del que tiene el don de percepción, dando ejemplos de acuerdo a la experiencia de personas cuyo don motivacional primario es el de percepción.

Ahora, califíquese a sí mismo como se indicó en el capítulo anterior.

1 - Rápida y certeramente identifica lo bueno y lo malo, y odia lo malo.

Nunca	Rara vez	A veces	Usualmente	Mayormente	Siempre	
0	1	2	3	4	5	PUNTOS

El que tiene el don de percepción ve a las personas o las situaciones ya sea *dentro de* la voluntad de Dios o *fuera de* la voluntad de Dios. Para él no existe un *más o menos* en la voluntad de Dios o *parcialmente* en la voluntad de Dios, porque según su criterio, el no estar perfectamente en la voluntad de Dios significa estar fuera de la voluntad de Dios.

Quienes tienen el don de percepción ven la vida como una serie de oportunidades para escoger entre el bien y el mal. Para ellos, es imprescindible escoger lo correcto, ya que si no lo hacen estarían escogiendo hacer lo malo. El transigir no es una opción.

Odian intensamente lo malo. Quieren que lo malo sea vencido y eliminado, y que el reino de Dios sea evidente aquí en la tierra.

Un personaje bíblico con el don de percepción es Juan el Bautista. Desde el inicio de su ministerio público, él expuso lo malo. Se identificó con el odio de Dios por el mal y expresó ese odio. Denunció públicamente el adulterio que había entre Herodes y la esposa de su hermano, incluso sabiendo que el hacerlo lo llevaría a ser encarcelado y le podía costar la vida.

Los voceros de la justicia o de causas justas muchas veces tiene el don de percepción. Su don los equipa para ser atrevidos y para hablar abiertamente sin preocuparse por la opinión pública o por su propia bien.

Le preguntamos a nuestra amiga Vicki, que tiene el don de percepción, por qué pasaba la mayor parte de su tiempo libre haciendo campañas contra el aborto.

"¿Por qué? – replicó ella enérgicamente –¡ El aborto es asesinato! ¡El asesinato es algo incorrecto! ¿Cómo puede alguien observar tal maldad en nuestra sociedad y *no* hablar ni decir nada sobre ello?"

Nuestro hijo menor, Dan, tiene el don de percepción. Cuando tenía diez años estaba demasiado gordo y se preocupaba por ello. Un día él me preguntó qué podía hacer para perder peso. Yo le expliqué que el azúcar hacía engordar mucho y que le ayudaría mucho dejar los postres y los dulces.

El azúcar inmediatamente se convirtió en su "enemigo público número uno". Él determinó quitar de su dieta a este malvado enemigo de una vez por todas. Durante los siguientes meses su peso bajó bastante hasta que nuevamente estaba esbelto y muy apuesto. Aun cuando asistía a las fiestas de cumpleaños, rehusaba comer helado o torta. Hasta el día de hoy, Dan todavía se niega a comer azúcar, y escudriña detenidamente las etiquetas en los frascos y las cajas para ver cuánta azúcar contiene el producto. Él ha adoptado una postura firme en contra del azúcar ¡y de ahí no lo mueve nadie!

2 - Ve todo de color blanco o negro; no ve tonos grises, ni áreas indefinidas.

Nunca	Rara vez	A veces	Usualmente	Mayormente	Siempre	
0	1	2	3	4	5	PUNTOS

Quienes tienen el don de percepción toman decisiones fácilmente. Formulan evaluaciones rápidas. Ven las cosas como correctas o incorrectas, apropiadas o inapropiadas, verdaderas o falsas. No pueden entender cómo puede haber algo intermedio. Tienden a responder sí o no. Rara vez dicen quizás. Son personas de sentimientos, palabras y acciones extremas.

La mayoría de nosotros vemos la vida en tonos que van desde el negro hasta el blanco, pasando por varios tonos de gris.

Cualquiera de nosotros puede decir, "No estoy tan bien como debiera, pero por lo menos estoy mejor que ayer." Pero el que tiene el don de percepción no es así. No existen para él medidas intermedias.

Emily Binning, autora de *Gordon Takes a Wife* [Gordon consigue una esposa], había luchado contra el sobrepeso la mayor parte de su vida sin lograr mucho éxito permanente. Un día el Señor le dijo que sometiera todo lo que comía a la aprobación de su esposo, quien tenía el don de percepción.

Las reglas eran las siguientes: Ella podía poner en su plato cualquier cosa que quisiera y luego preguntarle a Gordon qué podía comer. ¡Para ella no fue fácil atreverse a someterse a la decisión de un inflexible perceptor! En su libro ella escribió:

"Unas cuantas noches después de tomar esta decisión, nos invitaron a una cena; era nuestra primera experiencia fuera de casa después de haber yo tomado la decisión de someter lo que comía a la evaluación de Gordon. Algunos susurros iban y venían durante la comida, los cuales me hicieron perder una mitad de mi patata, un pedazo de carne, y un pan con mantequilla. Luego sirvieron el postre: pastel de calabaza con crema batida. Cuidadosamente unté la crema batida sobre todo el pedazo de pastel antes de preguntarle a Gordon qué cantidad podía comer, de modo que hubiera suficiente crema en cualquier porción que fuera a ser mía. Gordon observó el pastel y dijo en voz alta: 'No puedes comer ni un pedacito de pastel.'" [5]

Gordon vio la situación de la manera típica que lo vería cualquier persona con el don de percepción: Si lo haces, hazlo bien. (Ella bajó de peso y se mantuvo delgada.)

3 - Fácilmente percibe el carácter de individuos y grupos.

Nunca	Rara vez	A veces	Usualmente	Mayormente	Siempre	
0	1	2	3	4	5	PUNTOS

Es muy fácil para quien tiene el don de percepción conocer el carácter de individuos y grupos, no debido a algún análisis exterior, sino a su percepción intuitiva, que es su don.

Juan el Bautista no tuvo que hacer muchas preguntas al grupo de fariseos que llegaron a observarle bautizar. "¡Generación de víboras!" les dijo inmediatamente (Mateo 3:7). Juan sabía que los fariseos no habían llegado a arrepentirse, sino más bien para juzgar, criticar y condenar.

Una persona con el don de percepción puede ir a una iglesia, a un grupo de oración, a un servicio de sanidad o a cualquier grupo de este tipo, y rápidamente discernir qué tan espiritual es el grupo en realidad. Además, también tiene muchísima sensibilidad para saber qué está sucediendo en la vida de un individuo.

Durante un seminario en Canadá, conocimos a Bea, una persona madura con el don de percepción. Más tarde nos escribió diciendo: "Yo soy una de las personas que saqué un 100% en el don de percepción en su evaluación. Durante la hora del café, estaba conversando con un ministro al cual conocía y comencé a notar que algo estaba sucediendo en su vida, algo más de lo que él estaba expresando. De pronto percibí que estaba pasando por una crisis en su vida. No sé cómo, pero lo *supe*. No dije nada, pero oré por él durante varios días. Dos semanas más tarde el ministro renunció a su puesto y confesó que era debido a una crisis en su vida."

Esto no significa que una persona con el don de percepción sabe todo sobre una persona; Dios le muestra solamente lo que Él quiere que vea. Y siempre lo hace con un propósito, generalmente para que el que tiene el don de percepción pueda orar eficazmente por la persona.

4 - Motiva a las personas a arrepentirse y a producir buen fruto.

Nunca	*Rara vez*	*A veces*	*Usualmente*	*Mayormente*	*Siempre*	
0	1	2	3	4	5	PUNTOS

Después de haber retado la espiritualidad de los fariseos y saduceos, Juan el Bautista dijo: "Produzcan frutos que demuestren arrepentimiento; dejen que su vida manifieste el cambio de su corazón" (Mateo 3:8, TAB).

Juan estaba muy bien enterado de que estos individuos "religiosos" decían ser líderes espirituales. Sin embargo, también estaba enterado de su hipocresía. Juan sabía que solamente un genuino y evidente cambio en su comportamiento demostraría la condición interna de un corazón arrepentido.

Nosotros damos mucha consejería personal y hemos aprendido a observar el fruto en la vida de una persona para ayudar a diagnosticar los problemas ocultos. Cuando existen malos frutos significa que hay malas raíces. Oramos para que la causa de esas malas raíces sea manifestada, ayudamos a la persona a identificar todo el odio y el juicio que sienten contra la persona que la hirió, y luego ayudamos a la persona a arrepentirse. Si existe un arrepentimiento genuino, su vida empieza a dar buen fruto.

5 - Cree que aceptar las dificultades producirá un quebrantamiento personal positivo.

Nunca	Rara vez	A veces	Usualmente	Mayormente	Siempre	
0	**1**	**2**	**3**	**4**	**5**	**PUNTOS**

La mayoría de nosotros evitamos los problemas. No vemos las pruebas como amigos, ni el trauma y la tragedia como peldaños en nuestro camino hacia la madurez. No así los que tienen el don de percepción. Ellos se regocijan cuando surgen eventos negativos en su vida ya que ven estos como grandes oportunidades para desarrollar el quebrantamiento en su vida.

Cuando hablamos de "quebrantamiento" nos referimos a la experiencia de llegar al punto en que ya no podemos hacer nada por nosotros mismos y tenemos que clamar a Dios diciendo: "Dios, no puedo con esto. No puedo hacer nada sin ti. ¡Ayúdame, Señor!"

John Sandford, un profeta y autor que tiene el don de percepción, dijo que el clamor a Dios que consiste de dos palabras clave –"¡Ayúdame, Señor!"– es la oración más espiritual que pueda pronunciar cualquier persona.

Quienes tienen el don de percepción se alegran cuando se les presentan dificultades que los presionan hasta llevarlos al quebrantamiento, ya que a su juicio, esto significa que Dios los ama lo suficientemente como para trabajar en otra área de su vida.

Pareciera que Dios zarandea mucho a los que tienen el don de percepción. Él quiere hacer una obra profunda y minuciosa en ellos de manera que puedan ser herramientas aptas para edificar su Cuerpo aquí en la tierra.

Hace años, escuché a Iverna Tompkins decir: "Este año, Dios no está permitiendo cosas en mi vida que permitió el año pasado." Ella dijo que a menudo se quejaba con el Señor porque "parecía que todos los demás se salían con la suya". El Señor le decía entonces suave pero firmemente que ella no era "todo el mundo", que Él tenía un plan para su vida y que parte de ese plan era que ella caminara por un camino más estrecho que los demás.

Quienes tienen el don de percepción se regocijan al ver la evidencia del quebrantamiento en otros. ¿Alguna vez ha hablado con alguien con el don de percepción acerca de una situación difícil por la que pasaba, y él solamente exclamó: "¡Gloria a Dios! ¡Sé que Dios hará algo muy bueno en tu vida a través de esto!"?

Y a usted le dieron ganas de decir: "¡Mil gracias, pero eso no era lo que quería oír!" Efectivamente, eso no era lo que usted quería que le dijeran; más bien, quería que alguien se compadeciera de usted un poquito. Pues, ¡eso no llegará nunca a suceder con una persona con el don de percepción! Estas personas saben que el quebrantamiento no solamente les hace bien a ellos, sino también a usted.

6 - Tiene pocas o ninguna amistad íntima.

Nunca	*Rara vez*	*A veces*	*Usualmente*	*Mayormente*	*Siempre*	
0	**1**	**2**	**3**	**4**	**5**	**PUNTOS**

Generalmente, quien tiene el don de percepción pasa su infancia sólo con uno o dos buenos amigos, y a veces no tiene ni uno. Algunos se preocupan por esto, y se preguntan por qué no quieren estar cerca de más niños de su propia edad. Otros por instinto saben que está bien, que Dios los hizo de esa manera. Ellos se sienten a gusto estando solos.

La mayoría de las veces, son los padres de quien tiene el don de percepción los que se preocupan demasiado, al creer que su hijo debería ser más amigable e involucrarse más con otros niños.

Nosotros nos enfrentamos a esta situación con nuestro hijo menor, Dan, antes de entender los dones motivacionales. Durante sus primeros años, parecía que Dan prefería jugar solo, o con su hermano mayor, Dave, cuando salía de la escuela.

– ¿Por qué no invitas al niño de enfrente a que venga a casa y juegue contigo, Dan? – le preguntábamos.

– No quiero hacerlo.

– Pero, ¿por qué no?

– Él no es honrado. Lo he visto robar cosas de otros niños en la escuela.

– Entonces, ¿por qué no le pides al niño de la siguiente calle a que venga?

– ¡No, a él no! Él es antipático.

– Entonces invita a Johnny.

– De ninguna manera. Él miente. No me gusta estar con él.

Y así seguíamos. Parecía que Dan no podía encontrar un amigo que tuviera los mismos principios que él.

En muchas cosas, Dave era lo opuesto a su hermano, Dan. Dave siempre traía amigos a casa después de la escuela; de hecho, generalmente traía muchos. Por eso parecía tan lógico empujar a Dan a que formara amistades para que "no se sintiera excluido". Luego aprendimos sobre los dones motivacionales y reconocimos que Dave era un niño que tenía el don de administración, y que por ello, naturalmente tendía a tener muchas amistades. Dan, un niño con el don de percepción, tendía a estar solo o a tener un selecto grupo de amistades.

Lo interesante es que cuando inscribimos a nuestros hijos en una escuela cristiana, Dan hizo muchos amigos íntimos durante sus años de estudio. Para nuestro hijo con el don de percepción, este era un ambiente más agradable en el cual él podía formar amistades con personas que tuvieran valores como los suyos.

Así como los levitas fueron separados del resto de las doce tribus de Israel para ministrar al Señor en el Templo, así los cristianos con el don de percepción han sido separados para pasar mucho más tiempo en oración, para llevar la Palabra de Dios al Cuerpo de Cristo, y para levantar en alto los principios de Dios. Ellos no se podrán dar el lujo de tener muchas amistades por varias razones:

El tiempo para los amigos es limitado, puesto que su llamado a un ministerio de oración requiere mucho tiempo.

Las muchas amistades requieren un grado de tolerancia hacia las personas con diferentes estándares y creencias. Quienes tienen el don de percepción no pueden transigir en cuestiones de principios, creencias y conducta.

El don que Dios les ha dado permite que estas personas disfruten de estar "a solas con Dios".

7 - Ve la Biblia como la base de toda verdad, creencia, acción y autoridad.

Nunca	Rara vez	A veces	Usualmente	Mayormente	Siempre	
0	**1**	**2**	**3**	**4**	**5**	**PUNTOS**

Quienes tienen el don de percepción pasan mucho tiempo escudriñando la Palabra. A ellos les encanta estudiar la Biblia y descubrir que muchas veces Dios les habla a través de escrituras específicas. Para ellos, la Biblia es la única fuente de verdad absoluta.

El llamado de Juan el Bautista se basó en la Palabra de Dios. Él conocía bien Isaías 40:3 y sabía que él era la voz que clamaba en el desierto.

Jesús, deseando asegurarle a Juan que Él era el Cristo, dijo a los discípulos del Bautista: "Y respondiendo Jesús, les dijo: Id, haced saber a Juan lo que habéis visto y oído: los ciegos ven, los cojos andan, los leprosos son limpiados, los sordos oyen, los muertos son resucitados, y a los pobres es anunciado el evangelio" (Lucas 7:22).

Juan vio la evidencia de las Escrituras en aquella respuesta, puesto que él conocía las profecías sobre el Mesías y lo que este haría.

Quienes tienen el don de percepción también dependen del Espíritu Santo que ilumina la Palabra. Nuestro amigo Steve Lightle, quien tiene el don de percepción/profecía, describe una experiencia que tuvo:

"Mientras yo estaba sentado en una silla, el poder de Dios entró en mi habitación... Empecé a experimentar cosas espirituales tan profundas que me pregunté qué estaba sucediendo. Por primera vez en mi vida, pasé un tiempo tan íntimo y personal con Jesús, que podía decir junto con Pablo: "donde oyó palabras inefables que no le es dado al hombre expresar" (2 Corintios 12:4). Durante ese tiempo, el Señor me estaba guiando mayormente a leer el libro de Isaías. Durante esos seis días y medio estuve leyendo ese libre. El Señor hizo todo tan real para mí. Fue un proceso de revelación." [6]

8 - Obra según los principios espirituales con osadía.

Nunca	Rara vez	A veces	Usualmente	Mayormente	Siempre	
0	1	2	3	4	5	PUNTOS

Los que tienen el don de percepción son capaces de extraer principios de la Biblia que se aplican a su diario vivir. De hecho, a menudo son muy exigentes consigo mismos. Los niños que tienen este don son sumamente estrictos consigo mismos. Generalmente llegan a ser aquellos adolescentes que no necesitan tener restricciones de parte de sus padres porque ellos ya han fijado estándares lo suficientemente altos en su vida.

Cierta vez, una madre relató cómo su hija adolescente no dejaba que ella hiciera cosas incorrectas: "Un día yo estaba conversando por teléfono con una amiga que quería que le prestara nuestro remolque. Sintiéndome yo irritada, porque esta persona siempre estaba pidiéndome cosas prestadas, inventé una excusa. 'Lo siento mucho; estamos usando el remolque en este momento', dije.

'¡Mamá! – dijo mi hija en un tono de voz muy molesto después que colgué el teléfono –. ¡El remolque está allí parqueado! *No* lo estamos usando. Se supone que debemos dar a los que nos pidan y no rehusarle nada a aquellos que nos pidan prestado.' Mi hija tenía razón – siguió diciendo la madre –. Tenía razón al citar un principio de Mateo 5:42. Yo respetaba a mi hija porque era tan fiel a sus principios, y sintiéndome reprobada por ella, llamé a mi amiga y le dije que el remolque estaba disponible."

Quien tiene el don de percepción es una persona de principios en todos los aspectos de su vida: en su forma de mantener su casa, dirigir su negocio, y llevar sus relaciones personales. Quienes tienen el don de percepción son los que realmente hacen respetar los estándares de la Iglesia. Ellos son los que levantan en alto la justicia de Dios y dicen: "¡Es a esto que debemos aspirar!" Si no existieran personas con el don de percepción, muchos de nosotros nos conformaríamos con tener principios mucho menos estrictos. *Necesitamos* a estas personas en el Cuerpo de Cristo.

Aunque el don de percepción es mi tercer don motivacional, este se manifiesta a menudo en mi vida diaria. Me he dado cuenta de que no puedo evitar tener ciertas reacciones, incluso cuando estas no me benefician.

Por ejemplo, hace algunos años tuve una venta de artículos usados en mi casa. Habíamos acumulado muchos trastos en los últimos veintidós años y ahora había que convertirlas en dinero para ayudar a pagar la colegiatura de nuestros dos hijos. Entre los artículos que estaba vendiendo estaba una muñeca con la que yo había jugado cuando era niña. Puesto que no teníamos niñitas en nuestra familia que pudieran heredar mi muñeca, coloqué esta en uno de los estantes de venta con una etiqueta que decía "$10". Al mediodía, noté que la muñequita no se había vendido, así que le bajé el precio a $8. Poco después una mujer la tomó y me la trajo, diciéndome:

– Quiero comprar esta muñeca, pero quiero mirar las demás cosas que tiene a la venta.

– Está bien – le dije –. Yo se la guardaré.

Antes que yo guardara la muñeca, otra mujer que acababa de llegar, dijo:

– Le daré veinte dólares por esa muñeca.

– Lo siento mucho – contesté –, pero acabo de decirle a otra señora que se lo venderé a ella.

– Le daré cincuenta dólares por ella – insistió la señora.

– Pero ya le he dado mi palabra a la otra señora – dije, lamentándome de haber hecho tal cosa.

– Entonces le daré cien dólares. Esa muñeca tiene que ser mía.

Entonces supe que estaba siendo probada, no por la mujer, sino por Dios. Cien dólares nos ayudarían más a reunir la colegiatura de la universidad que solamente ocho dólares. Me sentí tentada, pero también sentí algo mucho más fuerte en mi corazón. El Señor me recordó las palabras de Él: "Pero sea (tu) hablar: Sí, sí; no, no; porque lo que es más de esto, de mal procede" (Mateo 5:37, TAB). El principio era claro.

Aun después que la segunda mujer me explicó que aquella muñeca era un artículo de colección, una muñeca de *Shirley Temple* que valía $125 o más, yo sabía lo que tenía que hacer. Vendí la muñeca por los ocho dólares.

9 - Es franco; dice las cosas como son y no anda con rodeos.

Nunca	Rara vez	A veces	Usualmente	Mayormente	Siempre	
0	**1**	**2**	**3**	**4**	**5**	**PUNTOS**

Esta característica muchas veces mete en problemas a quienes tienen el don de percepción. Una mujer que llegó a trabajar en la oficina del ministerio *Aglow International,* tenía este don, pero no lo sabía. Ella era una nueva creyente que siempre estaba criticando a las personas y diciéndoles lo que pensaba. Muy pronto casi todos los empleados de la oficina de *Aglow* se molestaron con ella, al igual que lo habían hecho sus compañeros de escuela y sus otros conocidos durante toda su vida.

Empecé a enseñar el seminario de los dones motivacionales tres semanas después que Carol empezara a trabajar en la oficina. Ella se acercó a mí después de la primera sesión y enjugándose las lágrimas, dijo: "Katie, ¡ya sé cuál es mi don! Por primera vez en toda mi vida siento que puedo empezar a entenderme y a aceptarme a mí misma."

"He sentido mucho desprecio por mí misma porque siempre estoy hiriendo a las demás personas con mi boca. No sabía qué más hacer con las cosas que *veía* excepto decirlas... Ahora veo que no está bien hacer eso. Quiero crecer en mi don para poder ayudar a las personas y no herirlas."

Le dije a Carol que a las personas que tienen el don de percepción les es permitido *ver* muchas cosas que están fuera de la voluntad de Dios, pero que por lo general, el plan de Dios es que ellos *oren* por la situación, en vez de hablar o confrontar a las personas.

Pude ver cómo Carol cambió y se convirtió en una cristiana sensible a los demás. Ahora ha aprendido a mitigar su franqueza.

Hemos descubierto que una persona *madura* con el don de percepción es la persona más agradable del mundo. Uno puede estar seguro que siempre mostrará gran honestidad, sinceridad y franqueza, pero que al mismo tiempo, siempre será guiada por la sabiduría y el amor. A nosotros nos gusta mucho hablar con personas que tienen el don de percepción. Son muy transparentes; nunca andan con rodeos.

10 - Es muy persuasivo al hablar.

Nunca	Rara vez	A veces	Usualmente	Mayormente	Siempre	
0	**1**	**2**	**3**	**4**	**5**	**PUNTOS**

Son persuasivos por el hecho de que quienes tienen el don de percepción tienen convicciones sumamente fuertes sobre cualquier asunto. Para ellos, las cosas son o correctas o bien incorrectas, y se expresan de acuerdo con su percepción.

Nuestro hijo, Dan, que tiene el don de percepción, cantó en el grupo *Living Faith* [Fe Viva], durante su último año de estudios. Al inicio de un concierto en cierta iglesia los integrantes del grupo se presentaron unos a otros a la congregación. Ursula Rueb, compañera de Dan, dijo guiñando el ojo: "¡Este es Dan Fortune, y él *siempre* tiene la razón!"

Los dieciocho miembros del grupo se rieron a carcajadas. Todos ellos amaban a Dan, pero también a veces les chocaba un poco sus opiniones fuertes y su persuasión.

Phil, que tenía el don de percepción, compartió lo importante que era para él ser una persona que percibe. "Incluso cuando estaba estudiando, sabía que algunos de mis amigos no tenían metas y que carecían de ambición para hacer algo constructivo en su vida. Yo pasaba horas motivándolos para que hicieran algo con su vida. Hoy día, son cristianos sobresalientes que tienen un fuerte testimonio cristiano."

11 - Se duele profundamente por los pecados de otros.

Nunca	Rara vez	A veces	Usualmente	Mayormente	Siempre	
0	**1**	**2**	**3**	**4**	**5**	**PUNTOS**

Esta es una persona que (internamente y hasta externamente) llorará cuando ve a alguien involucrado en un pecado serio. Él sabe que el pecado lleva consigo la semilla de la destrucción. Ya que siente el corazón de Dios, quiere advertir a la persona para que no tenga que segar las inevitables consecuencias del pecado. Él sabe que es solamente a través del arrepentimiento que la persona podrá escapar de dichas consecuencias. Por esta razón, él ora para que el poder del Espíritu Santo convenza a la persona y la lleve al arrepentimiento.

La esposa de un pastor asistente, a quien llamaremos Nancy, tenía el don de percepción. Al final de un culto, mientras el pastor principal dejaba el pulpito, escuchó claramente la voz de Dios que le decía que este hombre estaba cometiendo adulterio con cierta mujer en la iglesia.

Conmovida profundamente por la situación, Nancy fue a casa e intercedió por ambos. Durante días lloró y clamó delante de Dios, rogándole que cambiara el corazón del pastor y el de la mujer, y que convenciera a ambos de su pecado para que dejaran ese romance. Después de una semana de oración intensa a diario, el Señor le dijo a Nancy que Él quería que ella fuera y confrontara a la mujer.

– ¿Cómo lo supiste? – preguntó la mujer, perpleja.

– Dios me lo reveló – dijo Nancy–, y Él quiere que termines esa relación.

– Pues, ¡ no lo haré! – le contestó la mujer –. ¡No sigas metiéndote en mi vida!

Nancy regresó a casa y durante otra semana oró y lloró. Al final de la segunda semana, el Señor le dijo que regresara y confrontara nuevamente a la mujer. Nancy sabía que no sería una tarea agradable, pero fue obediente. Y nuevamente la mujer se rehusó a escuchar.

Nancy contó que en ese momento la carga fue quitada de sus hombros repentinamente. Todavía existía un dolor humano por la situación, pero el dolor y la carga divinas fueron quitadas de ella. Dios llama a quienes tienen el don de percepción, pero el libre albedrío del pecador puede frustrar aun los planes y la voluntad de Él.

Quisiéramos poder contar que esta historia terminó felizmente; sin embargo, no fue así. El pecado tomó su curso; dos familias fueron destruidas y muchos amigos y miembros de la iglesia fueron heridos y desilusionados. Algunos hasta abandonaron su fe debido a la impresión que se llevaron y la amargura que sintieron .

12 - Está deseoso de ver sus propios pecados y debilidades ocultas y de ayudar a otros a ver las suyas.

Nunca	Rara vez	A veces	Usualmente	Mayormente	Siempre	
0	**1**	**2**	**3**	**4**	**5**	**PUNTOS**

Todos nosotros tenemos pecados y debilidades que no vemos. De eso hablaba Jesús cuando dijo: "¿Por qué te fijas en la astilla que tiene tu hermano en el ojo y no le das importancia a la viga que tienes en el tuyo? ¿Cómo puedes decirle a tu hermano: 'Hermano, déjame sacarte la astilla del ojo', cuando tú mismo no te das cuenta de la viga en el tuyo? ¡Hipócrita! Saca primero la viga de tu propio ojo, y entonces verás con claridad para sacar la astilla del ojo de tu hermano" (Lucas 6:41-42, NVI).

Esa viga son los pecados y las debilidades que no vemos en nosotros mismos.

Una vez mi amiga Marcia Kruesel me llevaba al aeropuerto de Sea-Tac cuando una mujer que iba en su automóvil en el carril de la derecha delante de nosotros empezó a moverse hacia nuestro carril. Si ella hubiera seguido, hubiéramos chocado. Marcia sonó la bocina y la mujer rápidamente se regresó a su carril. "Íbamos en su punto ciego, donde ella no nos veía", me dijo Marcia.

Eso es verdad. Hay un área por encima del hombro izquierdo del conductor que no es visible en el espejo retrovisor.

Eso también es cierto en la vida diaria, pensé. Si no damos una advertencia donde hay un punto ciego y la persona sigue avanzando sin ver el peligro, al final habrá un choque, es decir, una crisis de algún tipo.

Cuando estamos listos para que Dios trabaje en nuestros puntos ciegos, lo mejor sería encontrar a un amigo con el don de percepción y pedirle su discernimiento.

13 - Desea, sobre todas las cosas, ver que el plan de Dios se cum pla en cada situación.

Nunca	Rara vez	A veces	Usualmente	Mayormente	Siempre	
0	**1**	**2**	**3**	**4**	**5**	**PUNTOS**

Quienes tienen el don de percepción disciernen el plan de Dios, y nunca permitirán que sus propios deseos se interpongan en el camino de ese plan en su vida y en la vida de otros. Cuando estas personas aconsejan a otra persona, algo que dicen con frecuencia es: "Debes soltar *tus* planes y descubrir cuáles son los planes de *Dios* para tu vida."

Cuando están trabajando con una organización, los que tienen el don de percepción animarán a cada integrante de dicha organización a sacrificar sus propias necesidades y deseos para beneficio del plan de Dios para el grupo.

Generalmente, Dios les da visiones y revelaciones para que puedan conocer su voluntad en una situación determinada. Simeón era un hombre piadoso que estudiaba la Ley mientras esperaba al Mesías. Simeón tenía el don de percepción, y el Espíritu Santo le reveló que no vería la muerte antes de haber visto al Ungido de Dios.

¡Imagínese cómo estaría Simeón de emocionado al conocer el corazón y el plan de Dios! Dirigido por el Espíritu Santo, Simeón llegó al Templo al mismo tiempo que José y María traían a su hijo para dedicarlo a Dios. Al reconocer a Jesús, Simeón lo tomó en sus brazos y alabó a Dios diciendo: "Ahora, Señor, despides a tu siervo (para que deje este mundo) en paz, conforme a tu palabra; Porque han visto mis [propios] ojos tu salvación, la cual has preparado (de antemano) en presencia de todos los pueblos; Luz para revelación a los gentiles, para dar a conocer lo que antes era desconocido, y [para traer] gloria [y honor] a su pueblo Israel" (Lucas 2:29-32, TAB).

14. Promueve enérgicamente el crecimiento espiritual de individuos y grupos.

Nunca	Rara vez	A veces	Usualmente	Mayormente	Siempre	
0	**1**	**2**	**3**	**4**	**5**	**PUNTOS**

Quienes tienen el don de percepción quieren ver crecimiento espiritual. Ellos se ven a sí mismos como personas que siempre están creciendo y están deseosos de ayudar a otros a que crezcan también.

Hay un evangelista que tiene el don de percepción que ministra en África, capacitando a jóvenes para que crezcan y puedan realizar su propio ministerio. Él describe su ministerio de la siguiente manera: "Esta es la manera de multiplicar mi ministerio. Conforme yo les ayudo a crecer, el evangelio se difunde más abierta y eficazmente."

Quienes tienen el don de percepción, ven el crecimiento espiritual de los grupos como el fruto del cambio en las vidas individuales. Al igual que el eslabón más débil de una cadena determina la fuerza de dicha cadena, así los perceptores ven que en un grupo, la persona más débil limita la eficacia del grupo entero.

Por lo tanto, los perceptores saben que tienen que trabajar con los individuos, ayudando a cada integrante de un grupo individualmente para poder ver al grupo completo fortalecerse cada vez más.

Kit, un misionero de Juventud Con Una Misión (JUCUM) que tiene el don de percepción, hace poco nos escribió desde Montana lo siguiente: "Todos estos años, he disfrutado de trabajar con grupos y especialmente con ciertos individuos en esos grupos que necesitaban crecer espiritualmente. Me gozo ayudando a los santos a madurar y viéndolos trabajar más eficientemente en el Cuerpo de Cristo."

15. Es llamado a la intercesión.

Nunca	Rara vez	A veces	Usualmente	Mayormente	Siempre	
0	1	2	3	4	5	PUNTOS

Esta es quizás la característica más importante de quienes tienen el don de percepción. Todavía estamos buscando a un cristiano adulto y maduro con el don de percepción que no haya sido llamado a la intercesión. Hemos encontrado algunos que aún no se han tomado el tiempo de *escuchar* y descubrir si han sido llamados a hacerlo. Sin embargo, el llamado está allí; ¡solamente es cuestión de *sintonizar* bien el oído para poder escucharlo!

La mayoría de los que tienen el don de percepción están conscientes de la importancia que tiene la intercesión. Poseen un sentir interno que les dice que este es el aspecto más importante de su vida y de su ministerio. Ellos saben que "pueden mover montañas" y que pueden alcanzar mucho más a través de la oración que a través de cualquier otra vía.

Una vez una persona con el don de percepción dijo: "Aproximadamente el noventa por ciento de mi ministerio viene siendo la oración intercesora. Solamente el diez por ciento de las veces trabajo directamente con las personas. Generalmente, después de que he orado por un asunto específico, veo los resultados manifiestos en la situación. Muy rara vez tengo que hacer otra cosa que orar."

Otra persona con el don de percepción dijo francamente: "¡Los que tienen el don de percepción deberían ser tardos para hablar y prontos para orar!"

¡Qué buen consejo! Quienes tienen este don "ven" muchas cosas que no son la voluntad de Dios. Dios les puede dar revelaciones sobre problemas y necesidades de otras personas. Pero si no ponen estas revelaciones en oración delante de Dios, pueden convertirse en personas negativas, desagradables y entrometidas que lo único que hacen es criticar. La razón por la que Dios les da discernimiento es para que ellos puedan interceder eficazmente.

Las personas con este don son personas clave en los grupos de oración. Ellos motivan a otros a orar. Tienen un ministerio de oración más poderoso que cualquier otro de los siete dones. (Quienes tienen el don de dar y el don de compasión también oran con eficacia, pero con un énfasis diferente.) Quienes tienen el don de percepción generalmente ayunan como parte de su ministerio de intercesión.

16. Siente la necesidad de dramatizar o expresar verbalmente lo que "ve".

Nunca	Rara vez	A veces	Usualmente	Mayormente	Siempre	
0	**1**	**2**	**3**	**4**	**5**	**PUNTOS**

Un ejemplo bíblico es Oseas. ¿Recuerdan cómo tomó a una prostituta por esposa para demostrar la infidelidad de Israel? Oseas escuchó al Señor decirle: "Ve, tómate una mujer fornicaria, e hijos de (su) fornicación; Porque la tierra fornica apartándose de Jehová" (Oseas 1:2, TAB).

Fue una acción bastante dramática que llamó la atención de la nación. Luego, cuando su esposa Gomer lo dejó para regresar a la prostitución, él fue a buscarla, para demostrar cómo Dios sale a buscar a todos aquellos que le han dado la espalda.

Algunas veces, quienes tienen el don de percepción utilizarán el teatro como un medio para dar a conocer el mensaje de Dios. Hemos notado que frecuentemente estas personas tienden a sobresalir en el campo del drama, porque esto les permite presentar gráficamente lo que Dios quiere decir.

Diana, una amiga que tiene el don de percepción, dijo: "Durante mis años de adolescencia y juventud me involucré en grupos de drama porque me encantaba expresar las cosas que sentía mediante el teatro. Cuando conocí al Señor, empecé a interesarme en los grupos de drama cristianos."

Quienes tienen el don de percepción a veces tienen un talento para ilustrar las verdades de Dios mediante el drama cuando enseñan, predican o simplemente hablan.

Muchos de los profetas del Antiguo Testamento tenían un talento dramático. Algunos se vestían de cilicio y de ceniza cuando querían que las personas se arrepintieran. Eliseo le dijo al leproso Naamán que se sumergiera siete veces en el río Jordán. Elías pidió que descendiera fuego del cielo. Natán utilizó una historia dramática de un hombre pobre que sólo tenía una oveja para conmover la conciencia de David.

En el Nuevo Testamento, Juan el Bautista se vestía de pelo de camello y comía langostas y miel silvestre. Un profeta llamado Ágabo le advirtió a Pablo que lo encarcelarían, tomando el cinturón a Pablo y atándose él mismo los pies y las manos, mientras decía: "Esto dice el Espíritu Santo: Así atarán los judíos en Jerusalén al varón de quien es este cinto, y le entregarán en manos de los gentiles" (Hechos 21:11). Jesús entró a Jerusalén montado en un pollino, cumpliendo así una profecía antigua.

17. Tiende a ser introspectivo.

Nunca	Rara vez	A veces	Usualmente	Mayormente	Siempre	
0	**1**	**2**	**3**	**4**	**5**	**PUNTOS**

Quienes tienen el don de percepción conocen el significado del texto bíblico que dice: "Examíname [minuciosamente], oh Dios, y conoce mi corazón; Pruébame y conoce mis pensamientos; Y ve si hay en mí camino de perversidad, y guíame en el camino eterno" (Salmos 139:23-24, TAB).

Para estas personas, el deshacerse de sus imperfecciones es su primera prioridad. Ellos desean que Dios saque a relucir ese oro puro que hay en su vida, que los refine y los haga como Él quiere que sean. Por lo tanto, no tienen temor de mirar dentro de sí mismos e identificar aquellas cosas que necesitan ser cambiadas. Saben muy bien lo importante que es tener motivos puros producidos por el Espíritu Santo y no seguir los deseos de la carne.

Howard Pitman describe como murió médicamente en el quirófano y fue llevado en espíritu a las puertas del cielo. Pensando que su vida llena de "buenas obras" le daba derecho de venir ante Dios con una petición, se asombró al saber que Dios no estaba satisfecho con él.

"El sonido de su voz llegó hasta mis oídos desde detrás de las Puertas aun antes que oyera sus palabras. El tono de su ira me hizo postrarme ante Él, mientras me daba a entender qué tipo de vida había vivido en realidad... Me recalcó que mi fe estaba muerta, que mis obras no eran aceptables, y que había trabajado en vano..."

"¡Todos esos años pensé que estaba haciendo esas obras para Dios! En ese momento, Él me dijo que lo que había hecho, lo había hecho para mí mismo. Aun cuando predicaba y testificaba sobre la gracia salvadora de Jesucristo, lo estaba haciendo únicamente para mí mismo, para que mi conciencia estuviera tranquila... Esto invertía mis prioridades y hacía que fueran inaceptables."[7]

¡Ahora Howard tenía que examinar su alma! Se dio cuenta de que lo único que vale para Dios es lo que *el Espíritu nos inspira a hacer*.

Helen, otra persona con el don de percepción que proviene del estado de Montana, nos escribió recientemente y nos dijo: "La introspección siempre ha sido un problema en mi vida. Pensé que me tomaba a mí misma demasiado en serio. Me alegré mucho al saber que todo eso es parte de mi don, que está bien que yo sea introspectiva."

Nunca	Rara vez	A veces	Usualmente	Mayormente	Siempre	
0	1	2	3	4	5	PUNTOS

18. Tiene fuertes convicciones y opiniones.

Quienes tienen el don de percepción tienen una opinión sobre casi todo. Y si por casualidad uno empieza a hablar sobre un tema sobre el cual ellos nunca habían pensado, ¡formarán una opinión al instante!

Afortunadamente estas personas generalmente buscan la ayuda de Dios para formar sus convicciones y opiniones; por lo tanto, estas por lo general son certeras.

Sin embargo, no necesariamente presentan sus opiniones de forma amable. Como dice el dicho, a veces son como elefante en cristalería, dejando una estela de destrucción y desorden tras ellos.

Hace diez años, Don era el responsable de veinticinco personas que asistían a un grupo que se reunía en un hogar. Después de unas cuantas reuniones él descubrió que cinco de las mujeres del grupo tenían el don de percepción. Don llegó a casa y recuerdo que oró: "Señor, ¿qué estás tratando de hacer conmigo? ¡Cinco a la vez!"

"Al principio – relató –, volaban chispas y centellas por todas partes. ¡Cada una de las cinco tenía opiniones fuertes! Muchas veces las opiniones no coincidían, y está de más decir que nunca discutían a medias."

Para Don fue fascinante observar la obra del Señor en el corazón de estas cinco mujeres. Las más maduras tendían a ser más abiertas a las opiniones de los demás. Sin embargo, hubo crecimiento espiritual en todas ellas y en el resto del grupo, conforme todos siguieron relacionándose.

Nunca	Rara vez	A veces	Usualmente	Mayormente	Siempre	
0	1	2	3	4	5	PUNTOS

19. Tiene principios estrictos.

Quienes tienen el don de percepción nunca están satisfechos si no se esfuerzan al máximo. Tienen una moral impecable, a menos que no estén en comunión con Dios. Incluso los adolescentes con este don pocas veces transigirán en cuestiones de principios. De hecho, ellos son más estrictos consigo mismos que sus padres.

Un jovencito con este don descubrió que su hermana mayor se había mudado con su novio. Al principio, él se enojó porque el comportamiento de su hermana estaba creando una mala impresión de él y de su familia. Luego se enojó porque lo que ella estaba haciendo era una ofensa contra Dios. También se enojó con Satanás por influir en su vida y llevarla a la inmoralidad. Cuando llegó a ese punto, se dio cuenta de que debía canalizar su ira de una manera más saludable al orar y batallar espiritualmente por el bienestar de su hermana.

Aunque algunos pueden vivir su vida sin tomar en cuenta a Dios y sin pensar en que Él está al tanto de todo lo que hacen, el que tiene el don de percepción no lo puede hacer. Él está muy atento a la presencia constante del Señor en su vida. Él quiere vivir su vida de una manera que agrade a Dios en todo momento.

Quienes tienen este don son sinceros. Son personas íntegras. Un día cuando Carolyn regresó a casa del supermercado se dio cuenta de que el cajero no le había cobrado por unos enlatados que había puesto en el entrepaño de abajo del carrito del supermercado.

– No importa – le dijo su esposo –. Ellos nunca lo sabrán.

– Pero yo sí lo sé – respondió Carolyn, activándose su don – .Voy a regresar a pagar lo que debo. El cajero estaba anonadado cuando Carolyn le explicó la situación.

– ¡Usted sí que es una persona honrada! – exclamó.

– ¿No se supone que todos debemos serlo? – preguntó Carolyn – . Yo no podría vivir si no lo fuera.

20 - Desea ser obediente a Dios a toda costa.

Nunca	*Rara vez*	*A veces*	*Usualmente*	*Mayormente*	*Siempre*	
0	**1**	**2**	**3**	**4**	**5**	**PUNTOS**

Quienes tienen el don de percepción reconocen la importancia de la obediencia. Lo opuesto de la obediencia para ellos es la rebelión, un pecado descrito en el Antiguo Testamente "como el pecado de adivinación" (1 Samuel 15:23).

Una persona con el don de percepción hizo un estudio bíblico sobre la obediencia. Ella dijo: "Me di cuenta de que ser obediente a Dios (1 Pedro 1:14) también significa que debo ser respetuosa y obediente a otros. Empezando con Jesús. No solamente debo obedecerlo en cada cosa que Él me diga que haga (Santiago 1:22), sino que también debo llevar cautivo todo pensamiento a la obediencia a Él (2 Corintios 10:4). Luego descubrí que debo ser obediente a las dirigentes seculares (Tito 3:1), a los líderes (2 Corintios 2:9), a mis padres (Colosenses 3:20), a mi esposo (Efesios 5:22), y a mis jefes (Efesios 6:5-8). No es cosa fácil, pero con la fortaleza que Él me da, yo lo puedo hacer. Jesús es mi ejemplo. Él fue obediente a Dios en todas las cosas, inclusive hasta su muerte en la cruz."

Animamos e instamos a los padres de niños que tienen el don de percepción a que les enseñen a sus hijos a ser obedientes a *ellos* para que cuando maduren puedan ser obedientes a *Dios.* Hablamos por nuestra propia experiencia. Dan, nuestro hijo que tiene este don, no era fácil de disciplinar. Aunque él quería obedecernos, sus propios deseos y su testarudez algunas veces lo llevaban por mal camino.

Afortunadamente, cuando Don y yo nos casamos nos dimos cuenta de que estábamos de acuerdo en cuanto a la manera de disciplinar a los hijos. También creíamos en la advertencia de Proverbios 13:24: "No corregir al hijo es no quererlo; amarlo es disciplinarlo" (NVI). Cierta vez, leímos un panfleto pequeño pero poderoso que presentaba la perspectiva cristiana sobre la disciplina. Se llamaba *Children, Fun or Frenzy?* [Hijos, ¿diversión o frenesí?]. Al terminar de leer el pequeño manual, corrimos a la venta de carpintería más cercana. Compramos una vara que medía 36 pulgadas (90 centímetros), la cortamos por la mitad, y dispusimos las dos varas de 18 pulgadas (45 centímetros) de largo en lugares estratégicos para tener acceso a ellas más rápidamente cuando fuera necesario.

¡Funcionó! Los niños aprendieron que en casa se usaba "la vara de autoridad". Después de corregirlos cuando desobedecían, los abrazábamos, les demostrábamos cariño y amor, les explicábamos por qué los habíamos disciplinado en ese momento y los perdonábamos. Vimos claramente que esta manera de disciplinar a los hijos los hacía sentirse seguros y amados.

De hecho, un día cuando David tenía tres años, él mismo nos trajo la paleta de madera diciendo: "Corríjanme, porque hice algo malo." Había quebrado algo que se le había dicho que no tocara y sabía que se sentiría mejor después de ser disciplinado. Y así fue.

Dan no tenía tanto entusiasmo por la disciplina. Quien tiene el don de percepción generalmente tiene una voluntad muy fuerte y es terco. Estos niños son un reto para sus padres y se les debe enseñar a obedecer o su don se contaminará por el resto de su vida.

Dan siempre trataba de justificar sus acciones y discutía con nosotros. A menudo teníamos que mandar a Dan a su cuarto después de corregirlo, lo cual era lo contrario de Dave, quien rápidamente se arrepentía, nos pedía perdón y se iba satisfecho a jugar. Seguimos disciplinando a Dan de manera sistemática y finalmente él empezó a obedecer sin discutir. Se convirtió en un niño encantador. Al poner en práctica la disciplina que había aprendido, se convirtió en un joven con muy alta moral. Se acercó más al Señor y su deseo de ser obediente a Él aumentó.

Ahora Dan entiende por qué tuvimos que disciplinarlo más a él que a su hermano, y está agradecido. "Nunca hubiera podido obedecer a mi Padre celestial – dice Dan –, si no hubiera aprendido a obedecer a mi padre terrenal." Hoy Dan es misionero. Pasó un año en las Filipinas sirviendo con el misionero-evangelista Rod McDougal. Ahora es misionero en una aldea de Honduras, en Centroamérica. "Dios me dijo que fuera, así que fui, " dice Dan.

AHORA LOS RESULTADOS

Ahora transfiera sus calificaciones a la hoja general en la página 66. Sume los veinte números y escriba el total en la casilla correspondiente. Luego transfiera ese total a la hoja de perfil en la página 46.

Recuerde que no hay respuestas correctas o incorrectas. El propósito de esta evaluación es descubrir los dones que Dios le ha dado. No trate de comparar sus resultados con los de otra persona. Lo que sí es importante es que compare su calificación en cada uno de los siete dones, porque esto revelará su perfil personal.

EL DON DE PERCEPCIÓN

Características

1 - Rápida y certeramente identifica lo bueno y lo malo, y odia lo malo.
2 - Ve todo de color blanco o negro; no ve grises, ni áreas indefinidas.
3 - Fácilmente percibe el carácter de individuos y grupos.
4 - Motiva a las personas a arrepentirse y a producir buen fruto.
5 - Cree que aceptar las dificultades producirá un quebrantamiento personal positivo.
6 - Tiene pocas o ninguna amistad íntima.
7 - Ve la Biblia como la base de toda verdad, creencia, acción y autoridad.
8 - Obra según los principios espirituales con osadía.
9 - Es franco; dice las cosas como son y no anda con rodeos.
10 - Es muy persuasivo al hablar.
11 - Se duele profundamente por los pecados de otros.
12 - Está deseoso de ver sus propios pecados y debilidades ocultas y de ayudar a otros a ver las suyas.
13 - Desea, sobre todas las cosas, ver que el plan de Dios se cumpla en cada situación.
14 - Promueve enérgicamente el crecimiento espiritual de individuos y grupos.
15 - Es llamado a la intercesión.
16 - Siente la necesidad de dramatizar o expresar verbalmente lo que "ve".
17 - Tiende a ser introspectivo.
18 - Tiene fuertes convicciones y opiniones.
19 - Tiene principios estrictos.
20 - Desea ser obediente a Dios a toda costa.

	Nunca	*Rara vez*	*A veces*	*Usualmente*	*Mayormente*	*Siempre*	*PUNTOS*
	0	*1*	*2*	*3*	*4*	*5*	
1							
2							
3							
4							
5							
6							
7							
8							
9							
10							
11							
12							
13							
14							
15							
16							
17							
18							
19							
20							
						TOTAL	

Problemas Del Que Percibe

8

Cada uno de los siete dones motivacionales tiene su propia serie de problemas.

Hemos descubierto que es saludable que las personas sepan que juntamente con sus dones también habrá retos especiales. Una mujer nos dijo: "¡Qué alivio saber que mis problemas son típicos de las personas que tienen mi don! Pensé que era la única en todo el mundo que luchaba con estas cosas. Ahora tengo esperanza y dirección."

¡Si no hubiera problemas, no habría la oportunidad de crecer espiritualmente!

Al observar honestamente las áreas en que tiene problemas:

Sentirá alivio al saber que no está solo.

Podrá descubrir soluciones específicas al identificar el problema.

Entenderá mejor cómo orar pidiendo la ayuda y la gracia de Dios para vencer sus problemas.

El sistema de calificación es exactamente el mismo que el que se usó para las veinte características positivas. La única diferencia es que ¡no llenará un perfil negativo de sí mismo! Solamente utilizará los resultados negativos para ver cómo está su nivel de madurez. La escala es más o menos así:

0 a 5 puntos	=	maduro
6 a 10 puntos	=	creciendo en gracia
11 a 20 puntos	=	madurez promedio
16 a 20 puntos	=	inmaduro
21 a 25 puntos	=	¡necesita ayuda!

Hace ocho o diez años hicimos varias evaluaciones a diferentes personas y recientemente volvimos a evaluar a estas personas. En muchos de los casos los resultados negativos se habían reducido significativamente, aunque lo típico era que su calificación negativa para su son primario todavía era mayor que su calificación negativa para los demás dones (esos resultados también habían mejorado). Es bueno que recordemos la exhortación de Pablo en Filipenses cuando nos insta a "ocuparnos en nuestra salvación con temor y temblor".

A continuación examinaremos cinco áreas problemáticas típicas del que tiene el don de percepción:

1 - Tiende a juzgar y a ser brusco.

Nunca	Rara vez	A veces	Usualmente	Mayormente	Siempre	
0	1	2	3	4	5	PUNTOS

Una persona con el don de percepción comentó una vez que quienes tienen este don sufren de un caso muy grave de "meter la pata". Jonás es un ejemplo bíblico de esto. Dios le dijo a Jonás que fuera a predicar arrepentimiento a Nínive. A Jonás no le agradó la tarea que le fue asignada porque sabía que los moradores de Nínive eran malvados, y no se imaginaba cómo Dios podría perdonarlos. Así que se embarcó en dirección opuesta.

Usted ya conoce la historia. Dios le preparó un transporte especial que lo llevara en la dirección correcta en el momento correcto. Entonces Jonás decidió que sería mejor que fuera a Nínive, y allí predicó sobre el arrepentimiento. Y el pueblo se arrepintió.

Pero Jonás no contaba con eso. Él ya había juzgado a estas personas en su corazón; ya había decidido que merecían el castigo de Dios. Él tenía un fuerte espíritu de crítica. Nunca se dispuso a orar por Nínive, sino que más bien salió de la ciudad y esperó a que Dios juzgara la ciudad. Cuando esto no sucedió, Jonás se enojó y Dios tuvo que trabajar en él para cambiar su actitud crítica.

Quienes tienen el don de percepción encontrarán que Dios trabajará de manera firme y hasta dura en su vida si no aprenden a orar más y a criticar menos. La oración es el guardaespaldas que impide que las personas con el don de percepción tengan actitudes de crítica y juicio. Quienes tienen este don son llamados a la oración intercesora. *¡No hay excepciones!*

Una mujer en Kansas City se acercó a mí después de un seminario y me dijo:

– Bueno, de acuerdo con la evaluación, yo tengo el don de percepción, pero no soy una intercesora.

– ¿Ha sido usted llamada a interceder? – le pregunté.

– En realidad no lo sé – respondió ella –, pero no tengo tiempo para eso. Me he dado cuenta de que puedo hacer las cosas más rápidamente si voy directamente a la persona y la confronto con lo que está haciendo mal.

– ¿Usted puede obrar más rápidamente que Dios? – le pregunté.

– Honestamente, algunas veces sí. ¡Él se tarda tanto!

Dentro de mi pensé, *¡Esto no es sino egocentrismo!*

– Siempre debe empezar con oración – le aconsejé –, y sólo debe ir a alguien si el Señor le dice que lo haga. Si no tiene cuidado, puede convertirse en una persona con espíritu de crítica que no cae bien a la gente.

Unos amigos suyos oyeron la conversación y nos confiaron después lo siguiente:

– Ella ya es así. ¡Muchas personas no la soportan!

Esa noche ella no pudo dormir y el Señor la confrontó. La mañana siguiente me dijo: – Katie, anoche Dios me dijo que Él me ha llamado a interceder desde hace mucho tiempo, pero que me he rehusado a escucharlo. Me di cuenta de que he estado haciendo las muy mal."

Desde entonces ella ha crecido como intercesora. Se ha convertido en una mujer sensible a la voz de Dios, y ya no es brusca. Ahora las personas la quieren mucho.

Si usted descubre que tiene el don de percepción y todavía no le ha prestado atención al llamado a la intercesión, ¡tenga cuidado! Dios no dejará que se salga con la suya.

Queremos compartir lo siguiente con las personas con este don: Aunque en el mundo natural la distancia más corta entre dos puntos es una línea recta, no es así en el mundo espiritual. La distancia más corta entre usted y otra persona (especialmente una persona problema) es una línea recta que va derecho a Dios en oración, confiando que Él se encargará de la situación y tendrá la solución al problema.

Lo cierto es que a nadie le gusta que otra persona le diga que debería cambiar. Sin embargo, cuando usted le entrega el problema a Dios, Él puede hablar directamente al corazón de la persona. Él puede derribar muros de resistencia por los cuales nosotros no podemos pasar.

El único momento en que una persona con el don de percepción debe confrontar a alguien es después de haber orado por el asunto, entregándolo a Dios, y después de haber recibido una palabra directa de Dios. Incluso de esta forma, es muy posible que la persona no reciba la corrección a menos que Dios haya suavizado su corazón de antemano. Sin embargo, el trabajo del que tiene el don de percepción no es cambiar a otros; únicamente debe llevar el mensaje. El Espíritu Santo es el que obra para convencer a las personas y cambiar su vida.

2 - Se olvida de elogiar el progreso parcial por estar tan centrado en la meta.

Nunca	*Rara vez*	*A veces*	*Usualmente*	*Mayormente*	*Siempre*	
0	1	2	3	4	5	PUNTOS

Quienes tienen el don de percepción siempre están tratando de llevarse a sí mismos y a otros a seguir perfectamente la voluntad de Dios. Ellos se enfocan en el hecho de que Jesús dijo que debemos "ser perfectos".

Por ejemplo, cuando una persona con este don está dando consejería, puede anhelar vivamente que el aconsejado alcance la perfección en Cristo. Entonces tiende a presionarlo para que cambie más rápidamente de lo que es capaz.

Estas personas deben aprender que un paso hacia delante es valioso. También deben aprender a decir: "¡Me alegra mucho que hayas dado ese paso esta semana! ¡Qué bueno! Ahora trabajemos en el siguiente paso."

Lem, un esposo y padre con el don de percepción, se nos acercó para pedir consejo. Se quejaba de que su esposa no estaba logrando ningún progreso espiritual.

Hablamos con su esposa y ella pintaba la situación de una manera muy diferente. Ella estaba molesta puesto que Lem siempre esperaba que ella mostrara su espiritualidad de la misma manera que él, lo cual significaba pasar mucho tiempo en oración y ayuno y seguir las reglas rígidas que Lem había fijado para la familia. Ella también se sentía frustrada porque él criticaba a los niños hasta tal punto que ellos sentían que no los amaba. Decía que Lem nunca elogiaba los esfuerzos de ninguno de ellos por progresar espiritualmente.

En vista de que su esposa tenía el don de administración, le explicamos a Lem que no podía esperar que ella actuara o pensara como él, que ella nunca iba a ser una persona que ayunara y orara mucho, pero que ella sí era capaz de ver las diferencias únicas en sus hijos y permitir que se desarrollaran a su propio ritmo.

Lem ya ha dejado de presionar tanto a su familia y está permitiendo que el progreso de ellos tome su curso natural. También está aprendiendo a elogiar y a animar a su esposa y a sus hijos mientras progresan.

3 - Presiona a los individuos y a lo grupos a que maduren espiritualmente.

Nunca	Rara vez	A veces	Usualmente	Mayormente	Siempre	
0	**1**	**2**	**3**	**4**	**5**	**PUNTOS**

No hay nada de malo en querer que las personas maduren espiritualmente; el problema es cuando se presiona.

Jill estaba emocionada cuando su esposo finalmente entregó su vida a Jesús. Pero su don de percepción contaminado la llevó a tratar de presionarlo a que creciera espiritualmente. Ella insistía en que estuvieran en la iglesia cada vez que se abrieran las puertas. Apartó y seleccionó los "libros correctos" que él debía leer. Y cada vez que él hacía algo que no era "cristiano", ella se lo hacía saber.

Por supuesto que su esposo se desanimó. Decidió que ya no quería tener nada que ver con "aquella religiosidad".

Jill estaba deprimida y desanimada. Pero una mujer de la iglesia que tenía más edad se dio cuenta de lo que ella había estaba haciendo y le dio unos consejos muy buenos. "Mira, Jill – dijo su amiga –, necesitas orar más por tu esposo y hablar menos. Deja que él haga sus propios descubrimientos y que tome sus propias decisiones."

Tan pronto como Jill dejó de presionarlo, su esposo empezó a asistir a la reunión de oración de los hombres temprano por las mañanas. Hoy día, es el cristiano maduro que Jill deseaba que fuera.

4 - No tolera opiniones y puntos de vista que sean diferentes a los suyos.

Nunca	Rara vez	A veces	Usualmente	Mayormente	Siempre	
0	1	2	3	4	5	PUNTOS

Quienes tienen el don de percepción siempre están convencidos que su punto de vista es el correcto, y la mayoría de las veces es así. Pero algunas veces la verdad tiene varias facetas. El que tiene el don de percepción puede ver una faceta de la verdad, mientras que otras personas con diferentes dones motivacionales verán otras facetas. Al unir todas estas facetas se ve la verdad completa. Quienes tienen el don de percepción deben aprender a valorar una perspectiva que abarca todas las facetas de un asunto.

Cuando se nos pidió aconsejar a una pareja que tenía problemas matrimoniales serios, observamos un caso de intolerancia extrema. Los llamaremos Sam y Sue. Sam tenía el don de percepción y era una persona muy aferrada a sus ideas, mientras que Sue era una persona con un fuerte don de compasión que tendía a intimidarse fácilmente.

En cuanto se sentaron, Sam dijo: "Quiero que sepan que Sue es quien necesita ayuda. Yo no tengo ningún problema. Ella es el problema." ¡Obviamente *él* tenía más problemas que ella!

Seguidamente, nos contó lo que había de malo en ella y cómo nosotros debíamos arreglar sus problemas. En ese momento hasta nos preguntamos por qué habían venido a consejería, ¡si él tenía todas las respuestas!

En su opinión, Dios había creado a las esposas no para proponer ideas por sí mismas, sino para servir a su esposo sin tener derecho a opinar. Él estaba molesto porque recientemente Sue se había atrevido a cuestionar sus órdenes.

Cuando tratamos de sugerir que su perspectiva de una relación matrimonial no era balanceada, él nos respondió: "Pero yo sé que tengo la razón. ¡La Biblia lo dice así! Sue está siendo rebelde ¡y ella debe obedecerme!"

Nunca más los volvimos a ver.

5 - Tiene problemas con su imagen de sí mismo.

Nunca	Rara vez	A veces	Usualmente	Mayormente	Siempre	
0	1	2	3	4	5	PUNTOS

Ya que los que tienen el don de percepción tienen un impulso interior que los lleva a hacer lo correcto, y ya que son introspectivos y están prestos a ver sus propios defectos, es muy fácil que se juzgan a sí mismos.

De todos los dones motivacionales, estas son las personas que más sienten alivio cuando descubren que las cosas con las que luchan internamente son indicadores de un don que Dios ha puesto en ellos y no la simple evidencia de sus muchos fracasos. Es bastante común que una persona con el don de percepción se nos acerque al terminar un seminario para contarnos lo emocionada que está de saber que su manera de ser forma parte del plan de Dios.

A menudo escuchamos comentarios como este: "Siempre pensé que era un inadaptado social, pero ahora veo que Dios me ha hecho ver las cosas de la forma en que las veo."

Cierta vez notamos que a una señora de sesenta y tres años se le salían las lágrimas mientras enseñábamos sobre el don de percepción. Después de una sesión, ella nos dijo: "¡Cuánto anhelo haber podido escuchar esto hace cincuenta años! He vivido toda mi vida con una conciencia muy clara de lo que andaba mal en la vida de las personas y las situaciones a mi alrededor. Pero no sabía qué hacer con este discernimiento, así que criticaba. Luego, empezaba a criticarme a mí misma por criticar a los demás. Toda mi vida he querido ser diferente. Ahora veo que Dios me dio el don de percepción por una razón: para que orara por las personas."

Tres semanas después, regresamos al mismo lugar a impartir otro seminario. Durante el primer receso que tuvimos, esta misma mujer se nos acercó con el rostro lleno de gozo.

"¡Estas tres semanas han sido las mejores de toda mi vida! – exclamó –. Cada día estoy intercediendo por las necesidades que Dios me muestra. Es maravilloso. Estoy viendo tantas respuestas a mis oraciones. Y ahora me agrada ser quien soy. Estoy muy feliz de haber conocido mi don ahora cuando todavía tengo unos años por vivir."

Nos encantaría que cada persona con el don de percepción pudiera decir eso. Muchos están atados por la condenación y el rechazo de sí mismos porque no entienden su don.

Si usted conoce a alguien con el don de percepción, ¡por favor comparta estas buenas noticias con ella!

Problemas típicos del que percibe:

1 - Tiende a juzgar y a ser brusco.
2 - Se olvida de elogiar el progreso parcial por estar tan centrado en las metas
3 - Presiona a los individuos y a los grupos a que maduren espiritualmente.
4 - No tolera opiniones y puntos de vista que sean diferentes a los suyos.
5 - Tiene problemas con su auto-imagen.

	Nunca	*Rara vez*	*A veces*	*Usualmente*	*Mayormente*	*Siempre*	*PUNTOS*
	0	*1*	*2*	*3*	*4*	*5*	
1							
2							
3							
4							
5							
						TOTAL	

Personajes Biblicos Con El Don De Percepción

9

Ha sido fascinante para nosotros descubrir los dones motivacionales de los personajes bíblicos. Reconocer los dones específicos de estas personajes ha hecho que la lectura de las Escrituras cobre vida. Ahora decimos cosas como: "Oh, por eso fue que David hizo eso" o "Eso fue lo que motivó a Bernabé". Ya no son figuras históricas unidimensionales que vivieron hace siglos, sino personas reales a quienes podemos entender y apreciar.

El identificar sus dones motivacionales nos ayuda a ver por qué Dios los escogió para desempeñar sus tareas particulares. Él los dotó (habiéndolos conocido desde antes de la fundación del mundo, según Efesios 1:4) de acuerdo a su propósito para cada uno de ellos. En los personajes bíblicos vemos una gran variedad de dones, desde el espíritu crítico de Jonás, que es una manifestación de un don de percepción contaminado, hasta la manera detallada y amorosa en que Juan relata la vida de Jesús, que es una manifestación de un don de compasión maduro.

Para algunos de los personajes bíblicos, encontramos una gran variedad de datos e información que nos permiten ver el don de la persona en acción en diferentes situaciones. Para otros, los detalles son limitados: sólo vislumbramos su don. Y con otros personajes sólo podemos adivinar cuáles habrán sido sus dones. Sin embargo, a través de toda la Biblia, vemos a seres vivientes con distintos deseos, necesidades, motivaciones y habilidades.

Hemos escrito siete capítulos que ponen de manifiesto ciertos personajes bíblicos como ejemplos de un don motivacional. Este capítulo tratará el don de percepción.

Queremos desafiarlo (aquí puede ver nuestros dones de enseñanza y exhortación en acción) a que lea las siguientes escrituras sobre los personajes bíblicos con el don de percepción:

Juan el Bautista – Mateo 21:32; Lucas 3:2-20; 7:18-29
Ana – Lucas 2:36-38
María – Mateo 1-2; Marcos 6:3; Lucas 1:26-56; Juan 2:1-5; Hechos 1:14
Ananías – Hechos 9:10-16; 22:12-16
Oseas – Oseas 1-14
Jeremías – Jeremías 1-52
Isaías – Isaías 1-66
Jonás – Jonás 1-4

Mire a ver cuántas características del don de percepción puede encontrar en estos personajes mientras lee los pasajes. ¡Se asombrará! Y además podrá entender mucho más a la persona.

Para animarlo a empezar, hemos impreso la primera escritura a continuación para que la escudriñe.

La columna a su derecha es para que escriba sus comentarios. Simplemente anote el número de característica, o descríbala si así lo prefiere. Si la característica aparece en el listado de problemas, identifíquela con el signo menos (–) antes del número.

Algunas características serán obvias, otras más sutiles. Pídale al Espíritu Santo que lo guíe en este proceso de descubrimiento, que le dé ojos para ver, y que lo ayude a leer entre líneas. ¡Diviértase!

Escritura : Lucas 3:2-3, 7-20 (TAB) — *Sus comentarios:*

2 y siendo sumos sacerdotes Anás y Caifás, vino palabra de Dios [en cuanto a cómo ser salvo a través de Cristo en el reino de Dios] a Juan, hijo de Zacarías, en el desierto.

3 Y él fue por toda la región contigua al Jordán, predicando el bautismo de arrepentimiento (es decir, el corregir sus hechos de todo corazón, aborreciendo las cosas malas que se han hecho) para perdón de pecados.

7 Y decía a las multitudes que salían para ser bautizadas por él: ¡Oh, generación de víboras! ¿Quién os enseñó (en secreto) a huir de la ira venidera?

8 Haced, pues, frutos dignos de arrepentimiento, (es decir, que

Sus comentarios:

vuestra conducta sea digna de un corazón cambiado y que aborrezcáis el pecado). Y no comencéis a decir dentro de vosotros mismos: Tenemos a Abraham por padre; porque os digo que Dios puede levantar hijos a Abraham aun de estas piedras.

9 Y ya también el hacha está puesta a la raíz de los árboles; por tanto, todo árbol que no da buen fruto se corta y se echa en el fuego.

10 Y la gente le preguntaba, diciendo: Entonces, ¿qué haremos?
11 Y respondiendo, les dijo: Él que tiene dos túnicas (prendas interiores), dé al que no tiene; y el que tiene qué comer, haga lo mismo.

12 Vinieron también unos publicanos para ser bautizados, y le dijeron: Maestro, ¿qué haremos?

13 Él les dijo: No exijáis más de lo que os está ordenado.

14 También le preguntaron unos soldados, diciendo: Y nosotros, ¿qué haremos? Y les dijo: No hagáis extorsión a nadie, ni calumniéis (acusándolos erróneamente); (estáis conformes siempre con vuestras raciones) y contentaos con vuestro salario.

15 Como el pueblo estaba en expectativa, preguntándose todos en sus corazones si acaso Juan sería el Cristo (el Mesías, el Ungido),

16 respondió Juan, diciendo a todos: Yo a la verdad os bautizo en agua; pero viene uno más poderoso que yo, de quien no soy digno de desatar la

correa de su calzado; él os bautizará
en Espíritu Santo y fuego.

Sus comentarios:

17 Su aventador (horquilla) está en su
mano, y limpiará su era, y recogerá el trigo
en su granero, y quemará la paja en
fuego que nunca se apagará.

18 Con estas y otras muchas (varias)
exhortaciones anunciaba las buenas
nuevas (el evangelio) al pueblo.

19 Entonces Herodes el tetrarca, siendo
reprendido (repetidas veces) (y
habiéndosele dicho su pecado) por Juan
a causa de Herodías, mujer de Felipe su
hermano, y de todas las maldades que
Herodes había hecho,

20 sobre todas ellas, añadió además
esta: encerró a Juan en la cárcel.

Ahora que conoce a Juan el Bautista, quien tenía el don de percepción, queremos compartir con usted lo que nosotros descubrimos.

Escritura : Lucas 3:2-3, 7-20 (TAB)	*Nuestros comentarios:*
2 y siendo sumos sacerdotes Anás y Caifás, vino palabra de Dios [en cuanto a cómo ser salvo a través de Cristo en el reino de Dios] a Juan, hijo de Zacarías, en el desierto.	**#13** Desea el plan de Dios **#15** Recibe revelación a través de la intercesión
3 Y él fue por toda la región contigua al Jordán, predicando el bautismo del arrepentimiento (es decir, el corregir sus hechos de todo corazón, aborreciendo las cosas malas que se han hecho) para perdón de pecados.	**#1** Identifica lo malo **#3** Percibe el verdadero carácter **#4** Motiva al arrepentimiento **#9** Es franco, dice las cosas como son **#11** Se duele por el pecado **#20** Es obediente a Dios
7 Y decía a las multitudes que salían para ser bautizadas por él: ¡Oh, generación de víboras! ¿Quién os enseñó a huir de la ira venidera?	**# 1, 3, 4 & 9**arriba mencionados) **#12** Revela pecados y debilidades ocultas **#16** Dramatiza **#18** Opiniones fuertes

8 Haced, pues, frutos dignos de arrepentimiento, (es decir, que vuestra conducta sea digna de un corazón cambiado y que aborrezcáis el pecado). Y no comencéis a decir dentro de vosotros mismos: Tenemos a Abraham por padre; porque os digo que Dios puede levantar hijos a Abraham aun de estas piedras.	**#4** Quiere evidencia de arrepentimiento **#8** Obra según principios espirituales **#9** Es franco, dice las cosas como son **#10** Habla persuasivamente **#12** Revela pecados ocultos **#16** Dramatiza **#18** Tiene opiniones fuertes
9 Y ya también el hacha está puesta a la raíz de los árboles; por tanto, todo árbol que no da buen fruto se corta y se echa en el fuego.	**#4, 8, 9, 10, 16, 18** (arriba mencionados)
10 Y la gente le preguntaba, diciendo: Entonces, ¿qué haremos?	**#10** Evidencia de que es persuasivo
11 Y respondiendo, les dijo: El que tiene dos túnicas (prendas interiores), dé al que no tiene; y el que tiene qué comer, haga lo mismo.	**#2** No hay áreas grises **#4** Exige fruto **#8** Tiene principios espirituales **#14** Promueve el crecimiento
12 Vinieron también unos publicanos para ser bautizados, y le dijeron: Maestro, ¿qué haremos?	**#10** Evidencia de que es persuasivo
13 Él les dijo: No exijáis más de lo que os está ordenado.	**#2** Todo es o blanco o negro **#8** Principios espirituales
14 También le preguntaron unos soldados, diciendo: Y nosotros, ¿qué haremos? Y les dijo: No hagáis extorsión a nadie, ni calumniéis (acusándolos erróneamente); (estáis conformes siempre con vuestras raciones) y contentaos con vuestro salario.	**#1** Identifica lo malo **#2** Todo es o blanco o negro **#3** Percibe el verdadero carácter **#4** Exige fruto **#9** Es franco, dice las cosas como son **#10** Persuasivo **#14** Promueve el crecimiento **#18** Opiniones fuertes
15 Como el pueblo estaba en expectativa, preguntándose todos en sus corazones si acaso Juan sería el Cristo (el Mesías, el Ungido),	(La respuesta de los que lo escuchaban es una prueba de que Juan tenía todas las características antes mencionadas)

16 respondió Juan, diciendo a todos: Yo a la verdad os bautizo en agua; pero viene uno más poderoso que yo, de quien no soy digno de desatar la correa de su calzado; él os bautizará en Espíritu Santo y fuego.	**#13** Se enfoca en el plan de Dios **#14** Promueve el crecimiento de otros **#20** Obediencia al plan (más humilde} de Dios para él
17 Su aventador (horquilla) está en su mano, y limpiará su era, y recogerá el trigo en su granero, y quemará la paja en fuego que nunca se apagará.	**#1** Identifica lo bueno y lo malo **#2** Divide entre lo blanco y lo negro **#9** Es franco, dice las cosas como son **#13** Desea el plan de Dios **#20** Obediente a Dios al revelar el plan de Él
18 Con estas y otras muchas (varias) exhortaciones anunciaba las buenas nuevas (el evangelio) al pueblo.	**#4** Anima al arrepentimiento **#10** Persuasivo **#13** Quiere el plan de Dios **#20** Obediente al llamado
19 Entonces Herodes el tetrarca, siendo reprendido (repetidas veces) (y habiéndosele dicho su pecado) por Juan a causa de Herodías, mujer de Felipe su hermano, y de todas las maldades que Herodes había hecho,	**#1** Identifica la maldad de Herodes **#3** Percibe su carácter **#4** Llama al arrepentimiento **#9** Es franco, dice las cosas como son **#18** Convicciones fuertes **#20** Obediente a Dios
20 sobre todas ellas, añadió además esta: encerró a Juan en la cárcel.	**#2** No transige **#10** Evidencia de que Juan es persuasivo

Tal vez hayamos mencionado algunas cualidades que usted no descubrió, y tal vez usted haya descubierto otras que nosotros no mencionamos. No obstante, ¡ahora puede ver que Juan es un magnífico ejemplo de este don motivacional!

Características Del Servidor

10

El segundo de los siete dones mencionados en Romanos 12:6-8 es el don que llamamos el don de servicio. La versión antigua en inglés, *the King James Bible,* usa la palabra "ministrar" mientras que la Nueva Versión Internacional, al igual que la mayoría de las versiones modernas, utiliza la palabra "servicio". La TAB usa las palabras "servicio práctico". La palabra griega es *diakonia,* que expresa la idea de hacer cosas prácticas para servir a otros.

Quien tiene el don de servicio se goza al ayudar, colaborar y seguir instrucciones, siendo de gran utilidad de muchas maneras. Al examinar cada característica, califíquese a sí mismo y luego pase sus calificaciones a la última página del capítulo y sume los puntos para poder escribirlos en su hoja de perfil.

1 - Reconoce fácilmente las necesidades prácticas y se apresura a suplirlas.

Nunca	Rara vez	A veces	Usualmente	Mayormente	Siempre	
0	**1**	**2**	**3**	**4**	**5**	**PUNTOS**

Quien tiene el don de servicio percibe una necesidad a leguas. Es como si tuviese un radar enfocado hacia las necesidades de otras personas, y gran motivación para hacer algo para suplir dichas necesidades.

Cuando la iglesia se reúne para comer juntos, se puede notar fácilmente quiénes tienen el don de servicio. Observe quién está siempre en la cocina haciendo los preparativos, o colocando las mesas y las sillas, o haciendo la limpieza cuando el evento se ha terminado.

Durante toda nuestra vida de casados nuestra casa ha sido un lugar donde hacíamos reuniones de jóvenes, grupos de estudio bíblico y cenas. Siempre nos preguntábamos por qué algunas de las mujeres rápidamente pasaban a la cocina a ayudar mientras que otras se quedaban en la sala para conversar con los demás. Ahora sabemos que quien tiene el don de servicio se inclina naturalmente a ayudar de esta forma. Y los hombres que tienen el don de servicio son aquellos que acomodan las sillas, guardan los muebles otra vez en su lugar y recogen los vasos desechables que se encuentran alrededor del cuarto después de una reunión. Lo importante es que quien tiene este don, disfruta haciendo cosas como estas.

Iverna Tompkins, autora de *How to be Happy in No Man's Land* [Cómo ser feliz en la tierra de nadie], era la conferenciante principal en una convención donde yo estaba dando un taller sobre los dones motivacionales. Yo estaba sentada a su izquierda en el banquete de cierre del evento, y su secretaria, Shirley Green, estaba a su derecha. Cuando empezamos a comer, Iverna comentó: "Hace frío aquí ¿no les parece?" Entonces Shirley se disculpó, fue al guardarropa, buscó el chal de Iverna, regresó y se lo colocó alrededor de los hombros. ¡Definitivamente tenía un corazón de sierva! La necesidad era muy obvia para ella.

¡Qué sensibilidad! dije dentro de mí. Nunca hubiera considerado las palabras casuales de Iverna como la expresión de una necesidad práctica.

2. Disfruta mucho de llevar a cabo proyectos, trabajos y funciones manuales.

Nunca	*Rara vez*	*A veces*	*Usualmente*	*Mayormente*	*Siempre*	
0	**1**	**2**	**3**	**4**	**5**	**PUNTOS**

De todos los dones motivacionales, son las personas que tienen el don de servicio los que tienen mayor destreza para trabajar con las manos. Es por eso que los hemos denominado las manos del cuerpo. Ellos pueden hacer casi todo lo que involucre habilidades manuales: proyectos artísticos, reparaciones, carpintería, plomería, trabajos eléctricos, costura, cocina, jardinería, etc.

Hace poco, cinco hombres de nuestra iglesia, que tienen el don de servicio, se ofrecieron voluntariamente para tomar una semana de descanso de su trabajo para ir a Guatemala a hacer reparaciones en un orfanato. Disfrutaron de cada minuto que estuvieron allá y realizaron el doble del trabajo que otras personas con diferentes dones hubieran podido realizar.

Nos hemos dado cuenta de que quienes tienen el don de servicio a menudo no se interesan por asistir a la universidad. Ellos prefieren asistir a escuelas de arte, institutos técnicos, escuelas de belleza y otros institutos de este tipo donde para recibir capacitación técnica.

Un artículo en la columna *Dear Abby* [Estimada Abby] que salió hace algunos años atrás era tan apropiado que lo hemos compartido en todos nuestros seminarios sobre los dones motivacionales.

Un joven se retira de la universidad
La decisión de su hijo enoja a la madre

ESTIMADA ABBY: Nuestro problema es nuestro hijo, Greg (nombre ficticio). Es un joven muy inteligente de 19 años. Asistió a la universidad durante un año para complacernos, y luego renunció.

"¿Por qué he de desperdiciar su dinero y mi tiempo?" nos preguntó.

Sus calificaciones estaban por encima de la media y pudo haber continuado. ¿Sus razones para renunciar? A él le gusta trabajar con las manos. Ahora mismo está asistiendo a un instituto técnico, y como padres, estamos muy decepcionados con él.

No quiero quitarles mérito a las personas que trabajan con las manos, pero me parece que un hombre trabaja con las manos solamente porque no es lo suficientemente inteligente como para trabajar con la mente. El padre y el abuelo de Greg son médicos y los dos hermanos de Greg son abogados.

Por favor escriba algo en su columna que diga que hoy día es imprescindible tener un diploma de la universidad. Después que Greg se gradúe de la universidad, puede hacer cualquier cosa que escoja, pero queremos que termine la universidad primero. Gracias.

La madre de Greg

ESTIMADA MADRE: La universidad no es para todos. Si a Greg le gusta trabajar con las manos, entonces eso es lo que debe hacer. No es cierto que aquellos que trabajan con las manos no son lo suficientemente inteligentes como para trabajar con la mente. El hacer bien un trabajo manual exige tanta habilidad, talento y cerebro que una profesión. [8]

A lo que nosotros decimos, "¡Amén, Abby!"

Además del esnobismo intelectual de la madre de Greg, es probable que los otros hombres en la familia tenían dones diferentes; tal vez eran maestros, exhortadores o administradores. El hecho de insistir que un servidor les siguiera los pasos es una tontería. Primeramente, Greg no hubiera tenido éxito en ese tipo de carrera, y además hubiera sido un profesional frustrado y probablemente resentido con sus padres por haberlo obligado a seguir una carrera en la cual él no encajaba.

3. Mantiene todo en un orden meticuloso.

Nunca	Rara vez	A veces	Usualmente	Mayormente	Siempre	
0	1	2	3	4	5	PUNTOS

Los que tienen el don de servicio no soportan el desorden, la suciedad y la desorganización. Las mujeres con este don siempre sacuden los muebles todos los días. Nunca hay platos sucios en su fregadero; doblan su ropa y la guardan el mismo día que la lavan; siempre hacen las camas antes de las nueve de la mañana. Uno podría llegar a su casa en cualquier momento del día y encontrar una casa lista para recibir invitados.

Los hombres con el don de servicio mantienen su ropa en orden; nunca ponen sus calcetines en la gaveta de las camisas. Su escritorio siempre está ordenado y cada herramienta está colgada en el clavo correcto. Además, siempre cortan el césped a tiempo y las malas hierbas no tienen oportunidad de crecer junto con las flores.

En Escocia, nos hospedamos en una casa donde la señora era una clásica servidora. Cuando comíamos en la gigantesca cocina familiar, ella rápidamente quitaba de la mesa los trastes sucios después que terminábamos cada plato. Luego los lavaba y los colocaba en un escurridor, ¡antes de servir el siguiente plato!

4. Es una persona detallista con una buena memoria.

Nunca	Rara vez	A veces	Usualmente	Mayormente	Siempre	
0	1	2	3	4	5	PUNTOS

Quienes tienen el don de servicio tienen una memoria para los detalles que pareciera una computadora. Recuerdan dónde han puesto un artículo que sacaron del periódico tres años atrás. Siempre recuerdan cómo le gusta a uno el café: con crema, pero sin azúcar, etc. Nunca se olvidan de un cumpleaños en la familia (y recuerdan enviar una tarjeta), y hasta pueden relatar un episodio del tercer capítulo del libro que leyeron la semana pasada con una asombrosa exactitud.

Durante los años que fui vicepresidenta internacional de la organización de mujeres *Aglow Internacional*, me sentía muy agradecida con las secretarias que tenían el don de servicio. ¡Hasta podían encontrar cosas en los archivos! Por el contrario, yo podía buscar durante horas y horas sin encontrar lo que buscaba. (Las cosas más difíciles de encontrar eran las que yo misma había archivado.)

Cuando yo estaba a cargo de la producción de televisión, una de mis tareas era enviar nuestros programas de vídeo a las estaciones de cable. Ya que docenas de estaciones utilizaban nuestras series de trece semanas, era un reto mantener un registro de todas ellas. Lois McGrew era una empleada extraordinaria. Ella mantenía unas cuentas tan detalladas que siempre sabíamos dónde estaba cada cinta, adónde sería enviada después y cuándo regresaría a nosotros. No hubiera podido hacer mi trabajo sin ella.

5. Disfruta de mostrar hospitalidad.

Nunca	Rara vez	A veces	Usualmente	Mayormente	Siempre	
0	**1**	**2**	**3**	**4**	**5**	**PUNTOS**

Cuando el pastor anuncia que se necesita un lugar en donde hospedar al misionero que está de visita, los que tienen el don de servicio son los que ofrecen su hogar primero. Les gusta recibir a las personas en su casa.

Buscan oportunidades de invitar a otros a cenar o tomar el postre en su casa, y siempre hacen que sus invitados se sientan a gusto.

Estamos seguros que una pareja que conocemos en nuestro vecindario tienen ambos el don de servicio. Cuando se casaron, Alicia dijo: "John, construyamos una casa grande para que así podamos albergar a muchas personas." Ya que John era un excelente carpintero, la complació y construyó una casa con nueve dormitorios. Esta pareja solamente tiene dos hijos; sin embargo, todos los dormitorios casi siempre están en uso.

En cierto momento, esta familia (los Wikene) conoció la familia de cantantes Cameron de Escocia, y su casa se convirtió en la sede de los Cameron cada vez que llegaban a Seattle. Había tres hombres en la familia Cameron, y cada uno de ellos tenía su grupo familiar. Por lo general, sólo una de las tres familias viajaba a la vez, pero un año, las diecisiete personas que constituyen el clan, vinieron todos a Seattle. John y Alice los hospedaron sin ningún problema.

Las tres familias estuvieron con John y Alice durante tres semanas y Alice pensó que sería un buen detalle confeccionar un vestido nuevo para cada una de las mujeres y niñas. Y los confeccionó en su "tiempo libre". Además de todo esto, Alice trabajaba a tiempo completo. "Nunca me he divertido tanto en toda mi vida – me confesó Alice –. ¡Me encanta tener invitados en casa!"

6. Cuando empieza algo, persevera hasta que lo termina.

Nunca	Rara vez	A veces	Usualmente	Mayormente	Siempre	
0	**1**	**2**	**3**	**4**	**5**	**PUNTOS**

Quienes tienen el don de servicio terminan lo que empiezan. Cuando dicen que harán algo, lo hacen. Lo único que les causa frustración es cuando se les pide que hagan algo en un lapso demasiado corto. Esto es porque ellos no sólo quieren terminar una tarea que se les ha encomendado, sino que quieren terminarla bien. Mi amiga Claudia tiene todas las características de una servidora madura. Ella sirve en nuestra iglesia en la junta de mujeres y generalmente se ofrece voluntariamente para ser la secretaria de inscripciones para retiros y conferencias. En cuestión de un día o dos – y generalmente mucho antes que se necesitan – ella tiene todos los formularios de inscripción y otras hojas necesarias diseñadas, impresas y listas para ser utilizadas. Ella está pendiente de cada detalle durante el proceso de inscripción, y luego pacientemente mantiene todo los registros necesarios en un orden increíble.

7. Le es difícil decir que no cuando se le pide ayuda.

Nunca	Rara vez	A veces	Usualmente	Mayormente	Siempre	
0	**1**	**2**	**3**	**4**	**5**	**PUNTOS**

Debido a que los servidores han sido diseñados naturalmente para ser ayudantes, y puesto que saben que lo hacen bien, es muy difícil para ellos decir que no cuando se les pide ayuda. Como resultado, ellos tienden a involucrarse en demasiados proyectos a la vez. Incluso si se les hace una simple pregunta como, por ejemplo: "¿Sabes qué producto usar cuando una tubería se atasca?", los servidores automáticamente dirán: "Déjame ir a tu casa y ver la tubería." Casi sin pensarlo, el servidor está en la cocina de la persona con una llave inglesa en mano reparando la tubería.

Cierta vez, yo estaba enseñando el seminario de los dones motivacionales en una convención de *Aglow* en San Diego, California, cuando una mujer se me acercó durante el receso de la mañana. La señora parecía estar muy preocupada.

– ¿Qué le pasa? le pregunté.

– Mi calificación fue de noventa y cinco en el don de servicio – me respondió –, y es cierto. No puedo decir que no a nada ni a nadie. ¿Puede creer que actualmente formo parte de veinte comités, entre la iglesia, la escuela de mis hijos, grupos en la comunidad, los Scouts, las Chicas Exploradoras y *Aglow*?

Moví mi cabeza indicando que de hecho sí le creía.

– Estoy agotada. Ni siquiera puedo hacer los quehaceres de mi casa.

– ¿En cuántos de esos comités le dijo el Señor que sirviera? – le pregunté.

– ¡Oh! exclamó sorprendida –. Nunca se me ocurrió preguntarle al Señor sobre ninguno de ellos.

– Le sugiero que lo haga – le dije –. Podemos estar fuera de su voluntad cuando hacemos demasiado igual que cuando hacemos muy poco.

Durante el receso del almuerzo, ella volvió a acercarse a mí.

– Ya le pregunté – me dijo con un rostro reluciente –. Él dijo que quiere que sirva en cinco comités y me mostró en cuáles. Ahora mismo cuando regrese a casa renunciaré a los otros quince. Y nunca más diré que sí sin antes orar.

Ese es un buen consejo para todos los servidores. Aprendan a verificar antes con el Señor para que no se sobrecarguen. No tiene nada de malo decir que no.

8. Le interesa más satisfacer las necesidades de otros que satisfacer sus propias necesidades.

Nunca	Rara vez	A veces	Usualmente	Mayormente	Siempre	
0	1	2	3	4	5	PUNTOS

Quienes tienen el don de servicio son personas que se preocupan por los demás. Cuando estuvimos en Nueva Zelanda, nos hospedamos durante una semana con una familia cristiana preciosa. Dos de las cuatro hijas de la familia Eynon aún estaban solteras y vivían en casa. Greta tenía dieciocho años, y Aly dieciséis.

Nos asombramos de ver cuánto disfrutaba Greta de preparar la comida. "Mamá – decía ella –, déjame preparar la cena. Tú disfruta tu tiempo con los Fortune." Ella preparaba una deliciosa cena y cuando su madre se levantaba a quitar la mesa, Greta le decía: "No, quédate y conversa con los Fortune; yo me encargaré de lavar los platos."

Aly llevaba unos cuantos platos a la cocina y luego decía: "Por favor discúlpenme, pero tengo que salir. Estoy organizando un concurso de talentos en la escuela y tenemos una reunión esta noche."

Lo mismo pasaba cada noche: Greta servía la cena y se encargaba de lavar los platos y Aly salía a organizar algún evento. Sus padres se preocupaban por la situación. Sentían que Aly siempre estaba escabulléndose de las responsabilidades domésticas mientras que Greta estaba demasiado ocupada en la casa. Ellos querían que Greta saliera un poco más.

Tuvimos la oportunidad de ayudarlos a entender que Greta era una servidora, mientras que Aly era una administradora. Era de esperarse que Aly se interesara en actividades en grupo mientras que los dones de Greta la llevaran a enfocarse en suplir las necesidades de otras personas y aun a descuidar sus propias necesidades. Animamos a los padres que dejaran que Greta se concentrara en las necesidades domésticas de la familia por el momento, ya que eso le daba gozo.

9. Disfruta más de trabajar con metas inmediatas que con metas a largo plazo.

Nunca	Rara vez	A veces	Usualmente	Mayormente	Siempre	
0	1	2	3	4	5	PUNTOS

Quienes tienen el don de servicio prefieren proyectos a corto plazo. Les gusta más hacer algo que solamente tome dos horas que algo que tome dos semanas, y prefieren un proyecto de dos semanas o dos meses a un proyecto de dos años.

Un servidor disfrutaría de hacer comida para la familia de una mujer que está temporalmente en el hospital, pero no necesariamente disfrutaría de brindar este tipo de servicio de manera permanente. Las personas con este don se gozarían trabajando un día a la semana en un banco de comida, pero no querrían administrar el proyecto.

En la Biblia, Marta vio la meta inmediata: Jesús necesitaba comida. En cambio, María vio la meta a largo plazo: su necesidad de aprender de Él .

Esteban fue nombrado diácono, y parte de su responsabilidad era ayudar a las viudas, mientras que los apóstoles vieron la necesidad a largo plazo de difundir el evangelio.

Si usted tiene un hijo con el don de servicio, la siguiente es una fórmula para lograr que su hijo sea productivo: Nunca le dé una lista de quince tareas para hacer un sábado. Para él sería agobiante. Más bien, dele una sola tarea. Cuando haya terminado esta, agradézcale su ayuda y luego pregúntele si le gustaría ayudar haciendo otro trabajo. Podrán seguir así durante todo el día.

10. Muestra amor por otros con acciones y obras más que con palabras.

Nunca	*Rara vez*	*A veces*	*Usualmente*	*Mayormente*	*Siempre*	
0	**1**	**2**	**3**	**4**	**5**	**PUNTOS**

Quienes tienen el don de servicio creen que las acciones dicen más que las palabras. Ellos expresan su amor con lo que hacen.

Un servidor nos dijo una vez: “Es fácil decir: ‘Te amo’, pero la otra persona posiblemente nunca sepa si en realidad uno la ama. Me parece que cuando hago algo para alguien, esa persona *sabe* que la amo.”

Un día, mientras trabajaba en *Aglow International*, encontré en mi escritorio un pan recién salido del horno. Estaba atractivamente envuelto con un lazo y unas flores de seda. Había una pequeña nota adjunta que decía: “Querida Katie, no soy muy buena hablando, pero espero que este pan que hice yo misma exprese que me pareces una persona muy simpática y que me gustaría llegar a conocerte mejor. Con cariño, Lorene.”

¡Qué gozo sentí de haber sido el objeto de su amor en acción!

Una mujer se quejó conmigo de que su esposo nunca decía las palabras “Te amo”. Yo conocía a su esposo y había observado muchas otras maneras en las cuales él le mostraba su amor. “Pero él tiene el don de servicio – le recordé – . Piensa en las muchas veces que te lleva a cenar para que no tengas que cocinar. Además, te compra regalos cuando no es tu cumpleaños. Te confecciona toda clase de cosas en su taller. Arregla los artículos que se descomponen. Te ayuda a limpiar la casa. ¡Cuánto desearía que mi esposo hiciera la mitad de lo que hace el tuyo!”

La mujer tuvo que admitir que ella había sido bendecida al tener un esposo con el don de servicio.

11. Necesita sentir que las personas agradecen su ayuda.

Nunca	Rara vez	A veces	Usualmente	Mayormente	Siempre	
0	1	2	3	4	5	PUNTOS

No es que los servidores sirvan simplemente para que se les alabe; sin embargo, el agradecimiento les asegura que las tareas que han hecho las han hecho bien. El aprecio de las personas a quienes sirven edifica en ellos una buena imagen de sí mismos. Es la culminación de su gozo al servir.

En los primeros días de la revista de *Aglow* todo el personal éramos voluntarios.

Recuerdo cuando el editor Len Lesourd visitó la oficina editorial de las publicaciones de *Aglow* en Edmonds, Washington. Cuando le presentamos a los varios coordinadores de los diferentes departamentos, él se impresionó con su entusiasmo.

– Es bueno que ustedes hayan podido contratar a personas tan dedicadas – comentó Len –. Es imposible dirigir una casa de publicaciones con voluntarios. No se puede contar con ellos.

– ¡Entonces es bueno saber que nosotros estamos haciendo lo imposible! –le dije.

– ¿Quieres decir que ustedes sí tienen voluntarios entre su personal? – preguntó.

No, lo que quiero decir es que *todo* nuestro personal es voluntario.

¡No lo puedo creer! dijo él anonadado.

Pero es verdad le respondí. Tenemos sesenta y cinco trabajadores, y ni uno de ellos recibe un salario. Algunos hasta dan tres o cuatro días a la semana. Probablemente tenemos menor ausencia entre el personal que la empresa promedio, y cuando uno de ellos tiene que faltar un día por alguna razón, él o ella busca un suplente de la lista de voluntarios suplentes.

– ¡Increíble! dijo –. ¿Cómo puede ser posible?

– Bueno le dije –, oramos por cada uno de los miembros del personal. También nos hemos dado cuenta de que muchos de nuestros voluntarios tienen un don motivacional de servicio. Hemos aprendido a expresarles regularmente nuestro agradecimiento por lo que hacen. Ellos saben que son importantes, y que los valoramos y los necesitamos.

12. Tiende a hacer más de lo que se le pide.

Nunca	Rara vez	A veces	Usualmente	Mayormente	Siempre	
0	1	2	3	4	5	PUNTOS

Quienes tienen el don de servicio disfrutan tanto de lo que hacen que a menudo no quieren parar.

Cuando Berta dio a luz gemelos, en su familia había cinco hijos con menos de seis años. Su suegra, quien tenía el don de servicio, le dijo que le gustaría mantener al día los álbumes de fotografías de los cinco niños. A Berta le encantó la idea puesto que ella únicamente tenía tiempo de tirar las fotos en una caja.

Mientras pasaban los años, Berta seguía haciendo llegar a su suegra fotos, dibujos y diversos recuerdos. Luego, cuando su hijo mayor se graduó de la secundaria, su abuelita le obsequió su álbum terminado. Este contenía no sólo un récord de los eventos más significativos de su vida, sino también un registro detallado de su crecimiento, incluyendo fotos, comentarios, descripciones y noticas. El libro se había extendido a casi cien páginas y tenía por título "Esta es tu vida".

¡Qué precioso regalo! El hijo de Berta estaba encantado. Todos los familiares estaban asombrados. Los niños sabían que la abuelita siempre hacía mucho más de lo que se esperaba, pero esto era algo insólito. Ella les aseguró a cada uno de sus nietos que una crónica similar estaba en proceso para cada uno y que se la obsequiaría el día de su graduación.

13. Siente gran felicidad al hacer algo que es de ayuda.

Nunca	*Rara vez*	*A veces*	*Usualmente*	*Mayormente*	*Siempre*	
0	**1**	**2**	**3**	**4**	**5**	**PUNTOS**

La madre de mi esposo Don era una clásica servidora. Cada vez que venía a nuestra casa a cenar, lo primero que preguntaba al entrar por la puerta de la cocina era: "¿Qué puedo hacer para ayudarte?"

Generalmente me las arreglo bastante bien en la cocina si las personas me dejan sola para concentrarme. Así que generalmente mi respuesta era: "En nada, gracias. Tengo todo bajo control."

Pero un Día de Acción de Gracias, ellos llegaron una hora más temprano de lo acordado. Yo había empezado a preparar la cena desde las ocho de la mañana y tenía todo planificado para terminar justo a tiempo.

– Vine temprano para ver si podía ayudarte – dijo ella amablemente.

– Todo está bajo control – le respondí –. Gracias de todos modos.

Me di cuenta de que ella estaba desilusionada cuando la vi sentada a la mesa de la cocina observándome trabajar. Ella empezó a hablar, y la distracción que me provocaba era más de lo que podía soportar.

– ¿Por qué no vas a conversar con Don un rato? – le sugerí.

Ella encontró a Don profundamente concentrado en el juego de fútbol del Día de Acción de Gracias por televisión. Los chicos también estaban viendo el juego.

Mientras tanto en la cocina, el Señor me habló:

– Katie, estás siendo egoísta.

– *¿Por qué?* – pregunté anonadada.

– Estás tan ocupada funcionando en tu don que no estás dando lugar al don de tu suegra.

Las palabras llegaron a lo profundo de mi corazón. Era cierto; estaba siendo egoísta. Ella quería ayudarme y yo no se lo estaba permitiendo. Eso no era nada amable de mi parte. Me arrepentí y me di cuenta de que necesitaba hacer algo al respecto. La llamé a la cocina.

– Mamá, ¡ahora sí necesito tu ayuda!

En un suspiro ella estaba allí, con el rostro brillante.

– ¿Podrías hacer una ensalada? – le pregunté.

– ¡Claro que sí!

Se puso a charlar alegremente mientras preparaba la lechuga. Me distrajo como de costumbre, pero yo sabía que eso también estaba bien, porque yo tenía que aprender a cocinar y a llevar una conversación al mismo tiempo.

Después de ese día, cada vez que mi suegra llegaba a casa a cenar, yo dejaba algo para que ello lo preparara. No puedo decir que aprendí a gozarme de su ayuda, pero sí aprendí a adaptarme a ello y nuestra relación creció. El aprender a dar lugar a su don también me bendijo a mí.

14. No le gusta liderar a las personas o dirigir proyectos.

Nunca	Rara vez	A veces	Usualmente	Mayormente	Siempre	
0	1	2	3	4	5	PUNTOS

Quienes tienen el don de servicio no son líderes; son seguidores. Dios los creó de esa manera. Si se les obliga a ejercer una posición de liderazgo, se frustran.

Es una tentación darle el liderazgo a quienes tienen el don de servicio. Debido a que hacen tan bien todo lo que emprenden, podría parecer lo más natural que tomen el mando. Sin embargo, cuando esto sucede, ellos pierden su gozo. Esto se debe a que se les ha puesto en una situación para la cual no han sido equipados. El resultado es que ellos se frustran, y al final, lo más probable es que los que tratan de dirigir también se frustrarán..

Nuestro amigo Glenn Koontz, quien originalmente nos presentó el concepto de los dones motivacionales, es un servidor. Él ha sido dotado para trabajar con las manos y ha desarrollado piezas y herramientas que se venden muy bien. Pronto el negocio que desempeñaba Glenn en su patio trasero creció, y él lo estableció en una bodega industrial. El negocio siguió creciendo hasta que contaba con dieciocho empleados.

En ese momento Glenn se vio en un puesto de supervisor, como cabeza de su propia empresa. Su frustración creció en proporción al crecimiento de su empresa. Conforme observaba el trabajo de las personas que había contratado, se daba cuenta de que él podía hacer los trabajos más rápidamente y mejor, pero ahora ya no tenía tiempo para hacer eso. Así que puso en práctica lo que había aprendido sobre los dones y contrató a un hombre de negocios que tenía el don de administración y le dejó a él el trabajo de supervisión. ¿El resultado? La frustración de Glenn desapareció. ¡Qué hombre tan sabio!

15. Tiene muchísima energía.

Nunca	Rara vez	A veces	Usualmente	Mayormente	Siempre	
0	1	2	3	4	5	PUNTOS

Quienes tienen el don de servicio tienen una sola velocidad: hacia delante y a gran velocidad.

Pareciera que sus energías son inagotables. 1 Pedro 4:11 les manda a servir "por la fortaleza que Dios da". Y de hecho, los servidores parecen tener una perseverancia poco común y a menudo necesitan menos horas de sueño que las demás personas.

Podemos suponer que Dios los ha dotado con tanta energía porque ellos son los "hacedores" y hay muchísimos que hacer.

La madre de mi esposo Don era un ejemplo vivo de estas energías abundantes. Ella trabajó hasta que tuvo que jubilarse obligatoriamente a los sesenta y cinco años. Luego se involucró en toda clase de actividades en su iglesia.

Incluso cuando tenía ochenta años (aunque ella nunca decía qué edad tenía), nos dejaba jadeantes y sin aliento cuando íbamos de compras a un centro comercial. Muchas veces la perdíamos de vista y cuando la encontrábamos estaba en una tienda mucho más adelante. Después de dos horas de este vaivén le sugeríamos que buscáramos un lugar para sentarnos a tomar un café y descansar. "¡No puede ser que ya se cansaron!" exclamaba ella.

16. No soporta el desorden.

Nunca	Rara vez	A veces	Usualmente	Mayormente	Siempre	
0	1	2	3	4	5	PUNTOS

Hemos escuchado que los servidores dicen cosas como: "No puedo irme de la oficina hasta que mi escritorio esté limpio" o "Si la casa no está limpia, no me puedo sentar a ver televisión" o "No soporto ir a la casa de mi vecina. Siempre me dan deseos de recoger y poner las cosas en su sitio, pero no creo que a ella le gustaría".

Los que tienen el don de servicio son los que enderezan los cuadros en la pared cuando van a casa de sus amigos.

Esto puede observarse incluso en los niños que tienen este don. Un pastor nos comentó la manera en que su nieto de dos años daba pruebas de su don cada vez que iba a jugar a la casa de otros niños. Al encontrar el cuarto del otro niño en completo desorden, él siempre empezaba a recoger todo y a poner los juguetes en fila. Hasta no hacer esto no podía relajarse y empezar a jugar.

17. Tiende a ser perfeccionista.

Nunca	Rara vez	A veces	Usualmente	Mayormente	Siempre	
0	1	2	3	4	5	PUNTOS

Cualquier cosa que hacen los servidores, lo quieren hacer bien. Ellos quieren que las cosas se hagan correctamente y están dispuestos a trabajar hasta lograr esta meta.

Para personas con otros dones, el perfeccionismo puede ser una señal de un comportamiento anormal. Pero los servidores han sido creados perfeccionistas para llevar a cabo el propósito de Dios. Es necesario que alguien en el Cuerpo de Cristo muestre este comportamiento de una forma positiva y balanceada.

Nuestro amigo, el doctor David Stewart de Everett, Washington, es cirujano cardiaco y tiene el don motivacional de servicio. Su trabajo requiere precisión. ¡Qué afortunado es el paciente cuyo cirujano es perfeccionista!

Mi cuñado Bob también es un servidor perfeccionista. El otro día estaba fabricando unos taburetes en su garaje-taller. "Tengo que ir a la ciudad a comprar unos tornillos – dijo –. (Ellos viven fuera de la ciudad.) ¿Pueden creer que con todos los tornillos que tengo disponibles (tenía unos 3.000) no tengo los correctos? Puedo usar los que tengo, pero quiero que los taburetes queden perfectos."

18. Ve el servir como lo más importante en la vida.

Nunca	Rara vez	A veces	Usualmente	Mayormente	Siempre	
0	1	2	3	4	5	PUNTOS

Un servidor nos dijo mientras arreglaba las sillas después de una reunión de la iglesia: "No puedo entender por qué los demás hombres no ayudan a hacer esto."

Para el servidor, el servicio es la esencia del cristianismo. Para ellos, todo lo demás son sólo palabras. Por supuesto que el ejemplo y las enseñanzas de Jesús sobre la importancia de tener un corazón de siervo refuerza su convicción de que el servir es la actividad más importantes de todas.

Sin embargo, los servidores necesitan cuidarse de insistir que otros piensen como ellos. Cada don piensa que su función es la más importante de todas.

19. Prefiere hacer un trabajo él mismo que delegarlo.

Nunca	Rara vez	A veces	Usualmente	Mayormente	Siempre	
0	1	2	3	4	5	PUNTOS

Los servidores no solamente prefieren hacer el trabajo ellos mimos, sino que se sienten culpables cuando no lo hacen. Un hombre dijo: "Para mí es muy difícil delegar trabajos a mis hijos. Generalmente yo soy quien termina haciéndolos."

Don recalca que creció con una madre servidora. "Ella me delegaba un trabajo – dice él –, y cuando veía que yo lo estaba haciendo demasiado lentamente o con dificultad, ella venía y hacía ella misma el trabajo. Por supuesto que aprendí que podía librarme de diferentes responsabilidades de esa forma. Pero, desafortunadamente, hay muchas cosas que hubiera podido aprender a hacer en casa y que ahora como adulto tengo que aprender. Me hubiera gustado que mi mamá me delegara más tareas durante mis años de formación."

20. Apoya a otras personas que están en liderazgo.

Nunca	Rara vez	A veces	Usualmente	Mayormente	Siempre	
0	**1**	**2**	**3**	**4**	**5**	**PUNTOS**

Quienes tienen el don de servicio son excelentes secretarias, vicepresidentes, o miembros de comité. Tienen una lealtad increíble hacia quienes sirven. No es raro que un servidor se queme las pestañas para culminar un proyecto. Los servidores desean que las personas a quienes apoyan tengan éxito.

Una empresa grande en el centro de Seattle me invitó a enseñar el seminario de los dones motivacionales a sus empleados. Todos los empleados eran cristianos y querían utilizar sus dones más eficazmente en el contexto de los negocios. Fue increíble ver cómo muchas personas del grupo estaban funcionando en áreas donde hacían buen uso de sus dones. De los cuatro dueños, tres tenían el don de administración, lo cual era muy apropiado.

Dos semanas más tarde, Don Kurth, uno de los dueños, me llamó para preguntarme qué don sería el más apropiado para la posición de secretaria-recepcionista, pues necesitaban llenar una vacante. "Encuentra a una persona con el don de servicio – dije–, y tendrás la mejor secretaria del mundo. Ella será una persona leal, detallista y precisa que apoya a los jefes. Será muy agradable trabajar con ella."

Ellos entrevistaron a tres mujeres para la posición. Cuando una de ellas resultó ser servidora con un don secundario de exhortación, la contrataron.

Un mes más tarde Don nos llamó para reportar lo que había pasado: "Seguimos tu consejo y contratamos a una servidora. Es la mejor secretaria-recepcionista que jamás hayamos tenido. Ella es todo lo que dijiste que sería e incluso es más. Y su don secundario de exhortación hace que sea una persona amigable a quien le gusta tratar a la gente, que es lo que requiere el trabajo de recepcionista. Ella es perfecta para ese puesto."

UNA EXCEPCIÓN A LA REGLA

Este es un buen lugar para sacar a relucir una excepción importante a la regla que dice que las personas funcionan mejor en los dones motivacionales que Dios les ha dado. Esta es la excepción: *Cuando Dios lo llama a hacer un trabajo fuera de la esfera de su don motivacional, Él también le dará la unción que lo capacitará para hacer el trabajo.* La unción de Dios sobrepasa cualquier don.

Seguimos enfatizando que esta enseñanza sobre los dones motivacionales no ha sido diseñada para encasillar a la persona de modo que diga: *Esto es lo único que puedo hacer.* Esperamos que el Espíritu Santo lo dirija en todo y que esté abierto al llamado de Dios – y a la provisión que acompaña su llamado – en cualquier momento de su vida.

Para ver un ejemplo bíblico de esto, consideremos a Moisés.

Si usted fuera Dios y quisiera liberar a varios millones de personas de la esclavitud, probablemente escogería a alguien con el don de administración. Esta persona organizaría el éxodo de una forma sumamente eficiente.

Sin embargo, eso no es lo que hizo Dios. Él llamó a una persona con el don de servicio para que hiciera este trabajo: Moisés. ¿Cómo sabemos qué don tenía Moisés, y de cuáles carecía?

Primero que nada, ¿cuál fue la respuesta de Moisés cuado Dios lo llamó?

"Entonces Moisés respondió a Dios: ¿Quién soy yo para que... saque de Egipto a los hijos de Israel?" (Éxodo 3:11).

Ahora bien, si Moisés hubiese sido un líder natural él se hubiera emocionado al oír el plan de Dios. Hubiera contestado algo como: "¡Perfecto Señor! ¿Cuándo empezamos?" Pero como servidor, Moisés no tenía el deseo de ser líder. Él no tenía confianza en sus propias habilidades para llevar a cabo un trabajo de ese tipo.

En segundo lugar, Moisés no estaba dando excusas, sino más bien diciendo la verdad cuando dijo: "¡Ay, Señor! Nunca he sido hombre de fácil palabra... porque soy tardo en el habla y torpe de lengua" (Éxodo 4:10).

Moisés conocía muy bien sus propias limitaciones. Sus talentos naturales todos iban *en contra* de su éxito en la tarea que Dios lo estaba llamando a hacer. El que tiene el don de servicio generalmente tiene muy poca capacidad para hablar frente a un grupo.

Pero Dios tenía la solución al problema. "Y [Dios] dijo: ¿No conozco yo a tu hermano Aarón, levita, y que él habla bien? Y he aquí que él saldrá a recibirte, y al verte se alegrará en su corazón... Y él hablará por ti al pueblo; él te será a ti en lugar de boca." Éxodo 4:14-16, TAB).

Indudablemente Aarón tenía uno de los "dones del habla".

En tercer lugar, las personas no veían ninguna habilidad natural para el liderazgo en Moisés. No siempre lo siguieron con entusiasmo, y tenemos como evidencia sus constantes quejas y murmuración. Ellos se quejaban de que Moisés les "había sacado a ese desierto para matar de hambre a toda esa multitud" (Éxodo 1:3, TAB).

Ahora bien, un administrador con una personalidad carismática hubiera sido capaz de conseguir que lo apoyaran incondicionalmente. Para darnos cuenta de cuán convincente puede ser un líder astuto que habla bien sólo tenemos que recordar la tragedia ocurrida en Jonestown en 1978, donde cientos de hombres, mujeres y niños bebieron Kool-Aid mezclado con cianuro porque Jim Jones se lo ordenó. Pero Moisés no era como Jim Jones.

En cuarto lugar, Moisés, como muchos servidores, trató de hacer todo su trabajo él mismo. Fue su suegro, Jetro, quien tenía el don de administración, que lo sacó de ese apuro.

"Se sentó Moisés a juzgar al pueblo; y el pueblo estuvo delante de Moisés desde la mañana hasta la tarde.

"Viendo el suegro de Moisés todo lo que él hacía con el pueblo, dijo:... ¿por qué te sientas tú solo [a juzgar]?" (Éxodo 18:13-14, TAB).

A Moisés nunca se le ocurrió que existiera una mejor manera de juzgar todos los casos que el pueblo traía a él. Sin embargo, Jetro vio inmediatamente que había una mejor manera.

"Desfallecerás del todo, tú y también este pueblo que está contigo; porque el trabajo es demasiado pesado para ti; no podrás hacerlo tú solo" (Éxodo 18:18).

Jetro le dijo a Moisés que instruyera claramente a las personas sobre los estatutos y las leyes de Dios, y que después seleccionara hombres temerosos de Dios y delegara a estos los casos más fáciles. Le sugirió a Moisés un plan específico de cómo organizarse que incluía líderes de millares, de centenas, de cincuenta personas y de diez personas, que es el plan en el cual se basa el sistema judicial de los Estados Unidos. Moisés juzgaría sólo los casos más difíciles.

"Y... todo asunto grave lo traerán a ti, y ellos juzgarán todo asunto pequeño. Así aliviarán la carga de sobre ti, y la llevarán ellos contigo" (Éxodo 18:22).

En quinto lugar, un buen administrador hubiera llevado al pueblo de Israel de la tierra de Gosén a la Tierra Priometida en once días, el tiempo que toma caminar entre esos dos lugares. El administrador, operando en sus propias fuerzas, hubiera terminado el trabajo muy rápidamente. Pero Dios no solamente quería sacar a los israelitas de Egipto, sino también sacar a Egipto de los israelitas. Aquello tomó cuarenta años, ¡dos generaciones!

Sus ancestros habían vivido en una cultura pagana durante cuatrocientos años, es decir, veinte generaciones. Los aspectos paganos de la cultura de Egipto se habían pegado a ellos durante todos esos años. Moisés, siendo un servidor, simplemente siguió a Dios y hizo las cosas al ritmo de Él. Dios necesitaba obediencia más que habilidad. Sin embargo, Dios también le dio a Moisés la unción para hacer el trabajo.

Quizá habrá momentos en su vida cuando Dios lo llamará a hacer algún trabajo y su primera respuesta será: "Señor, tú sabes que no he sido dotado en esa área". ¡No importa! Dios lo capacitará y lo ungirá para llevar a cabo la obra; usted será capaz de hacer cosas que nunca hubiera podido hacer en sus propias fuerzas.

Nunca utilice el conocimiento de su don motivacional como una excusa para no hacer lo que Dios lo llama a hacer. Recuerde: *la unción sobrepasa el don.*

El don de servicio

Características

1 - Reconoce fácilmente las necesidades prácticas y se apresura a suplirlas.
2 - Disfruta mucho de llevar a cabo proyectos, trabajos y funciones manuales.
3 - Mantiene todo en un orden meticuloso.
4 - Es una persona detallista con una buena memoria.
5 - Disfruta de mostrar hospitalidad.
6 - Cuando empieza algo, persevera hasta que lo termina.
7 - Le es difícil decir que no cuando se le pide ayuda.
8 - Le interesa más satisfacer las necesidades de otros que satisfacer sus propias necesidades.
9 - Disfruta más de trabajar con metas inmediatas que con metas a largo plazo.
10 - Muestra amor por otros con acciones y obras más que con palabras.
11 - Necesita sentir que las personas agradecen su ayuda.
12 - Tiende a hacer más de lo que se le pide.
13 - Siente gran felicidad al hacer algo que es de ayuda.
14 - No le gusta liderar a las personas o dirigir proyectos.
15 - Tiene muchísima energía.
16 - No soporta el desorden.
17 - Tiende a ser perfeccionista.
18 - Ve el servir como lo más importante en la vida.
19 - Prefiere hacer un trabajo él mismo que delegarlo.
20 - Apoya a las personas que están en liderazgo.

	Nunca	*Rara vez*	*A veces*	*Usualmente*	*Mayormente*	*Siempre*	*PUNTOS*
	0	*1*	*2*	*3*	*4*	*5*	
1							
2							
3							
4							
5							
6							
7							
8							
9							
10							
11							
12							
13							
14							
15							
16							
17							
18							
19							
20							
						TOTAL	

PROBLEMAS DEL SERVIDOR

11

Como ocurre con todos los dones motivacionales, el que tiene el don de servicio tiene algunas áreas problemáticas. Recuerde que debe sacar su calificación para estas cinco características solamente para descubrir si hay alguna área en la que necesite crecer y madurar. *Estas calificaciones no se deben pasar a la hoja de perfil.*

1. Critica a las personas que no ayudan con las necesidades obvias.

Nunca	Rara vez	A veces	Usualmente	Mayormente	Siempre	
0	**1**	**2**	**3**	**4**	**5**	**PUNTOS**

El clásico ejemplo es Marta, la hermana de María y Lázaro. En Lucas 10:28-42 vemos a María sentada a los pies de Jesús escuchando sus enseñanzas. Mientras tanto, allá en la cocina, Marta estaba preparando comida para servir a su hambriento invitado. Para ella, era incomprensible que María no se diera cuenta de la necesidad práctica que se presentaba.

"Pero Marta (demasiado ocupada y atareada) estaba distraída con los muchos quehaceres, y acercándose, dijo: Señor ¿no te da cuidado que mi hermana me deje servir sola? Dile, pues, que me ayude, que me dé una mano y que haga su parte juntamente conmigo" (Lucas 10:40, TAB).

Para Marta, tener aquella comida lista era la cosa más importante del mundo. Por supuesto que a Jesús le agradaba el don de servicio que ella tenía, pero también identificó un problema de quienes tienen el don de servicio, y corrigió a Marta amablemente. Siempre es una tentación para quienes tienen el don de servicio sentirse molestos con aquellos que ignoran las necesidades "obvias".

Nuestra iglesia se reúne en el gimnasio de una escuela. Nuestras reuniones generalmente terminan a las 12:30 del mediodía, y tenemos que desalojar el gimnasio antes de la 1:00 de la tarde, porque otro grupo alquila el espacio a partir de esa hora.

Varios servidores regularmente quitan la plataforma, guardan el sistema de sonido, doblan las sillas, etc. Otras personas se van por allí a compartir con los demás, sin pensar en la actividad que los rodea. Algunas veces, especialmente cuando el tiempo es limitado, se hace un anuncio pidiendo ayuda adicional para poder terminar el trabajo.

"¿Cómo es posible que tengamos que pedir que nos ayuden? – escuchamos decir a un servidor –. ¿No pueden ver la necesidad que hay?"

"¿Cómo pueden estar aquí cada domingo y no ayudar nunca?", dijo otro.

2. Posiblemente descuide las necesidades de su propia familia por estar tan ocupado ayudando a otros.

Nunca 0	Rara vez 1	A veces 2	Usualmente 3	Mayormente 4	Siempre 5	PUNTOS

El típico ejemplo es aquel del esposo servidor que disfruta de ayudar a los vecinos y que nunca tiene tiempo de arreglar las cosas en su propia casa.

Luego está la esposa que hace tanto trabajo voluntario que la ropa sucia se amontona y la cena nunca está lista a tiempo.

Betty, una mujer con el don de servicio, nos escribió: "Siempre estoy atrasada con los quehaceres de la casa porque estoy tan involucrada haciendo cosas para otros. Cuando estoy horneando, los niños preguntan: '¿Para quién es eso?' Se sorprenden cuando les digo: 'Es para nosotros'. Están tan acostumbrados a que sea para otras personas."

Debido a que los servidores tienden a involucrarse en demasiadas ocupaciones, es importante que establezcan sus prioridades. A un servidor (lo llamaremos Jack), le encantaba hacer trabajo voluntario en la iglesia. Así que, cuando se empezó la construcción del nuevo templo, él se lanzó al proyecto. Todos los días llegaba corriendo a su casa después del trabajo, comía algo apresuradamente y luego salía corriendo nuevamente a la iglesia a trabajar. No regresaba a casa hasta la noche.

"Jack – se quejó su esposa –, ¡Ya no te veo nunca! Los niños apenas saben que tienen un padre. Yo sé que la construcción del templo es importante; sin embargo, tú tienes una familia."

Las prioridades de Jack se habían invertido. El orden de las prioridades debe ser: 1) Dios, 2) La familia, 3) El trabajo y (en cuarto lugar) 4) La iglesia. En su afán por servir, las prioridades de Jack se habían vuelo las siguientes: 1) Dios, 2) El trabajo, 3) La iglesia y 4) La familia, si es que había algún tiempo libre.

Aunque Proverbios 31:16 habla de una mujer, nos da un buen consejo a todos, especialmente a los servidores:

"Considera un prado nuevo antes de comprar o aceptarlo. Amplía su negocio prudentemente [no exponiéndose a ser negligente con sus responsabilidades actuales al asumir otras]..." (TAB).

3. Puede llegar a presionar a las personas o a ser entrometido en su afán de ayudar.

Nunca	*Rara vez*	*A veces*	*Usualmente*	*Mayormente*	*Siempre*	
0	**1**	**2**	**3**	**4**	**5**	**PUNTOS**

Los servidores a veces "ayudan" cuando la gente no desea que se le ayude.

Cierta vez, hospedamos durante dos semanas a una servidora que quería ser de ayuda todo el tiempo. Se preocupaba si sus manos no estaban ocupadas, así que hacía cosas sin preguntar.

Algunas veces ella era una gran ayuda; sin embargo, otras veces solamente creaba más trabajo para nosotros. Cuando salíamos, ella vaciaba el lavaplatos y ponía los trastes en lugares donde nunca hubiésemos pensado buscar. Meses después todavía estábamos encontrando platos y ollas en los lugares más sorprendentes.

Una mujer que asistió a uno de nuestros seminarios de los dones motivacionales compartió el siguiente ejemplo con nosotros. Aparentemente había en su iglesia una mujer con el don de servicio que notó que uno de los salones de clase de la Escuela Dominical necesitaba ser pintada. Ella fue al pastor y le habló acerca de esta situación. Él le aseguró que los diáconos se encargarían de eso. Después de varias semanas en las que parecía que no estaba pasando nada, ella decidió tomar el asunto en sus propias manos.

Fue a la ferretería local, compró lo que necesitaba y pintó completamente el salón.

Luego se enteró que los diáconos habían decidido remodelar aquel salón. Habían decidido tumbar una de las paredes para agrandar el salón y construir armarios desde el suelo hasta el techo en una de las paredes. Y como la pintura que ella había utilizado en las paredes era de un color oscuro, los diáconos tuvieron que aplicar dos capas adicionales de la pintura clara que ellos habían escogido.

4. Le es difícil aceptar ser servido por otras personas.

Nunca	*Rara vez*	*A veces*	*Usualmente*	*Mayormente*	*Siempre*	
0	**1**	**2**	**3**	**4**	**5**	**PUNTOS**

Debido a que los servidores les gusta servir, se pueden sentir incómodos cuando otra persona los sirve a ellos. Pero la verdad es que ellos necesitan aprender a recibir así como dan. De otra forma estarían robándoles a otros el gozo de servir.

Bárbara nos contó que a ella le encantaba hacer cosas para los demás pero que se sentía indigna cuando alguien hacía algo para ella. "Inmediatamente busco algo que hacer por esa persona – comentó –, como hacerle unas galletas o llevarle flores. Entonces me siento mejor."

En ese momento la iglesia de Bárbara inició un programa de "amigo secreto". "Mi amigo secreto hacía muchas cosas maravillosas por mí y yo no sabía quién era. Fue algo sumamente frustrante para mí hasta que me di cuenta de que tal vez el Señor estaba usando esta situación para mostrarme que también necesitaba estar dispuesta a ser servida."

5. Se hiere fácilmente cuando la gente no es agradecida.

Nunca	Rara vez	A veces	Usualmente	Mayormente	Siempre	
0	**1**	**2**	**3**	**4**	**5**	**PUNTOS**

La necesidad de agradecimiento está tan cimentada en el servidor que es casi inevitable que se hiera de alguna forma

Gloria nos escribió diciendo: "Me gusta sentir que las personas están agradecidas por lo que hecho. Me siento muy motivada para seguir sirviendo cuando las personas son agradecidas. Pero francamente, me duele mucho cuando ayudo a alguien y la persona ni siquiera me da las gracias. Eso parece estar sucediendo más últimamente. ¿Qué debo hacer? ¿Debo dejar de ayudar a aquellas personas que parece que no aprecian mis esfuerzos?"

Nosotros le respondimos: "Querida Gloria, primero que todo, examina tus motivos. ¿Estás ayudando a otros sólo para que te lo agradezcan? Sabemos que tu don te motiva a ser de ayuda, pero debes aprender a ayudar sin esperar nada a cambio. Nos hemos dado cuenta de que es importante buscar aprecio y agradecimiento en el Señor porque Él siempre nos los da, aun cuando las personas no lo hacen. ¡Que su amor y agradecimiento sean suficientes para ti, y si una persona te agradece, pues que eso sea una bendición adicional! ¡Sigue sirviendo!"

Si usted conoce a algún servidor, muéstrele su agradecimiento. Él se lo agradecerá.

Problemas típicos del servidor:

1. Critica a las personas que no ayudan con las necesidades obvias.
2. Posiblemente descuide las necesidades de su propia familia por estar tan ocupado ayudando a otros.
3. Puede llegar a presionar a las personas y a ser entrometido en su afán de ayudar.
4. Le es difícil aceptar ser servido por otros.
5. Se hiere fácilmente cuando la gente no es agradecida.

	Nunca	*Rara vez*	*A veces*	*Usualmente*	*Mayormente*	*Siempre*	*PUNTOS*
	0	*1*	*2*	*3*	*4*	*5*	
1							
2							
3							
4							
5							
						TOTAL	

Personajes Biblicos con El Don de Servicio

12

Es un poco más difícil identificar a los que tienen el don de servicio en la Biblia porque su ministerio tiende a ser silencioso y entre bastidores. Aunque por lo general este no es el tipo de ministerio que se registra para la posteridad, sí tenemos un claro ejemplo en Marta.

A la pobre Marta la han criticado mucho. ¡Cómo desearíamos que la Biblia hablara más sobre ella y sobre la manera en que Jesús respondía ante el funcionamiento normal de su don motivacional de servicio! Si hubiésemos estado ahí en cualquiera de las visitas que Jesús hizo a su hogar, estamos seguros que hubiéramos escuchado al Señor decir: "Marta, querida Marta, gracias por la deliciosa comida. Quiero que sepas que aprecio mucho todo tu trabajo y tus esfuerzos."

Tal vez al meditar en la siguiente escena, en el contexto, y en el hecho de que Marta tenía el don de servicio, verá lo mucho que sus acciones demuestran su don.

Escritura : Lucas 10:38-42 Juan 12:2 (TAB)	*Sus comentarios:*
38 Aconteció que yendo (Jesús) de camino, entró en una aldea; y una mujer llamada Marta le recibió (y le dio la bienvenida) en su casa.	
39 Esta tenía una hermana que se llamaba María, la cual, sentándose a los pies de Jesús, oía su palabra.	

Sus comentarios:

40 Pero Marta (demasiado ocupada y atareada) estaba distraída con los muchos quehaceres, y acercándose, dijo: Señor ¿no te da cuidado que mi hermana me deje servir sola? Dile, pues, que me ayude, que me dé una mano y que haga su parte juntamente conmigo.

41 Respondiendo Jesús, le dijo: Marta, Marta, afanada y turbada estás con muchas cosas.

42 Pero sólo (unas cuantas cosas o) una cosa es necesaria; y María ha escogido la buena parte (la parte que es más beneficiosa), la cual no le será quitada.

Juan 12:2

2 Y le hicieron allí una cena; Marta servía, y Lázaro era uno de los que estaban sentados a la mesa con él.

Por favor nótese que Jesús nunca criticó ni reprendió el don de servicio de Marta cuando era expresado de manera apropiada. De hecho, leemos una y otra vez que Marta le mostró hospitalidad a Jesús. Pero cuando la característica negativa #1, "Critica a otros que no ayudan con necesidades obvias", salió a relucir, entonces Jesús hizo frente al problema.

Marta había llegado a afanarse. Para ella, los árboles no dejaban ver el bosque. Estaba tan enfocada en preparar la comida (en ese entonces no había enlatados ni comida congelada), que se perdió el gran privilegio de sentarse a los pies del Maestro y aprender.

Escritura : Lucas 10:38-42
Juan 12:2 (TAB)

Nuestros comentarios:

38 Aconteció que yendo (Jesús) de camino, entró en una aldea; y una mujer llamada Marta le recibió (y le dio la bienvenida) en su casa.

#5 Mostró hospitalidad
#10 Mostró amor mediante acciones

39 Esta tenía una hermana que se llamaba María, la cual, sentándose a los pies de Jesús, oía su palabra.

40 Pero Marta (demasiado ocupada y atareada) estaba distraída con los muchos quehaceres, y acercándose, dijo: Señor ¿no te da cuidado que mi hermana me deje servir sola? Dile, pues, que me ayude, que me dé una mano y que haga su parte juntamente conmigo.

#1 Reconoce necesidades prácticas
#12 Hizo más de lo necesario
#17 Es perfeccionista
#18 Ve el servicio como lo más importante
 # -1 Critica a María

41 Respondiendo Jesús, le dijo: Marta, Marta, afanada y turbada estás con muchas cosas.

#12 Está demasiado ocupada
#17 Es perfeccionista
#-5 No siente que la gente le agradece

42 Pero sólo (unas cuantas cosas o) una cosa es necesaria; y María ha escogido la buena parte (la parte que es más beneficiosa), la cual no le será quitada.

#4 Los detalles se interponen
#-2 Demasiado ocupada

Juan 12:2

2 Y le hicieron allí una cena; Marta servía, y Lázaro era uno de los que estaban sentados a la mesa con él.

#5 Mostró hospitalidad
#10 Mostró amor mediante acciones

Tal vez una de las razones por las cuales Jesús iba tan frecuentemente a la casa de María, Marta y Lázaro era porque el don de Marta lo hacía sentirse a gusto. Jesús no tenía un hogar propio, pero es fácil imaginar que para Él, este era el lugar que más se asemejaba a un hogar terrenal.

Ahora lea acerca de otros personajes bíblicos con el don de servicio (incluyendo otra referencia de Marta). Lea los textos y vea cuántas características del don motivacional de servicio puede encontrar en cada uno de ellos:

Marta – Juan 11:1-40
Febe –Romanos 16:1-2
Esteban – Hechos 6:1-15; 7:1-60
Felipe (el diácono) – Juan 1:43-45, 6:5-7; 12:21-22; 14:8; Hechos 6:5; 8:5-40; 21:8-9
Onésimo – Filemón; Colosenses 4:9
La suegra de Pedro – Mateo 8:14-15
Jacob – Génesis 25-30

Características Del Maestro

13

El tercer don motivacional que aparece en Romanos 12:6-9 es el don de enseñanza. La palabra griega aquí para una persona que enseña es *didasko* que significa simplemente "enseñar o dar instrucciones".

La persona con este don debe ocuparse – por lo menos hasta cierto punto – de enseñar a otros. Estábamos pensando usar la palabra "investigador" puesto que descubrimos que muchas personas con este don tienden a involucrarse en el campo de la investigación sin estar involucrados directamente con la enseñanza. O puede ser que transmitan sus enseñanzas a través de la palabra escrita (mediante reportes, artículos, disertaciones, libros) y no en persona.

Pero hemos descubierto que la mayoría de las personas con este don también han estado involucradas de alguna forma en la enseñanza personal, de manera que decidimos usar la palabra "maestro".

Lea las veinte características del don de enseñanza a continuación, califíquese y transfiriera el total a su hoja de perfil.

1 - Presenta la verdad de una forma lógica y sistemática.

Nunca	Rara vez	A veces	Usualmente	Mayormente	Siempre	
0	1	2	3	4	5	PUNTOS

Al pensar en nuestros años de estudio, podemos identificar perfectamente a los maestros que tenían este don, puesto que sus lecciones siempre tenían la forma de un bosquejo: puntos 1, 2, 3, a, b, c. Procedían de forma sistemática. Era muy fácil tomar notas.

Derek Prince, un reconocido autor y estudioso de la Biblia, es un clásico ejemplo de una persona con el don motivacional de enseñanza. Tenemos carpetas llenas de notas que tomamos durante sus conferencias. Estas anotaciones son ricas en datos y en conclusiones, y todas están perfectamente organizadas debido a que Derek habla de esa forma. Es fácil buscar información en estas anotaciones porque están organizadas de manera lógica.

Notamos también que quienes tienen el don de exhortación son los maestros más interesantes y populares; sin embargo, ellos pueden enseñar durante una hora y sólo hablar de un concepto significativo. Además, difícilmente se puede tomar notas cuando ellos hablan. Las anotaciones serán pocas y no estarán en una secuencia lógica.

2. Da validez a la verdad al verificar los hechos.

Nunca	Rara vez	A veces	Usualmente	Mayormente	Siempre	
0	1	2	3	4	5	PUNTOS

Cierta familia de nuestra iglesia adquirió hace poco un hurón como mascota. Este es un animal que parece que siempre está buscando algo, en las esquinas, debajo de las sillas, en las chaquetas. La palabra "hurón" se parece mucho a la palabra "hurgar", que significa buscar, investigar. Eso es lo que hacen los maestros todo el tiempo: *hurgan* la verdad.

Los maestros quieren estar seguros de que lo que creen y aceptan está basado en los hechos. Así pasaba con Tomás, el discípulo incrédulo. Siendo motivado por su don de enseñanza, él no quería confiar en lo que había escuchado sobre la resurrección de Jesús; por eso fue muy natural para él responder:

"...Si no viere en sus manos la señal de los clavos, y metiere mi dedo en el lugar de los clavos, y metiere mi mano en su costado, no creeré" (Juan 20:25).

Sin embargo, cuando Jesús se le apareció ocho días más tarde, Tomás solamente pudo responder: "¡Señor mío, y Dios mío!" (versículo 28).

Si usted tiene el don motivacional de la enseñanza, probablemente alguna vez lo hayan llamado "Tomás el incrédulo". No se desanime por eso. Usted fue diseñado por Dios para investigar los hechos y está haciendo un trabajo lo suficientemente bueno como para que otros lo noten. ¡Eso es maravilloso!

Don, mi esposo, dice que los maestros son los "detectives espirituales". Quizá esa es la razón por la que muchos maestros disfrutan de leer novelas de misterio. En su corazón, son detectives.

3. Le gusta estudiar e investigar.

Nunca	Rara vez	A veces	Usualmente	Mayormente	Siempre	
0	1	2	3	4	5	PUNTOS

Puesto que este es mi don secundario, puedo identificarme plenamente con esta característica. ¡Me encanta investigar!

Cuando nuestros hijos estaban en la edad preescolar, yo quería estar en casa, pero tenía algunas horas libres durante el día. Así que empecé a escribir material de Escuela Dominical para las compañías *David C. Cook* y *Union Gospel Press.* Ellos me enviaban los proyectos y yo sacaba mis comentarios de la Biblia y mis concordancias y empezaba a investigar las Escrituras. A menudo dedicaba más de veinte horas a una sola lección.

"¿Por qué le dedicas tanto tiempo a esa investigación? – me preguntó Don –. ¿No podrías hacerlo en menos tiempo?"

El solo hecho me horrorizaba. ¿Qué pasaría si no investigaba lo suficiente y terminaba escribiendo algo erróneo? Venía a mi mente la imagen de miles de maestros de Escuela Dominical transmitiendo mi material inexacto a estudiantes confiados. Los errores se multiplicarían en la mente inocente de millones de chicos, y yo sería la responsable. Mi investigación tenía que ser *completa.* Además, me encantaba hacerlo.

Debido a su pasión por el estudio y la investigación, a los maestros también les gusta tener una extensa biblioteca personal de libros de investigación.

Dick Mills, un orador popular con el don motivacional de enseñanza (y el don ministerial de profecía), tiene una pasión casi insaciable por los libros, especialmente por las diferentes versiones de la Biblia (por lo general cita hasta veinticinco diferentes traducciones). Él no puede pasar cerca de una librería cristiana sin escabullirse dentro de ella para ver si tiene nuevos libros de investigación.

Un día su esposa, Betty, observó que los libros de Dick habían llenado todos los espacios disponibles alrededor de la casa y empezaban a ocupar espacio en los muebles de su cocina. Muy pronto había libros en los tocadores y en las mesas de noche, y más libros amontonados en las esquinas, etc. ¡Ya era el colmo!

"Dick – dijo – Betty, ¡ya no lo soporto! Ni siquiera puedo limpiar la casa sin tener que mover montones de libros. ¡O se van los libros o me voy yo!"

Pues Dick no quería perder a su esposa, pero tampoco quería perder sus libros. Fue a comprar madera y construyó una estructura adicional al lado de su casa. ¡Eso es, lo adivinó! Construyó una biblioteca.

4. Disfruta de estudiar a fondo las palabras.

Nunca	Rara vez	A veces	Usualmente	Mayormente	Siempre	
0	1	2	3	4	5	PUNTOS

A los maestros les fascinan las palabras. Les gusta investigar las raíces y los significados en el griego y/o el hebreo. Para ellos las palabras son como ladrillos con los cuales se edifica la comunicación. Los maestros quieren utilizar las palabras correctamente.

A menudo usarán referencias bíblicas para determinar el preciso significado del griego original de una palabra. También les gusta hacer estudios de ciertos temas con la ayuda de referencias bíblicas y concordancias.

Algunas veces el estudio de una sola palabra les llevará horas, y en ese tiempo, recibirán muchas revelaciones.

Cuando Dick Mills enseña, generalmente toma un solo versículo de las Escrituras y pasa un buen tiempo explicando las facetas del significado de cada palabra importante en el versículo, citando diferentes versiones de la Biblia y lo que han dicho diferentes estudiosos de la Biblia. Al oír estas enseñanzas, el versículo cobra vida para el oyente.

5. Prefiere usar ilustraciones bíblicas y no ilustraciones tomadas de la vida.

Nunca	Rara vez	A veces	Usualmente	Mayormente	Siempre	
0	1	2	3	4	5	PUNTOS

Para el maestro, la Biblia es la autoridad final. Si no entiende un versículo en particular, cree que el problema es su propia falta de conocimiento, y no el pasaje en sí. En este caso el pasaje bíblico sería una fuente de conocimientos que todavía no ha descubierto.

Quienes tienen el don de enseñanza citan textos bíblicos con frecuencia, a menudo utilizando historias, parábolas o personajes que comprueban o ilustran algún concepto. Para ellos, la Biblia es un recurso completamente confiable.

En cambio, las ilustraciones tomadas de la vida son de por sí muy subjetivas. Según los maestros, no son una roca confiable sobre la cual se pueda construir.

Un maestro podrá utilizar anécdotas personales para realzar un tema, pero sólo después de haber usado ilustraciones tomadas de las Escrituras para comprobar sus enseñanzas.

Me he dado cuenta de que yo tiendo a hacer esto. Por ejemplo, cuando desarrollé una enseñanza sobre el tema de la ira, primero estudié lo que la Biblia tenía que decir sobre el tema en los siguiente pasajes:

Jesús enseña sobre el tema en Mateo 5:21-26.

Pablo nos advierte en contra de la ira en Efesios 4:26-27.

Este fue el problema principal de Caín en Génesis 4:1-12.

Este fue el problema de Jonás en Jonás 4:1-9.

Sólo entonces pude añadir lo que había aprendido acerca de la ira por experiencia propia o a través de mi ministerio de consejería.

6 - Se disgusta cuando se citan las Escrituras fuera de contexto.

Nunca	Rara vez	A veces	Usualmente	Mayormente	Siempre	
0	1	2	3	4	5	PUNTOS

¡Esto es imperdonable! Para una persona que tiene el don de enseñanza, el que alguien cite textos bíblicos fuera de contexto es como si alguien raspara las uñas contra una pizarra. El maestro se preocupa tanto por la integridad de la enseñanza, ya sea hablada o escrita, que no puede menos que perder confianza en una persona que cita una escritura para apoyar alguna enseñanza cuando ignora el verdadero sentido del pasaje.

En los años ochenta había un maestro itinerante muy popular, que suscitaba mucho entusiasmo cuando hablaba en conferencias y campamentos. Era una persona muy ingeniosa y dramática en sus presentaciones, y mantenía la atención de todo su público, con excepción de aquellos que tenían el don de enseñanza. Mientras que todos los demás se iban de la reunión diciendo: "¿No te parece que esa fue una presentación fenomenal?" los maestros contestaban: "No. No me pareció bueno para nada."

El problema era que el expositor, quien había sido bendecido con el don motivacional de la exhortación, enseñaba sobre un tema y luego citaba varias escrituras para dar validez a lo que decía. Por lo general, la enseñanza en sí era buena, pero en el contexto en que se estaban citando, las escrituras que usaba no tenían el sentido que el escritor bíblico les había dado. Hubiera sido mejor no utilizar ninguna escritura que utilizar escrituras fuera de contexto. Observamos que las personas con el don de enseñanza dejaban de asistir a las reuniones de este expositor.

Para los maestros, *citar erróneamente las escrituras es un abuso.*

7 - Se preocupa de que la verdad prevalezca en cada situación.

Nunca	Rara vez	A veces	Usualmente	Mayormente	Siempre	
0	1	2	3	4	5	PUNTOS

Quienes tienen el don de enseñanza quieren que la verdad prevalezca, ya sea en los negocios, la educación, la religión, las relaciones humanas o en cualquier otra esfera de la vida. Este es el fundamento, el ancla, el marco dentro del cual pueden trabajar seguros. Entre los cristianos de Berea posiblemente había muchas personas con el don de enseñanza porque cada día examinaban cuidadosamente las enseñanzas de Pablo para asegurarse que concordaban con lo que decía el Antiguo Testamento (véase Hechos 17:11).

Aquila y Priscila, quienes tenían ambos el don motivacional de enseñanza, le dieron la bienvenida a Apolos, quien también era un maestro. Sin embargo, ellos se dieron cuenta de que él tenía un conocimiento limitado del evangelio y se apresuraron a "exponerle más exactamente el camino de Dios" (Hechos 18:26). Con la verdad establecida completamente en él, Apolos pudo entonces ir a Grecia y confrontar a los intelectuales de aquellos días.

8 - Es más objetivo que subjetivo.

Nunca	Rara vez	A veces	Usualmente	Mayormente	Siempre	
0	1	2	3	4	5	PUNTOS

En general, los hombres tienden a ser más objetivos, las mujeres más subjetivas. Por supuesto que hay excepciones. Pero cuando un hombre tiene el don motivacional de enseñanza, vemos a la persona más objetiva de todas. Tales hombres a menudo se convierten en investigadores científicos, analistas de negocios o jueces.

Las mujeres que tienen el don motivacional de enseñanza también tienden a trabajar en estos campos. Y no es raro para ellas escuchar halagos como: "para ser una mujer, eres sumamente objetiva".

Los maestros ven la vida con cierta imparcialidad. Ellos participan, pero no se dejan guiar por sus emociones. De esta manera evitan ser heridos emocionalmente.

Erin, de dieciocho años de edad y la tercera de cuatro hermanas, asistió a uno de nuestros seminarios en su iglesia bautista. En cierto momento se acercó a nosotros y compartió con nosotros ciertas revelaciones interesantes:

"Ha sido fenomenal descubrir que mi don motivacional es el de enseñanza – nos dijo –. Siempre me he preguntado por qué soy tan desprendida y objetiva. Ahora veo por qué.

"Mis padres pelean muchísimo – comentó –. Ellos se aman, pero las peleas son muy desagradables. Mis dos hermanas mayores no soportaron sus peleas y se fueron de casa cuando tenían dieciséis años. Todavía sienten mucho dolor emocional por esta situación. Ahora me doy cuenta de que ambas tenían el don de compasión. Ellas sentían la tensión y fueron heridas mucho más que yo.

"Mi punto de vista ha sido que, si ellos quieren pelear, pues ese es su problema, pero yo no voy a perder mi tiempo escuchándolos. Así que me voy a mi dormitorio y leo un buen libro."

9 - Fácilmente desarrolla y utiliza un vocabulario amplio.

Nunca	Rara vez	A veces	Usualmente	Mayormente	Siempre	
0	1	2	3	4	5	PUNTOS

Los maestros utilizan bien las palabras y son muy hábiles para aprender palabras nuevas. Aun de niños, les encantan los crucigramas y otros juegos de palabras. Saben comunicarse muy bien; muchas veces hablan con mucha autoridad y elocuencia.

Hace varios años, yo era una de las conferencistas en la conferencia de escritores patrocinado por Billy Graham en Calgary, Canadá. El conferencista que habló durante el banquete era Philip Yancey, autor de muchos libros incluyendo *Where Is God When It Hurts* [¿Dónde está Dios cuando duele?]. Su conferencia fue fenomenal. ¡Hablaba con tanta elocuencia y tanto refinamiento! Como editora, yo sabía que casi sería posible transcribir lo que él había dicho e imprimirlo sin editarlo.

Más tarde estuve hablando con Philip.

– Tu conferencia fue fenomenal – le dije –. ¿Cuánto tiempo te llevó prepararla?

Yo suponía que él se habría tardado varias semanas para prepararla.

– Bueno – me confesó –, la verdad es que la escribí durante el vuelo para venir acá esta mañana. Lo que hice fue hacer unas anotaciones al dorso de un sobre.

Al seguir conversando con él, me di cuenta de que él hablaba elocuentemente todo el tiempo. Aun su conversación informal era refinada y elocuente. Obviamente su don motivacional era el de enseñanza.

10 - Enfatiza los hechos y la exactitud de las palabras.

Nunca	Rara vez	A veces	Usualmente	Mayormente	Siempre	
0	1	2	3	4	5	PUNTOS

Los maestros no están muy interesados en las opiniones; ellos quieren hechos. Los hechos son los componentes básicos de su vida. Junto con su habilidad de utilizar tan bien las palabras y su gran objetividad, esta tendencia hace que sean muy diestros para los trabajos editoriales. Son muy buenos correctores. Ven inmediatamente cuando hay faltas ortográficas, gramática incorrecta o vocabulario inapropiado.

Mi tía Aleda era una persona muy dotada, tanto así que de niña me asustaba. Mi mamá me instaba a escribirle a mi tía Aleda regularmente. Pero ella siempre regresaba mis cartas, ¡corregidas! Trazaba un círculo alrededor de las palabras mal escritas y me decía que las examinara. Corregía mi gramática, y hasta hacía esquemas de oraciones para reforzar lo que obviamente no estaba aprendiendo bien en la escuela. Está de más decir que yo no me gozaba mucho al recibir las cartas. Sin embargo, pensándolo ahora, estoy muy contenta que se haya tomado el tiempo y el interés de utilizar sus dones para mi beneficio.

En Japón, nuestro amigo misionero Noel Morris también es muy dotado. Su don de servicio hace que sea una persona muy detallista y su don de enseñanza lo lleva a ser un corrector muy meticuloso. Aunque su ministerio principal es dirigir la más grande biblioteca cristiana de audiocasetes en Japón, se ayuda financieramente corrigiendo manuscritos en inglés escritos por japoneses.

11 - Verifica la fuente del conocimiento de otros maestros.

Nunca	Rara vez	A veces	Usualmente	Mayormente	Siempre	
0	**1**	**2**	**3**	**4**	**5**	**PUNTOS**

Cada vez que impartimos un seminario sobre los dones motivacionales, son los maestros que se acercan a nosotros al final de la sesión para preguntar: "¿De dónde obtuvieron toda esa información?" Esto ha ocurrido tan a menudo que ahora incluimos una explicación de nuestras fuentes de información en la misma presentación.

Los maestros son los que más tienden a para preguntar: ¿quién?, ¿qué? ¿dónde? y ¿por qué? En un joven, esto puede parecer una actitud descortés o insolente.

Tal era el caso del nieto de unos amigos nuestros que tenía catorce años. Nuestros amigos vivían en Munich, Alemania. Habían invitado a su nieto a vivir con ellos durante un tiempo y a asistir a una escuela en Alemania. No contaban con tener que lidiar con un adolescente con el don motivacional de enseñanza, y no reconocieron que su don era lo que lo llevaba a hacer preguntas constantemente.

– Hace quinientas preguntas al día – dijo Vi – . Algunas de ellas no son asuntos de su incumbencia.

Siempre está detrás de mí preguntándome por qué hago esto y por qué hago aquello – dijo Jim –, y lo peor es que él está aprendiendo más alemán que lo que sabemos nosotros, así que siempre nos está corrigiendo.

Cuando tuvimos la oportunidad de conocer al muchacho, nuestras sospechas fueron confirmadas. Él era un maestro.

Entonces pudimos compartir con Vi y Jim que eso era un don que necesitaba ser canalizado, no bloqueado. El simple hecho de saber el don de su nieto los ayudó y eliminó mucha presión.

12 - Prefiere enseñar a creyentes que evangelizar.

Nunca	Rara vez	A veces	Usualmente	Mayormente	Siempre	
0	**1**	**2**	**3**	**4**	**5**	**PUNTOS**

Cuando llega el momento de evangelizar, el maestro trata de pasar desapercibido. Él lleva a las personas a conocer a Jesucristo, pero generalmente en circunstancias donde ya tiene cierta relación o amistad con la persona.

Los métodos evangelísticos más agresivos no atraen al maestro. Definitivamente no es una persona que gusta de ir de casa en casa evangelizando. Sin embargo, se alegra de que otros hagan ese esfuerzo. Y una vez que las personas se han convertido a Cristo, el maestro estará dispuesto a pasar horas interminables enseñando a los nuevos creyentes.

Julie Wayner, autora de *His Gentle Voice* [Su dulce voz], es una maestra. Ella nos dijo: "Casi prefiero morir a tener que ir a evangelizar de puerta en puerta. Pero si me dan un grupo de nuevos creyentes, dedicaré todo el tiempo que sea necesario para instruirles en la Palabra de Dios."

La observamos poner esto en acción algunos años atrás cuando fielmente enseñó la Biblia a un grupo de mujeres (muchas de ellas nuevas creyentes) durante seis años. Tuve el privilegio de seguir enseñando al grupo cuando Julie tuvo que mudarse a Michigan, y me impresionó mucho la madurez y el extenso conocimiento de la Biblia del grupo.

Afortunadamente, no todos los cristianos han sido dotados para el evangelismo, porque si no hubiera personas que enseñaran a los nuevos creyentes, el Cuerpo de Cristo no maduraría.

13 - Siente que el estudio bíblico es fundamental para la operación de todos los dones.

Nunca	*Rara vez*	*A veces*	*Usualmente*	*Mayormente*	*Siempre*	
0	**1**	**2**	**3**	**4**	**5**	**PUNTOS**

Los maestros creen que no puede haber nada más importante que estudiar la Biblia. Para ellos, la Palabra es el fundamento en que se basa la operación de todos los demás dones.

Ellos piensan más o menos así:

¿Cómo puede percibir una persona con el don de percepción si no tiene un sólido entendimiento de la Biblia?

¿Cómo puede servir bien una persona con el don de servicio si no sabe cuáles son las razones bíblicas para servir?

¿Cómo puede el maestro enseñar si no ha estudiado a fondo las Escrituras?

¿Cómo puede el exhortador exhortar con eficacia si no conoce las bases bíblicas para su exhortación?

¿Cómo puede el dador dar apropiadamente si no está consciente de las pautas bíblicas para dar?

¿Cómo puede el administrador ser un líder eficiente a menos que conozca la voluntad de Dios revelada en la Biblia?

¿Cómo puede una persona con el don de compasión ministrar el amor de Dios si no encuentra ese amor en la Biblia?

"No hay nada más fundamental que el estudio de la Biblia", dice el maestro.

14 - Resuelve los problemas a partir de principios bíblicos.

Nunca	*Rara vez*	*A veces*	*Usualmente*	*Mayormente*	*Siempre*	
0	**1**	**2**	**3**	**4**	**5**	**PUNTOS**

Los maestros creen que la Palabra de Dios tiene la respuesta a cualquier problema, ya sea directamente mediante un ejemplo o un principio obvio, o indirectamente, mediante un principio implícito.

En su libro, Julie Wayner describe los problemas y los retos que ella enfrentó en el proceso de convertirse en una misionera a la China. Los eventos significativos de su vida – el hecho de que la China se cerrara al Oeste, su amor por un joven comprometido al campo misionero en Suramérica y el subsiguiente compromiso de este con otra mujer – hicieron que ella volviera en cada momento a la Biblia para encontrar los principios en los cuales debía basar sus decisiones.

Julie nos dijo: "Siempre busqué primero los principios bíblicos que eran pertinentes en cada situación. Después busqué la dirección del Espíritu Santo, y por último, cómo encajaban las circunstancias con todo esto. Si, por cualquier razón, las otras dos pautas (según podía interpretarlas) no encajaban con la primera, entonces siempre escogí atenerme a los principios bíblicos."

15 - Es despierto intelectualmente.

Nunca	*Rara vez*	*A veces*	*Usualmente*	*Mayormente*	*Siempre*	
0	**1**	**2**	**3**	**4**	**5**	**PUNTOS**

Estas son las personas que no es recomendable invitar a jugar juegos que consisten en contestar preguntas sobre diferentes temas, puesto que siempre terminarán ganando.

Lo cierto es que Dios ha dotado a estas personas, que son la "mente" del Cuerpo de Cristo, con lo que necesitan para tener éxito en su ministerio: un alto coeficiente de inteligencia. Muchas veces son personas brillantes. En la escuela, eran buenos estudiantes, les encantaba estudiar, eran automotivados, y siempre sacaban las mejores notas.

La mente del maestro puede compararse a una esponja sedienta que absorbe todo lo que puede. Como resultado, los maestros son prolíficos lectores y tienden a leer libros llenos de hechos, datos e información exacta. Tienen una buena memoria, especialmente para fechas e historia.

Cuando fuimos a Nueva Zelanda algunos años atrás, viajamos alrededor de la Isla del Sur con nuestros amigos Rita y Len Restall. Len es profesor en una escuela y tiene el don motivacional de enseñanza. Sus reservas de información nos dejaban asombrados. En cada lugar que visitábamos, Len espontáneamente nos transmitía una rica e interesante historia sobre cada pueblo de Nueva Zelanda.

Len es como una enciclopedia viviente, ambulante y parlante. Cada vez que hablábamos sobre un tema nuevo, era como si presionáramos una tecla de computadora: de él salía una gran cantidad de información para enriquecer nuestro entendimiento.

16 - Es autodisciplinado.

Nunca	Rara vez	A veces	Usualmente	Mayormente	Siempre	
0	**1**	**2**	**3**	**4**	**5**	**PUNTOS**

Mezcle una buena dosis de seriedad con mucha objetividad, agréguele amor por la verdad y una mente aguda, y tendrá los ingredientes necesarios para la autodisciplina.

Los maestros pueden fijarse metas y cumplirlas, fijarse parámetros y trabajar eficientemente dentro de estos, y fijar fechas y horas y atenerse a lo que han decidido.

Era asombroso observar a cierta mujer con este don. Su vida era tan regulada que sus compañeros de trabajo podían fijar su reloj según el momento en que ella entraba a la oficina: siempre a las 8:30 a.m., nunca a las 8:29 o a las 8:31. ¡De igual manera salía de la oficina a las 4:30 en punto! Aunque algunos se reían de esto, su puntualidad dejaba a los demás un buen ejemplo de cómo una persona debe ganarse el salario trabajando las 8 horas debidas.

17 - Tiene dominio de sí mismo emocionalmente.

Nunca	Rara vez	A veces	Usualmente	Mayormente	Siempre	
0	**1**	**2**	**3**	**4**	**5**	**PUNTOS**

De todos los dones motivacionales, las personas con este don son las más equilibradas emocionalmente. Algunas personas tienen tantos altibajos emocionales que parece que estuvieran montados en una montaña rusa. Otras personas tienen altibajos muy leves con un sacudón de vez en cuando. Sin embargo, si fuéramos a hacer una gráfica de los cambios de ánimo de los maestres, esta consistiría más o menos de una línea horizontal.

Los maestros son sumamente analíticos. Creen que las acciones razonables pueden resolver las situaciones que podrían llegar a ser volátiles. Cuando alguien se enoja, generalmente dicen: "Cálmate. Yo sé que puedes guardar la calma."

En una de nuestras sesiones de capacitación para consejeros preparamos un pequeño melodrama para ilustrar esto mismo.

El drama tiene lugar en una casa. La esposa está agitada, y mira el reloj constantemente, con expresión furiosa. Finalmente su esposo entra por la puerta; obviamente está llegando tarde una vez más. Él ofrece una débil excusa y su esposa empieza a quejarse enérgicamente de su falta de consideración. Él contraataca con quejas de su mal genio. La discusión se intensifica, la esposa se vuelve casi histérica de la rabia que siente.

– Contrólate – le exige el esposo.

– ¡No puedo hacerlo! – grita ella.

Brrrrrring. Suena el teléfono, en medio del alboroto.

La esposa contesta.

– Hola – dice ella melosamente –. Charlotte, qué bueno escucharte. No, no estaba haciendo nada en absoluto. Sí, ambos estamos bien. ¿Y qué hay de ustedes?

Y así sigue conversando largamente. Está completamente controlada.

No es que no pueda controlar sus emociones cuando discute con su esposo, sino que simplemente se niega a hacerlo. Es una cuestión de su voluntad.

18 - No tiene sino un grupo selecto de amistades.

Nunca	Rara vez	A veces	Usualmente	Mayormente	Siempre	
0	1	2	3	4	5	PUNTOS

Para los maestros es imprescindible tener algo en común para formar una amistad íntima. Ellos muy pocas veces forman amistades superficiales. Tienden a ponerse nerviosos o ser distantes cuando se encuentran en situaciones sociales informales, y detestan las conversaciones sin sentido. Ellos prefieren tener amigos con los cuales puedan discutir ideas y conceptos. A veces son personas solitarias, pero por lo general se sienten más a gusto con sólo unos cuantos amigos.

A menudo los maestros nos dicen: "Está bien relacionarse con las personas, pero francamente, casi prefiero acurrucarme en un sillón con un libro interesante". Los libros generalmente son "sus mejores amigos".

Nuestra sobrina, Gayle Hansen, es así. Pasamos cada verano en nuestra cabaña en Puget Sound al lado de la cabaña de mi hermana. Desde que Gayle tenía la edad suficiente para leer, notamos que aun cuando hacia buen tiempo, ella prefería estar adentro enfrascada en un libro que afuera jugando con los otros niños. Muchas veces nos preguntamos por qué esta niña tan atractiva parecía tan antisocial. Cuando le hicimos la prueba de los dones emocionales (siendo ella adolescente) no nos sorprendimos al averiguar que ella tenía el don de enseñanza.

Recientemente nos visitó desde California. "Todavía soy un ratón de biblioteca, tía Katie – dijo –. No salgo mucho. Me gusta acostar a mi hijo temprano y pasar el resto de la noche leyendo un buen libro."

19 - Tiene convicciones y opiniones fuertes basadas en la investigación de los hechos.

Nunca	Rara vez	A veces	Usualmente	Mayormente	Siempre	
0	1	2	3	4	5	PUNTOS

A los maestros les interesan muchos temas. Con gusto dejan lo que están haciendo para investigar algo nuevo.

Eadie y Jim Goodboy tienen ambos el don de enseñanza. Siempre es interesante visitarlos en su casa, la cual está llena de libros de todo tipo. A veces estamos hablando y surge un tema diferente, lo cual siempre les llama la atención.

"Un momento – suele decir Jim –. Creo que tengo un libro sobre eso."

Rápidamente saca un libro de su biblioteca y busca la referencia pertinente.

O tal vez diga Eadie: "El otro día leí algo sobre eso".

En un dos por tres, la mesa del comedor está llena de libros abiertos, todos contribuyendo al desarrollo de nuevas opiniones y convicciones.

20 - Cree que la verdad tiene el poder intrínseco de producir cambios.

Nunca	Rara vez	A veces	Usualmente	Mayormente	Siempre	
0	1	2	3	4	5	PUNTOS

Cuando los maestros enseñan, presentan la verdad sin necesariamente explicar a sus oyentes cómo aplicar esa verdad a su vida. Ellos creen que es el trabajo del Espíritu Santo aplicar la verdad.

"Conoceréis la verdad, y la verdad os hará libres" (Juan 8:32) es su versículo favorito. En la vida de los maestros, la verdad es algo que les infunde vigor, entusiasmo y libertad, y ellos suponen que lo mismo sucede con todas las personas.

Los maestros hasta son capaces de enseñar verdades de los cuales ellos mismos todavía no se han apropiado. Cierto verano trabajé como consejera en un campamento privado para muchachas en el bosque a orillas de Lake Winnipesaukee en New Hampshire. Una de mis responsabilidades era enseñar a nadar, para lo cual se me proporcionó un manual de instrucciones.

Todo funcionó bien hasta que llegué a la lección de la brazada de pecho. Toda mi vida había nadado bastante bien, pero esa era una brazada que nunca había podido perfeccionar. Memoricé las instrucciones, salí al área de entrenamiento e instruí a las muchachas, paso a paso. ¡Ellas lo lograron! Y yo no podía hacerlo mí misma. Pero eso no importaba. Las instrucciones dieron resultado. Más tarde, me tiré al agua yo misma y, siguiendo las instrucciones que había enseñado, nadé por primera vez la brazada de pecho.

Muchas personas con otro don hubieran practicado antes de dar la clase. Pero los maestros tienen confianza que la verdad será efectiva.

El don de enseñanza

Características

1. Presenta la verdad de una forma lógica y sistemática.
2. Da validez a la verdad al verificar los hechos.
3. Le gusta estudiar e investigar.
4. Disfruta de estudiar a fondo las palabras.
5. Prefiere usar ilustraciones bíblicas y no ilustraciones tomadas de la vida.
6. Se disgusta cuando se citan las Escrituras fuera de contexto.
7. Se preocupa de que la verdad prevalezca en cada situación.
8. Es más objetivo que subjetivo.
9. Fácilmente desarrolla y utiliza un vocabulario amplio.
10. Enfatiza los hechos y la exactitud de las palabras.
11. Verifica la fuente del conocimiento de otros maestros.
12. Prefiere enseñar a creyentes que evangelizar.
13. Siente que el estudio bíblico es fundamental para la operación de todos los dones.
14. Resuelve los problemas a partir de principios bíblicos.
15. Es despierto intelectualmente.
16. Es autodisciplinado.
17. Tiene dominio de sí mismo emocionalmente.
18. No tiene sino un grupo selecto de amistades.
19. Tiene convicciones y opiniones fuertes basadas en la investigación de los hechos.
20. Cree que la verdad tiene el poder intrínseco de producir cambios.

	Nunca	*Rara vez*	*A veces*	*Usualmente*	*Mayormente*	*Siempre*	*PUNTOS*
	0	*1*	*2*	*3*	*4*	*5*	
1							
2							
3							
4							
5							
6							
7							
8							
9							
10							
11							
12							
13							
14							
15							
16							
17							
18							
19							
20							
						TOTAL	

Problemas Del Maestro

14

Las áreas problemáticas del maestro son exclusivas al don de enseñanza. Sin embargo, al identificar los problemas, el maestro verá que las soluciones no están tan lejos. (Y así es con cada uno de los dones motivacionales: nos daremos cuenta de las soluciones a las áreas problemáticas en cuanto veamos la necesidad de cambiar y cooperemos con la obra del Espíritu Santo, quien nos lleva a la madurez.)

1 - Tiende a descuidar la aplicación práctica de la verdad.

Nunca	Rara vez	A veces	Usualmente	Mayormente	Siempre	
0	**1**	**2**	**3**	**4**	**5**	**PUNTOS**

Puesto que los maestros creen que su trabajo es comunicar la verdad y dejar que las personas hagan su propio uso de ella, generalmente no proveen muchas sugerencias prácticas. Esto frustra mucho a los que tienen el don de exhortación. (Ellos se enfocan en la aplicación de la enseñanza.) También puede frustrar a los que tienen otros dones.

El oyente puede decir: "Ya hemos escuchado muchos datos. Ahora, ¿qué hacemos con ellos?" La respuesta del maestro será: "Ustedes tienen una mente; ya descubrirán qué hacer con ellos."

Pero no todas las mentes trabajan tan lógicamente como la mente del maestro. Muchos necesitan instrucciones directas: paso número uno, número dos, número tres, etc. Los maestros necesitan aprender a darles a sus oyentes por lo menos alguna aplicación práctica.

Yo tengo la ventaja de vivir con una persona que tiene el don de exhortación. Mi esposo Don me mantiene responsable. Me ha ayudado a ver la necesidad de proveer aplicaciones prácticas cuando enseño, y también de citar anécdotas e ilustraciones para hacer que mis enseñanzas sean más interesantes.

Hemos notado que cuando los conferencistas públicos son conocidos por su estilo de enseñanza, tienden a atraer cierto tipo de público. Los maestros tienden a dirigirse a maestros y a aquellas personas interesadas en adquirir conocimientos generales. Los exhortadores se dirigen a personas con el mismo don que ellos y a aquellas personas interesadas en adquirir conocimientos prácticos que tengan que ver con la vida diaria. Sin embargo, si los oradores aprendieran a usar tanto la presentación sólida de los hechos como su aplicación práctica, entonces atraerían a todo tipo de personas.

2 - Es tardo para aceptar el punto de vista de otros.

Nunca	Rara vez	A veces	Usualmente	Mayormente	Siempre	
0	**1**	**2**	**3**	**4**	**5**	**PUNTOS**

La actitud de "sábelotodo" puede ser una verdadera trampa para aquellos que tienen el don motivacional de enseñanza. Es verdad que saben mucho, pero nadie sabe *todo*.

George, que ahora es profesor en una universidad, nos dijo: "Siempre tenía dudas acerca de la enseñanza de otros cristianos. Si hablaban de algo que yo mismo había investigado y que sabía que era verdad, entonces yo aceptaba esa enseñanza. Pero si el tema era nuevo, yo iba a casa y verificaba todas las escrituras por mí mismo."

Shawn, que ahora asiste a una escuela de leyes, dijo que creció deleitándose en estudiar y aprender. Pero su dedicación a esto, junto con su deseo de siempre tener la razón causó bastante tensión en su relación con las personas de su edad. "A menudo me llamaban 'el profesor Shawn' o 'Sr. Información', y ninguno de estos apodos era un cumplido. Pero conforme he aprendido a aceptar más a otras personas, he aprendido a respetar también su punto de vista."

3 - Tiende a enorgullecerse de su habilidad intelectual.

Nunca	Rara vez	A veces	Usualmente	Mayormente	Siempre	
0	**1**	**2**	**3**	**4**	**5**	**PUNTOS**

El orgullo es probablemente el problema más grave de aquellos que tienen el don motivacional de enseñanza. Ese fue el problema de Lucifer, y lo llevó de ser ángel a ser Satanás. Sabemos que el orgullo y la soberbia acarrean la destrucción. Veamos lo que Proverbios tiene que decir sobre esto:

"Cuando viene la soberbia, viene también la deshonra; Mas con los humildes está la sabiduría" (Proverbios 11:2).

"Antes del quebrantamiento es la soberbia, Y antes de la caída la altivez de espíritu" (Proverbios 16:18).

"La soberbia del hombre le abate; Pero al humilde de espíritu sustenta la honra" (Proverbios 29:23).

En 1 Corintios 8:1 Pablo dice que el conocimiento envanece, pero el amor edifica. Las cualidades más importantes que un maestro puede buscar son la humildad y el amor. Estas neutralizarán el problema del orgullo y la soberbia.

Una persona cuya calificación fue alta en el don de enseñanza nos escribió: "Siempre he disfrutado de aprender cosas nuevas. No entendía por qué las demás personas no podían aprender como yo lo hacía. Me parecía que eran personas perezosas o desmotivadas. Me da vergüenza reconocer que esto me llevó a pensar que yo era mejor que muchas personas. En el seminario me ayudaron a valorar los demás dones y a las personas que los manifiestan de una manera tan hermosa."

Los maestros pueden fácilmente desarrollar un complejo de superioridad. El problema es que intelectualmente sí son superiores. Sin embargo, deben tener cuidado de no apoyarse en el conocimiento humano y en el razonamiento, sino más bien en el Espíritu Santo. La herramienta primordial del maestro es su mente, pero Proverbios 3:5 nos advierte que no nos apoyemos en nuestro propio entendimiento.

4 - Tiende a ser legalista y dogmático.

Nunca	Rara vez	A veces	Usualmente	Mayormente	Siempre	
0	**1**	**2**	**3**	**4**	**5**	**PUNTOS**

Esta característica se puede ver aun en los niños.

Becky, ahora una joven madre, compartió lo inflexible que solía ser. "Aun cuando jugaba, insistía en que jugáramos estrictamente según las reglas. Si alguien sugería que modificáramos las reglas o que tomáramos atajos en el juego de Monopolio, les decía que jugaran bien o de lo contrario que mejor no jugaran. Ahora veo que era demasiado legalista, pero en ese entonces yo pensaba que estaba haciendo lo correcto."

Estar en lo correcto es tan importante para el maestro que fácilmente puede llegar a ser una persona que discute a cada rato. El maestro puede pensar: "Yo soy el único que tiene la razón y todos los demás están equivocados." Tal carencia de mecanismos de control y equilibrio de poderes puede exponer al maestro al engaño. (Tal vez sea por eso que algunos se involucran en las sectas.) La verdad de Dios no es exclusiva; puede ser verificada por muchas personas.

¿Alguna vez ha debatido algún tema con un grupo donde cada persona se estaba expresando abiertamente? Y luego vino una persona con el don de enseñanza contaminado y dijo: "Bueno, yo sé que la verdad acerca de este asunto es...". ¡Nadie puede terminar con un debate con tanta rapidez!

5. Se distrae fácilmente con cosas nuevas.

Nunca	Rara vez	A veces	Usualmente	Mayormente	Siempre	
0	1	2	3	4	5	PUNTOS

¡Los maestros se interesan por tantas cosas! Su prolífica lectura los lleva a investigar muchos áreas diferentes. Su investigación se extiende a un sinfín de temas. A veces no es fácil enfocarse.

Conocemos a un hombre que reconoce que cuando toma una enciclopedia, rara vez encuentra el tema que busca inmediatamente. Al volver las páginas se distrae con diferentes temas. "Puedo estar buscando 'transistores' y en el camino, me encuentro con 'taladro'. Bueno, siempre he querido saber la historia de cómo fueron inventados, así que paso quince minutos leyendo acerca de los taladros. Luego, por casualidad, veo 'teatro'. Otros quince minutos se me van allí. Luego me detengo en 'tecnología'. ¡Fascinante! Después de dar un buen vistazo a 'televisión', 'termómetro', 'termostato', 'tímpano' y 'tornado' casi he olvidado la palabra que andaba buscando."

Josh, un ávido lector, admite que muchos de los cientos de libros que tiene nunca los ha terminado de leer. "Tengo un señalador de libros metido en muchos de ellos", confiesa él.

Kathleen espera estar jubilada por mucho tiempo ya que tiene tantos proyectos a medio hacer. "Empiezo a hacer cosas, pero luego si surge otra cosa que parece ser más interesante, entonces dejo a un lado el primer proyecto. Mi desván y mi closet están llenos de proyectos sin terminar."

Si usted conoce a alguien con el don motivacional de enseñanza, sea paciente con él/ella. Como dice el dicho: ¡Dios aún no ha terminado con ellos!

Problemas típicos del maestro:

1 - Tiende a descuidar la aplicación práctica de la verdad.
2 - Es tardo para aceptar el punto de vista de otros.
3 - Tiende a enorgullecerse de su habilidad intelectual.
4 - Tiende a ser legalista y dogmático.
5 - Se distrae fácilmente con cosas nuevas.

	Nunca	*Rara vez*	*A veces*	*Usualmente*	*Mayormente*	*Siempre*	*PUNTOS*
	0	*1*	*2*	*3*	*4*	*5*	
1							
2							
3							
4							
5							
						TOTAL	

Personajes Biblicos Con El Don de Enseñanza

15

Los maestros tienen un ministerio muy visible. Sin embargo, los personajes bíblicos con el don de enseñanza a menudo tienen además otro don "público", tal como el de percepción o exhortación, y muchas veces no es fácil identificar cuál es su don primario. También es posible que tengan el don motivacional primario de enseñanza, pero también el don ministerial de pastor o profeta. Para complicar el asunto, es posible que fluyan en ciertos dones de manifestación más que otros. ¡Cómo quisiéramos poder pedirles más información a los escritores de la Biblia!

Por lo tanto, es posible que a nosotros nos parezca que tal o cual personaje bíblico tiene cierto don, mientras que al aplicar la misma lógica, a usted le puede parecer que otro don predomina en ese personaje.

Sin embargo, en nuestra opinión, Apolos es un muy buen ejemplo de alguien con el don motivacional de enseñanza. De hecho, él es lo que llamamos un ejemplo clásico. Es probable que Dios también lo llamó al don ministerial de enseñanza. Mientras examina el siguiente pasaje bíblico, verá su don expresado en muchas de sus acciones.

Escritura : Hechos 18:24-28
1 Corintios 3:6 (TAB)

Sus comentarios:

Hechos 18

24 Llegó entonces a Éfeso un judío
llamado Apolos, natural de
Alejandría, varón elocuente, podero-
so en las Escrituras.

<u>*Sus comentarios:*</u>

25 Este había sido instruido en el
camino del Señor; y siendo de
espíritu fervoroso, hablaba y enseñaba diligentemente lo concerniente al
Señor, aunque solamente conocía el
bautismo de Juan.

26 Y comenzó a hablar con denuedo
– audaz e intrépidamente – en la
sinagoga; pero cuando le oyeron Priscila
y Aquila, le tomaron aparte y le expusieron más exactamente el camino de Dios.

27 Y queriendo él [Apolos] pasar a
Acaya [Grecia], los hermanos le
animaron, y escribieron a los discípulos que le recibiesen; y llegado él
allá, fue de gran provecho a los que
por la gracia – el favor y la misericordia inmerecidas de Dios – habían
creído (confiado en y descansado en
[Cristo como Señor y Salvador]);

28 porque con gran vehemencia
refutaba públicamente a los judíos
[discutiendo abiertamente], demostrando
por las Escrituras que Jesús era el Cristo.

1 Corintios 3
6 Yo planté, Apolos regó; pero el
crecimiento [en su tiempo] lo ha
dado Dios.

Apolos estaba enfocado en conocer la verdad. Él era un estudiante entusiasta de las Escrituras y un orador elocuente. Se sentía atraído a Grecia, la capital intelectual del mundo, donde usó su don poderosamente para refutar a los judíos en debates públicos, y comprobar que Jesús era el Mesías prometido. El don suyo era el más apropiado para dicha tarea.

<u>Escritura : Hechos 18:24-28</u>
<u>*1 Corintios 3:6 (TAB)*</u>

<u>*Nuestros comentarios:*</u>

24 Llegó entonces a Éfeso un judío
llamado Apolos, natural de

#1 Lógico
#3 Conocedor de las Escrituras

Alejandría, varón elocuente, poderoso en las Escrituras.

#9 Vocabulario elocuente
#15 Despierto intelectualmente

25 Este había sido instruido en el camino del Señor; y siendo de espíritu fervoroso, hablaba y enseñaba diligentemente lo concerniente al Señor, aunque solamente conocía el bautismo de Juan.

#1 Lógico
#2 Verifica los datos
#3 Conocedor de las Escrituras
#5 Enfocado en la Biblia
#13 Enfocado en la enseñanza
#16 Diligente

26 Y comenzó a hablar con denuedo – audaz e intrépidamente – en la sinagoga; pero cuando le oyeron Priscila y Aquila, le tomaron aparte y le expusieron más exactamente el camino de Dios.

#7 Abierto a nuevas verdades
#9 Habla audazmente
#19 Convicciones fuertes

27 Y queriendo él [Apolos] pasar a Acaya [Grecia], los hermanos le animaron, y escribieron a los discípulos que le recibiesen; y llegado él allá, fue de gran provecho a los que por la gracia – el favor y la misericordia inmerecidas de Dios – habían creído (confiado en y descansado en [Cristo como Señor y Salvador]);

#12 Ayuda a los creyentes
#15 Enfocado en rebatir la cultura griega
#19 Tiene convicciones fuertes basadas en hechos

28 porque con gran vehemencia refutaba públicamente a los judíos [con discusiones], demostrando por las Escrituras que Jesús era el Cristo.

#1 Comprueba la verdad del evangelio
#9 Habla elocuentemente
#13 Usa bases bíblicas
#15 Usa su intelecto
#19 Convicciones fuertes

1 Corintios 3
6 Yo planté, Apolos regó; pero el crecimiento [en su tiempo] lo ha dado Dios.

#15 Enseña a los cristianos
#20 La verdad produce cambios

¡Qué valioso es el don de enseñanza! ¡Qué importante es en la vida de aquellos que llevan el evangelio a todo el mundo!

Tómese el tiempo de leer sobre otros maestros en el Nuevo Testamento:

Aquila y Priscila – Hechos 18:1-3 , 24-28; Romanos 16:3-5; 1 Corintios 16:19; 2 Timoteo 4:19

Timoteo – 1 y 2 Timoteo; Hechos 16:1-3; 1 Corintios 4:17; 16:10-11
Tomás – Juan 20:24-28
Lucas – Evangelio de Lucas y Hechos

Es muy probable que Aquila y Priscila fueran un equipo de esposo y esposa que tenían el mismo don motivacional.

Tomás, aunque se le conoce por su incredulidad, simplemente estaba ejercitando su don de enseñanza al querer conocer los hechos.

Lucas escribió el recuento más sistemático de la vida de Jesús y la historia de la iglesia primitiva (Lucas y Hechos). Su carrera de médico también es compatible con su don de enseñanza.

Caracteristicas Del Exhortador

16

El que tiene el don de enseñanza se dirige al cerebro de sus oyentes; en cambio, quien tiene el don de exhortación se dirige a su corazón. No es tanto el contenido de una enseñanza que el exhortador quiere comunicar, sino más bien cómo ese contenido puede ser usado de manera eficaz en la vida de las personas.

Cada uno de los dones puede enseñar, pero quien tiene el don de exhortación es el maestro más interesante y ameno. Todos sus esfuerzos están dirigidos a edificar y animar a otras personas. Hubiéramos podido llamar a esta persona "el que anima". De hecho, la palabra griega *paraklesis* significa 'un llamado a estar junto a otro para ayudar" denotando tanto exhortación como ánimo.

Al calificarse al final de este capítulo (al igual que con todos los demás dones) recuerde hacerlo según usted es en realidad, no según le gustaría ser.

Aunque usted se dé cuenta de que no tiene el don de exhortación, se puede beneficiar al observar cómo obran los exhortadores. Todos podemos aprender de las cualidades y las acciones de los que tienen dones motivacionales diferentes a los nuestros.

1 - Disfruta de motivar a otros a vivir una vida victoriosa.

Nunca	Rara vez	A veces	Usualmente	Mayormente	Siempre	
0	**1**	**2**	**3**	**4**	**5**	**PUNTOS**

Quien tiene el don de exhortación quiere que cada persona viva una vida plena y significativa. Ellos son constructores, no de edificios, sino de personas.

Quieren ayudar a las personas a desarrollar su potencial al máximo. Su mayor gozo es ser un instrumento que ayude a otros a vivir victoriosamente.

El pastor de una iglesia a la cual asistimos hace algunos años atrás tiene el don de exhortación. Sus sermones siempre eran vibrantes y positivos. Siempre nos íbamos a casa animados y con nuevas fuerzas. Él hacía que las personas tuvieran confianza en sí mismas y en sus habilidades; suscitaba en muchas personas la convicción de que con la ayuda del Señor, podían hacer cualquier cosa.

Un joven salió de la escuela bíblica con ánimos de ser evangelista. En su primera iglesia, Martín trató de predicar sermones para ganar almas, pero en vez de esto, él atraía a cristianos caídos que querían arreglar su vida y resolver sus problemas. Lo mismo sucedió en su segunda iglesia. Los cristianos se fortalecían. Las vidas eran cambiadas. Las personas aprendían a superar sus problemas. Todos eran edificados.

"Entonces aprendí acerca de los dones motivacionales – nos contó –. Comprendí que yo no era un evangelista. Era un exhortador con un ministerio de enseñanza. Dios me había dotado para ser pastor y edificar al rebaño. El rebaño podía entonces evangelizar a los no creyentes y traerlos a la iglesia. Dios me había dotado a mí para edificar a los cristianos. ¡Qué tranquilidad fue poder ser lo que Dios quería que fuera!"

2 - Quiere una respuesta visible cuando enseña o habla.

Nunca	Rara vez	A veces	Usualmente	Mayormente	Siempre	
0	1	2	3	4	5	PUNTOS

Para el que tiene el don de exhortación es imprescindible relacionarse con sus oyentes. Esta persona observa la expresión en el rostro de las personas, escucha las reacciones y analiza el lenguaje corporal. Necesita saber que en realidad se está comunicando. Tal vez la experiencia más frustrante para quien tiene el don de exhortación es compartir algo valioso con una persona y saber que dicha persona no estaba escuchando.

Mi esposo Don tiene este don, y me ha contado que ve esta característica en su vida. "Me doy cuenta de que puedo hacer mucho más con un público receptivo y entusiasta. Mientras más responden las personas, más siento la unción de Dios sobre mí. La falta de respuesta me pone nervioso. Siento que si ellos no quieren escuchar lo que estoy diciendo, no vale la pena que lo diga."

En nuestro tercer viaje a Gran Bretaña fuimos muy al norte de Escocia a enseñar en una reunión por la noche en una iglesia afiliada con la escuela bíblica *Faith Bible School* en Peterhead. Hacía mucho frío y viento cuando llegamos. El viento soplaba directamente del mar, y allá no tienen calefacción en los edificios como la tenemos nosotros. Eran personas resistentes.

Siempre habíamos escuchado que los escoceses eran reservados. Pero el ambiente frío del salón parecía provenir tanto del clima como de los miembros de la iglesia. La primera media hora que hablamos fue horrible para Don. "Ellos no se reían de mis bromas – dice –. Su expresión parecía estar congelada. Pensé que no lo podría soportar ni siquiera una hora.

"De pronto vi que estaban empezando a reaccionar. Empezaron a ser amistosos con nosotros. Después de examinarnos, nos habían aceptado. ¡Qué alivio! Sentí que podía compartir durante toda la noche (pero el buen sentido me hizo detenerme justo en el momento estipulado). Después de la reunión nos gozamos mucho al tener compañerismo con los miembros de la congregación."

3 - Prefiere aplicar la verdad que buscarla.

Nunca	Rara vez	A veces	Usualmente	Mayormente	Siempre	
0	1	2	3	4	5	PUNTOS

La investigación no es el fuerte de quien tiene el don de exhortación. Si es posible, la evita. "¿Por qué reinventar la rueda? – preguntará el exhortador –. Si ya alguien ha reunido material sobre este tema, usemos lo que ya tenemos." Lo que le interesa a él es poner a trabajar la verdad.

Pat King, una autora con el don de exhortación y madre de diez hijos, quien escribe por lo menos un libro al año, ha aprendido a utilizar la habilidad para la investigación que tienen los maestros. Cuando se estaba preparando para escribir el libro *How Do You Find the Time?* [¿Cómo encuentra el tiempo?] pidió a su amiga Eadie Goodboy, quien tiene el don de enseñanza, que invirtiera 500 horas investigando el tema de cómo manejar el tiempo.

"¿Por qué tengo yo que pasar todas esas horas haciendo algo que sería un trabajo pesado para mí cuando a Eadie, con su precioso don de enseñanza, le encanta hacerlo? – dijo Pat –. Cada una de nosotras se dedica a hacer lo que hace mejor y juntas formamos un magnífico equipo. A ella le encanta la investigación y a mí me gusta tomar los datos y exponerlos de manera práctica."

4 - Prefiere sistemas de información que tienen una aplicación práctica.

Nunca	Rara vez	A veces	Usualmente	Mayormente	Siempre	
0	1	2	3	4	5	PUNTOS

Fíjese que Pat King escribió un libro acerca de cómo hacer algo. A los exhortadores les gusta escribir este tipo de libros. Son personas enfocadas en lo práctico.

También les gusta leer libros que tengan que ver con alguna aplicación práctica. Prefieren sermones que revelen cómo aplicar principios cristianos a la vida diaria. Por el contrario, no les gustan sermones o libros abstractos.

Quienes tienen el don de exhortación gustan de escuchar las enseñanzas de otros con el mismo don. "¡Qué excelente enseñanza!", dirán cuando alguien enfatiza el aspecto práctico de un principio. Por otra parte, no estarán muy satisfechos al escuchar una enseñanza que no es práctica. A su parecer, demasiados datos e insuficientes hechos son como un circuito sobrecargado que no tiene salida.

Betty, una amiga presbiteriana a quien le gusta enseñar la Biblia a otras mujeres, nos escribió: "Trato de crear estudios bíblicos que ayuden a mi clase a entender cómo aplicar las escrituras en áreas donde necesitan ayuda." Sus clases están prosperando.

5 - Disfruta de recomendar pasos concretos que ayudarán a las personas a crecer.

Nunca	*Rara vez*	*A veces*	*Usualmente*	*Mayormente*	*Siempre*	
0	**1**	**2**	**3**	**4**	**5**	**PUNTOS**

Quienes tienen el don de exhortación gustan de recomendar que las personas sigan ciertos pasos específicos. Ellos saben cómo instruir a otros para ir desde el punto A hasta el punto C de la mejor manera posible. Todo eso es parte de su gran habilidad de dar consejos constructivos y útiles.

Uno de los ejemplos más visibles de una persona con el don de exhortación en acción es Bill Gothard. Cualquier persona que haya tomado su curso de *Basic Youth Conflicts* [Conflictos Básicos en la Juventud] conoce los pasos específicos que él recomienda para cada tema que enseña. La gigantesca carpeta que forma parte del curso es un manual de referencia para el crecimiento espiritual. Es probable que la popularidad de Bill Gothard se deba por lo menos en parte a su enfoque tan práctico.

Lorraine, una excelente consejera con el don de exhortación, regularmente ofrece un bosquejo con pasos prácticos a aquellos a quienes aconseja. Una joven fue a consultarla debido a que su relación con su esposo no andaba bien. Al finalizar la sesión, Lorraine escribió esta simple receta:

Discúlpate con tu esposo por tu actitud errónea.

Prepárale su cena favorita esta noche.

Cúbrelo de besos y abrazos.

No critiques nada de lo que diga durante una semana.

El día antes de su próxima cita, la joven llamó a Lorraine para cancelar la cita. "!Ya no necesito la sesión! – dijo emocionada –. Los cuatro pasos funcionaron tan bien que pareciera que estamos en nuestra segunda luna de miel."

"Me gusta ser de bendición con mi trabajo dijo Lorraine. Desearía que todas las personas que aconsejo siguieran mis consejos así de bien."

6 - Se enfoca en trabajar con las personas.

Nunca	*Rara vez*	*A veces*	*Usualmente*	*Mayormente*	*Siempre*	
0	**1**	**2**	**3**	**4**	**5**	**PUNTOS**

Los que tienen el don de exhortación son personas que gustan de tratar a la gente. Ellos no están interesados en trabajar con cosas, sistemas o ideas abstractas. Les encanta estar rodeados de personas, haciendo cosas con las personas o para ellas.

Ken tomó un trabajo como un vigilante nocturno porque era el único trabajo disponible. Siendo una persona extrovertida, él no esperaba disfrutar del trabajo; sin embargo, no estaba preparado para el impacto negativo que este tendría en él. Su horario era desde la medianoche hasta las ocho de la mañana. Cuando llegaba a casa, su esposa estaba en el trabajo y los niños en la escuela, y a la hora que ellos llegaban a casa él estaba durmiendo. Él estaba solo en el trabajo, y solo en casa.

Después de algunos meses la soledad empezó a afectarlo. Empezó a hablar consigo mismo para "tener alguien con quién hablar". Se deprimió. Vivía sólo por los fines de semana cuando podría pasar tiempo con su familia y sus amigos.

Ken aprendió sobre los dones motivacionales y descubrió que él tenía el don de exhortación, que era una persona con el "don de gentes". Empezó a orar fervientemente por un nuevo trabajo. Cuando encontró un trabajo como supervisor en una fábrica de conservas, "fue como volver a vivir – contó Ken –. ¡Qué gozo fue poder trabajar con personas! Agradezco al Señor cada día por ese trabajo."

7 - Motiva a otros a desarrollar su ministerio personal.

Nunca	Rara vez	A veces	Usualmente	Mayormente	Siempre	
0	1	2	3	4	5	PUNTOS

Quienes tienen el don de exhortación quieren que cada persona desarrolle un ministerio próspero. Ellos comprenden muy bien el concepto del Cuerpo de Cristo donde cada miembro funciona para el beneficio de otros, y quieren que este ideal se lleve a cabo en la práctica.

Un pastor que tenga el don de exhortación desarrollará enérgicamente el liderazgo y los ministerios. Él se dará cuenta de que cada uno de los miembros necesita involucrarse en el ministerio. Uno de sus versículos favoritos será Efesios 4:11-13, especialmente la parte que dice que todos los santos hacen la obra del ministerio.

Hemos enseñado en numerosas iglesias donde el pastor con el don de exhortación nos ha invitado específicamente a ayudar a los miembros de la congregación a descubrir sus dones. Estos pastores hacen fotocopias de las hojas de perfil para tenerlos en su archivo para así conocer los dones de las personas, animarlos a que los usen, e involucrarlos en la vida de la iglesia.

Algunas veces recibimos llamadas años después pidiéndonos que vayamos a dar otro seminario, porque como dijo un pastor: "Ahora hay personas nuevas y ellas también necesitan funcionar en su don."

Ha sido muy divertido para mí poder observar el don de exhortación de mi esposo Don en acción a través de los años. Ya sea dirigiendo reuniones en casa, sirviendo como anciano y miembro del personal de la iglesia, enseñando, aconsejando o simplemente hablando con otros, Don siempre está animando a las personas a involucrarse en el ministerio que Dios tiene para ellos. "No te quedes sentado como yo solía hacer – dice –. Involúcrate. Usa los dones que Dios te ha dado."

8 - Encuentra la verdad mediante su experiencia y luego la valida con la Biblia.

Nunca	Rara vez	A veces	Usualmente	Mayormente	Siempre	
0	**1**	**2**	**3**	**4**	**5**	**PUNTOS**

Para quienes tienen el don de exhortación la vida está llena de lecciones y enseñanzas. Es de ahí que suelen aprender primero. Luego van a la Biblia para ver qué tiene esta que decir sobre el tema. Se alegran siempre al descubrir que "también está en la Biblia".

Quienes tienen el don de exhortación descubren la verdad al descubrir por la experiencia que algo "funciona". Para ellos no hay otra base sólida para la verdad. Si alguien los golpea y ellos no devuelven el golpe, y eso neutraliza la ira de la otra persona y hace que se arrepienta, entonces "volver la otra mejilla" es algo válido. Puede ser que descubran esta verdad en la práctica mucho antes de leer la enseñanza de Jesús sobre el tema.

Una persona con el don de exhortación puede estar caminando por la ribera de un río y ver un árbol grande y frondoso. *¡Ajá!* – piensa el exhortador –. *El cristiano debe ser como ese árbol... fuerte... lleno de vida... bebiendo del río de agua viva, que es Jesús.* Al día siguiente sus ojos caen por casualidad en el tercer versículo del Salmo 1: "Será como árbol plantado junto a corriente de agua, que da su fruto a su tiempo y su hoja no cae. Y todo lo que hace prosperará."

"¡Vaya! – exclama el exhortador –. Eso sí es cierto."

9 - Disfruta de dar consejería personal.

Nunca	Rara vez	A veces	Usualmente	Mayormente	Siempre	
0	**1**	**2**	**3**	**4**	**5**	**PUNTOS**

De los siete dones motivacionales, este es el que más ha sido dotado y más se inclina a la consejería. Su naturaleza es así. Hemos hablado con docenas de personas con el don de exhortación que nos dicen que aun en sus años de estudio, otros estudiantes los buscaban para pedirles consejos. Las personas ven su habilidad, su preocupación por otros, su interés en ayudar y el hecho de que es fácil hablar con ellos.

Una de las cualidades más útiles del consejero es poder ser transparente en cuanto a sus propios problemas y cómo los ha superado (o los está superando). La persona aconsejada se identifica fácilmente con tal persona y piensa: *Bueno, si él ha pasado por esto y lo ha superado, tal vez yo también pueda lograrlo.*

Quienes tienen el don de exhortación tienen esa habilidad. Ellos son los primeros en admitir que no son perfectos, sino simplemente personas que van en busca de la perfección como todos nosotros. Es muy fácil para ellos admitir sus pecados y faltas, sus dolencias y fracasos.

Jamie Buckingham, pastor de una iglesia en Melbourne, Florida, y autor de muchos libros, es un excelente ejemplo de esta maravillosa transparencia. Su don de exhortación sale a relucir de forma especial en su libro *Risky Living* [Vida Arriesgada]. Muchas personas suponen que los pastores son casi perfectos, pero aquí Jamie saca a relucir sus luchas y sus faltas, y ayuda al lector a hacer uso de los recursos del más grande Consejero de todos: Jesucristo.

10 - Suspenderá la consejería personal si no ve en el aconsejado un esfuerzo por cambiar.

Nunca	Rara vez	A veces	Usualmente	Mayormente	Siempre	
0	1	2	3	4	5	PUNTOS

Aunque quienes tienen el don de exhortación no son personas negativas, sí hay una situación que los hará rendirse. Si una persona que están aconsejando se rehúsa a implementar sus consejos, el exhortador posiblemente diga algo así:

"No puedo seguir aconsejándote hasta que hayas puesto en acción las cosas que ya hemos acordado." (o)

"Si no puedes seguir mi consejo, no te puedo ayudar." (o)

"Mira, hasta que no estés listo para cambiar, estamos perdiendo tanto tu tiempo como el mío."

Quienes tienen el don de exhortación se dan cuenta de que su éxito depende no tanto de cuánto saben o qué tan experimentados son, sino hasta qué punto el aconsejado está dispuesto a poner en práctica sus consejos. Si el aconsejado no se esfuerza de esta manera, los exhortadores sienten que sus esfuerzos son inútiles, como si trataran de ir en contra de la corriente. Los exhortadores quieren que sus esfuerzos y su tiempo valgan, así que en esta situación buscarán aconsejar a otra persona que ponga en práctica sus recomendaciones.

11 - Sabe comunicarse bien.

Nunca	Rara vez	A veces	Usualmente	Mayormente	Siempre	
0	1	2	3	4	5	PUNTOS

Quienes tienen el don de exhortación son la boca del cuerpo, y de todos los dones, son los que más facilidad tienen para hablar. Uno de nuestros ejemplos bíblicos es Pedro, quien era una persona que sabía comunicarse muy bien con los demás. Quizás sea por eso que muchas veces era el vocero de los discípulos.

Lynn Severance, una maestra de primaria que tiene el don de exhortación, dice que la comunicación siempre ha sido importante para ella. "Crecí con el sentimiento de que tenía mucho que decir y mucho con qué contribuir – nos contó –, pero, ya que mis padres no me motivaban en este sentido, nunca tuve la confianza necesaria para desarrollar esa habilidad. Ahora, como maestra, mi don de exhortación y especialmente la habilidad que tengo de comunicarme han sido liberadas; las palabras me salen tan naturalmente como la respiración. Estoy tan contenta de poder usar mi don en vez de esconderlo."

Otro amigo con el don de exhortación nos dijo: "Mi mayor gozo siempre ha sido animar a otras personas. Si no tuviera voz, probablemente escribiría cartas prolíficas."

No es nada sorprendente que quienes tienen el don de exhortación se conviertan en maestros, predicadores, consejeros, supervisores, o hasta locutores de radio o presentadores de televisión, ya que todos estos son campos en que se requiere el don del habla.

12 - Ve las pruebas como oportunidades para crecer.

Nunca	Rara vez	A veces	Usualmente	Mayormente	Siempre	
0	**1**	**2**	**3**	**4**	**5**	**PUNTOS**

Quienes tienen el don de exhortación creen incondicionalmente lo que dice Romanos 8:28: "Y sabemos que a los que aman a Dios, todas las cosas les ayudan a bien, esto es, a los que conforme a su propósito son llamados."

Además, se rehúsan a aceptar la palabra *imposible*. Prefieren creer lo que dijo el ángel: "porque nada hay imposible para Dios" (Lucas 1:37), y las palabras de Jesús: "...si tuviereis fe como un grano de mostaza... nada os será imposible" (Mateo 17:20).

Ellos ven oportunidades y no obstáculos, retos y no pruebas, posibilidades y no problemas.

Durante años trabajé junto a Marion Shelton, una amiga muy querida que tiene el don de exhortación, en *Aglow International*. Compartimos muchas alegrías y tristezas, muchos altos y bajos. Pero cuando un problema o prueba nos sobrevenía, yo podía contar con que Marion dijera: "¡Aleluya! Dios nos está dando otra oportunidad para ser vencedores."

Ella nos mantenía enfocados en la solución y no en el problema. ¡Qué bendición tan grande! Nos animaba a volver a poner nuestros ojos en Jesús y buscar lo que Él quería que hiciéramos.

Cuando Marión escuchaba a alguien criticando o quejándose, ella decía: "Esta es una prueba de nuestra actitud. Prueba... uno, dos, tres, cuatro." Entonces nosotras sabíamos que era tiempo de hablar con el Señor, no con otras personas o acerca de otras personas.

13 - Acepta a las personas como son, sin juzgarlas.

Nunca	Rara vez	A veces	Usualmente	Mayormente	Siempre	
0	1	2	3	4	5	PUNTOS

Mientras que los que tienen el don de percepción ven a las personas ya sea en la voluntad de Dios o fuera de ella, sin que haya ningún término medio, quienes tienen el don de exhortación son todo lo contrario. Ellos no ven extremos, sólo una vasta área gris donde cada uno se encuentra en algún lugar del camino. Nadie ha llegado a la meta todavía. Nadie ha fallado completamente. Más bien, cada uno está en un momento de su vida donde unos pasos bien escogidos lo llevarán más cerca de la voluntad de Dios.

Por lo tanto, quienes tienen el don de exhortación no ven ninguna necesidad de juzgar a las personas por su condición actual. En lugar de esto, les parece necesario ayudarlos a tomar pasos en la dirección apropiada. Es esta actitud de no juzgar que les permite ayudar tanto a las personas.

¿Ha estado alguna vez alrededor de una persona criticona? No es necesario que pronuncie ni una palabra; su actitud emana naturalmente de él/ella. Edifica una barrera silenciosa entre ella y los demás. Las personas se cierran a ella y ya no la aceptan. Es muy difícil recibir cualquier cosa de tal persona, especialmente un consejo o regaño.

Pero una persona que tiene el don de exhortación acepta a las personas así como son. ¿Imperfecto? Sí, pero un compañero que también viaja por el camino de la vida. Como dice un pastor de Pórtland, los tres ingredientes básicos para ser un cristiano maduro son amar, perdonar y aceptar a los demás. Quienes tienen el don de exhortación son expertos en hacer estas tres cosas. Es fácil abrirse con alguien así.

14 - Es una persona muy querida debido a su actitud positiva.

Nunca	Rara vez	A veces	Usualmente	Mayormente	Siempre	
0	1	2	3	4	5	PUNTOS

Hay un viejo himno que dice: "Acentúa lo positivo, elimina lo negativo, apégate a lo afirmativo y no te metas con el Señor En-Medio." Debe haber sido escrito por un exhortador. ¡Ellos son tan positivos!

Debido a esto, a las personas les gusta estar cerca de ellos. Alguien ha dicho que se atraen más abejas con miel que con vinagre. Igualmente, quienes tienen el don de exhortación atraen a más personas, por ser optimistas y positivos.

Un pastor dice que algunos cristianos tienen aspecto de haber sido bautizados en jugo de limón. Pero no los exhortadores; ellos irradian el gozo del Señor.

Cuando estuvimos viajando alrededor de la Isla del Sur de Nueva Zelanda con Len y Rita Restall (Ella era la presidenta nacional de *Aglow*) pudimos ver el fruto del ministerio de una exhortadora madura. Durante años, Rita había ministrado a mujeres en todo su país. Ella había invertido en ellas mucho amor y mucho ánimo, y las había ayudado a formar grupos locales y a entrenar líderes.

En cada lugar al que fuimos, las mujeres honraban a Rita y la saludaban con mucho amor. Ellas la amaban; eso se veía en su rostro y lo demostraban sus palabras y acciones. Nosotros no podíamos menos que pensar en aquel maravilloso pasaje sobre la mujer virtuosa (la TAB dice "capaz, inteligente y virtuosa") en Proverbios 31, especialmente en el versículo 28: "Se levantan sus hijos y la llaman bienaventurada." Rita era como una madre espiritual para muchas mujeres. Y en el versículo 31 dice: "Dadle del fruto de sus manos, Y alábenla en las puertas [de la ciudad] sus hechos." El fruto de Rita era evidente por la abundancia de amor que las mujeres le demostraban.

15 - Prefiere testificar de Cristo con su vida que con sus palabras.

Nunca	Rara vez	A veces	Usualmente	Mayormente	Siempre	
0	**1**	**2**	**3**	**4**	**5**	**PUNTOS**

Aunque los que tienen el don de exhortación pueden testificar verbalmente (y lo hacen), ellos creen que para poder tener credibilidad, se debe vivir la vida cristiana. "Debemos actuar según lo que decimos", dijo un exhortador cándidamente. Para ellos la fe debe ser demostrada de manera práctica en el diario vivir. Les gusta el libro de Santiago, especialmente los siguientes versículos del capítulo dos:

> Pero alguno dirá: Tú tienes fe, y yo tengo obras. Muéstrame tu fe sin tus obras, y yo te mostraré mi fe por lo que hago.
>
> ¿Quieres pruebas, hombre vano, de que la fe sin obras es inútil?
>
> ¿No ves que la fe [de Abraham] actuó juntamente con sus obras, y que la fe se perfeccionó por lo que hizo?
>
> Porque como el cuerpo sin espíritu está muerto, así también la fe sin obras está muerta.
>
> Versículos 18, 20, 22, 26,(TAB)

Los exhortadores creen que no es suficiente conocer el *logos* (la Palabra escrita) sino que hay que vivir el *rhema* (la Palabra de Dios viviente). La verdad que se encuentra en la Biblia debe hacerse viva en ellos, en este mismo momento. Un exhortador dice: "Solamente puedo enseñar o testificar sobre aquello de lo cual me he apropiado en mi propia vida. Si mi vida es de testimonio, entonces otros querrán lo que yo he encontrado: Jesucristo."

16 - Toma decisiones fácilmente.

Nunca	Rara vez	A veces	Usualmente	Mayormente	Siempre	
0	1	2	3	4	5	PUNTOS

La toma de decisiones es algo natural y fácil para la mayoría de los exhortadores. Para ellos, la vida es muy corta para ser indecisos. Son personas de acción. Ellos toman sus decisiones basadas en lo que saben en el momento. Suelen pensar: *Decidamos ya de una vez.* Si se necesita más información, ellos se imaginan que esta vendrá después.

"Si me equivoco en una decisión – dice Belinda –, Dios me corregirá. Estoy confiando en eso. No me importa ser corregida. Es mejor movilizarse y completar algo, aunque tenga que hacer ajustes después, que quedarme paralizada por la indecisión."

Debido a que quienes tienen el don de exhortación son personas tan prácticas en todo lo que hacen, hemos descubierto que sus decisiones generalmente son las correctas.

17 - Siempre termina lo que ha empezado.

Nunca	Rara vez	A veces	Usualmente	Mayormente	Siempre	
0	1	2	3	4	5	PUNTOS

Así como a los servidores, a los exhortadores no les gusta tener trabajos incompletos o proyectos inconclusos. Ellos terminan la carta que empiezan, trabajan horas adicionales para completar labores en la oficina, y se queman las pestañas para completar un estudio bíblico.

Barb McGriff era una compañera mía en una clase de arte que estaba tomando. Ella nunca antes había pintado, pero tenía un gran entusiasmo por aprender. Ella y su esposo, Mark, tenían ambos el don de exhortación, algo que vemos muy raramente.

Cada semana nuestro instructor nos mostraba cómo pintar algo diferente. Muchos de los estudiantes no completábamos el cuadro y lo dejábamos hasta la siguiente semana. Pero no Barb. Ella siempre se llevaba su cuadro incompleto a la casa y por lo general seguía pintando esa misma tarde hasta completar el cuadro.

Un día le pregunté:

– ¿Por qué no vienes temprano la próxima semana y lo terminas?

– Oh, no podría esperar tanto tiempo – insistió –. Una vez que veo el cuadro tomando forma, no puedo esperar a terminarlo. Además, no me gusta dejar nada a medias.

También hemos notado que quienes tienen el don de exhortación necesitan un solo separador de libros. Ellos nunca leen más de un libro a la vez.

18 - Quiere arreglar rápidamente cualquier problema que surja con otra persona.

Nunca	Rara vez	A veces	Usualmente	Mayormente	Siempre	
0	1	2	3	4	5	PUNTOS

A los exhortadores no les gusta que haya tensión en su relación con los demás. Ellos se acercan inmediatamente a la otra persona para averiguar qué es lo que sucede. Si es necesario, ellos asumirán la culpa para poder arreglar la relación con la otra persona.

"Esta característica la veo muy frecuentemente en mi vida – escribió Kathy desde Canadá –. No soporto que alguien esté enojado conmigo. Así que, aunque yo no haya sido quien causó el problema, doy el paso necesario para arreglar la situación. Me disculpo con la otra persona para arreglar la amistad. Uno se siente tan bien después de arreglar una relación que no andaba bien."

Luego dijo: "También me gusta animar a otras personas a que aclaren tales situaciones tan pronto como les sea posible."

19 - Espera mucho de sí mismo y de los demás.

Nunca	Rara vez	A veces	Usualmente	Mayormente	Siempre	
0	1	2	3	4	5	PUNTOS

Don siente que muy pocas personas, incluyéndose a sí mismo, desarrollan su potencial al máximo. "Yo espero mucho de mí mismo – dice Don –, y supongo que eso me mantiene motivado a lograr más. Dios nos ha equipado a todos nosotros abundantemente. A menudo no lo reconocemos.

"Si nos fijamos objetivos pequeños, eso es todo lo que lograremos. Si nos fijamos objetivos grandes, creceremos. Frecuentemente veo potencial en otras personas que ellas mismas no ven. Disfruto de animarlos a expandirse."

A cada uno de nosotros nos gusta estar cómodos; no nos gustan los desafíos. Es muy fácil seguir haciendo cosas que nos son familiares y que no implican un reto. Quien tiene el don de exhortación no cree que esa sea la perfecta voluntad de Dios para nosotros. El exhortador cree que Dios quiere que nosotros nos aventuremos a abordar lo desconocido y hacer cosas que pensábamos no poder hacer.

"Hay tanto por hacer en el reino de Dios – dice Don –. El evangelio tiene que ser predicado en nuestro país y en otros países; hay muchos ministerios que necesitan apoyo; los adoloridos necesitan ayuda; los hambrientos necesitan ser alimentados. Cuando alguien me dice: 'No sé qué podría hacer yo' yo digo: 'Está bien, déjame decirte lo que podrías hacer...'."

Don reconoce que hubo una época de su vida en que él no hacía sino "calentar una banca de iglesia". ¡Pero ya no más! Lo que más lamenta es que haya tan pocas horas en un día. "Quiero hacer que las horas que tengo valgan – les dice a las personas muchas veces –. Tú tienes las mismas veinticuatro horas que yo. También puedes hacer que valgan. (Ay, caramba, estoy hablando como un exhortador, ¡pero la verdad es que estoy orgulloso de serlo!)"

20. Necesita alguien con quien compartir sus ideas y pensamientos.

Nunca	Rara vez	A veces	Usualmente	Mayormente	Siempre	
0	1	2	3	4	5	PUNTOS

Cuando Don y yo estábamos recién casados, yo descubrí que uno de mis papeles como esposa era ser esa persona con quien él compartía sus ideas. Don compartía sus ideas y yo las escuchaba, las analizaba y le daba mi opinión. Eso no era lo que él quería. Él sólo quería que yo lo escuchara.

Lo que sucede es que quienes tienen el don de exhortación piensan con la boca. Les gusta decir en voz alta lo que están pensando para ver cómo suena. Es como si se "probaran" la idea para ver si les queda bien. Luego pueden hacer su propio análisis. Lo que necesitan es una persona que simplemente escuche. ¡He aprendido por qué Dios me creó con una boca y dos oídos! He aprendido a *escuchar.*

Aunque muchas veces el exhortador casado compartirá sus ideas con su cónyuge, a veces también usa un amigo íntimo. Los solteros se apoyan en amigos, familiares, compañeros, maestros y algunas veces, cualquiera que esté disponible en ese momento.

El don de exhortación

Características

1 - Disfruta de motivar a otros a vivir una vida victoriosa.
2 - Quiere una respuesta visible cuando enseña o habla.
3 - Prefiere aplicar la verdad que buscarla.
4 - Prefiere sistemas de información que tienen una aplicación práctica.
5 - Disfruta de recomendar pasos concretos que ayudarán a las personas a crecer.
6 - Se enfoca en trabajar con las personas.
7 - Motiva a otros a desarrollar su ministerio personal.
8 - Encuentra la verdad mediante su experiencia y luego la valida con la Biblia.
9 - Disfruta de dar consejería personal.
10 - Suspenderá la consejería personal si no ve en el aconsejado un esfuerzo por cambiar.
11 - Sabe comunicarse bien.
12 - Ve las pruebas como oportunidades para crecer.
13 - Acepta a las personas como son, sin juzgarlas.
14 - Es una persona muy querida debido a su actitud positiva.
15 - Prefiere testificar de Cristo con su vida que con sus palabras.
16 - Toma decisiones fácilmente.
17 - Siempre termina lo que ha empezado.
18 - Quiere arreglar rápidamente cualquier problema que surja con otra persona.
19 - Espera mucho de sí mismo y de los demás.
20 - Necesita alguien con quien compartir sus ideas y pensamientos.

	Nunca	*Rara vez*	*A veces*	*Usualmente*	*Mayormente*	*Siempre*	*PUNTOS*
	0	*1*	*2*	*3*	*4*	*5*	
1							
2							
3							
4							
5							
6							
7							
8							
9							
10							
11							
12							
13							
14							
15							
16							
17							
18							
19							
20							
						TOTAL	

Problemas del Exhortador

17

Quienes tienen el don de exhortación tienden a tener una boca que los mete en problemas. Puesto que Dios les ha hecho la boca del Cuerpo de Cristo, ellos usan mucho su boca, ya sea para bien al animar a otros, o en formas negativas como mencionaremos a continuación.

Al calificarse, ore para ver si existen áreas en las que necesita crecer. Ninguno de nosotros ha llegado a la perfección. Aun Pablo, en los últimos años de su ministerio, se dio cuenta de que necesitaba "perseverar para llegar a la meta que es Cristo Jesús".

1 - Tiende a interrumpir a otros en su afán por dar su opinión o consejo.

Nunca	*Rara vez*	*A veces*	*Usualmente*	*Mayormente*	*Siempre*	
0	**1**	**2**	**3**	**4**	**5**	**PUNTOS**

Quienes tienen el don de exhortación tienen mucho que decir, y por lo general, eso no es un problema. Pero cuando se está dando una conversación, o cualquier tipo de reunión estructurada, la tendencia del exhortador de interrumpir puede ser frustrante para los demás.

Cuando yo estaba sirviendo como miembro de una junta cristiana, había un miembro que era exhortadora, que era conocida por su excelente habilidad de edificar a las personas. Pero en las reuniones de la junta, también era conocida por su tendencia a interrumpir.

Un día, yo había tratado muchas veces de decir algo, pero ella me había interrumpido repetidamente. Mi frustración llegó a su límite.

– Me has interrumpido cinco veces – le dije –. Por favor déjame terminar lo que estoy diciendo.

– Yo no te he interrumpido – protestó ella.

– Sí lo has hecho – insistí.

– Estás bromeando, ¿verdad? – dijo ella con una mirada en su rostro que me hizo comprender que ella no se daba cuenta de cuánto ella se apresuraba a hablar antes que otros hubieran terminado.

– La verdad es que sí interrumpes mucho – confirmó otro miembro.

– Yo no les creo – contestó ella –. Vamos a hacer algo. La próxima vez que yo interrumpa a alguien, pellízquenme el brazo. Si es que lo estoy haciendo, quiero saberlo.

– Está bien – le dije, confiando en que su brazo aguantaría.

Durante las siguientes cuatro horas de la reunión de la junta, la pellizqué quince veces.

– Estoy sorprendida – dijo ella, aún asombrada por la revelación –. No tenía idea de que yo interrumpía tanto. De verdad que quiero superar ese mal hábito.

Mejoró mucho después de reconocer su problema.

2 - Usará las Escrituras fuera de contexto para comunicar una opinión.

Nunca	*Rara vez*	*A veces*	*Usualmente*	*Mayormente*	*Siempre*	
0	**1**	**2**	**3**	**4**	**5**	**PUNTOS**

Quienes tienen el don de exhortación creen que es *su opinión* lo que importa. En su mente, verificar su opinión con las Escrituras es secundario. De aquellos que escuchan a los que tienen el don de exhortación, muchos no se molestarán en verificar los textos. Pero las personas con el don de enseñanza y el de percepción sí lo harán. Ellos verificarán las Escrituras y si algún texto se ha usado fuera de contexto, ellos posiblemente rechazarán la enseñanza, o hasta la persona que dio la opinión. A veces hasta tratarán de corregir al exhortador.

Los exhortadores son adaptables. De modo que si alguien saca a relucir un error suyo, ellos dirán: "Está bien, si esa escritura no encaja aquí, encontraré otra que sí encaje."

Usualmente, los exhortadores también tienen un buen sentido del humor. Quisiera compartir algunas de sus bufonadas en esta área del contexto:

Una exhortadora que inició una clase de dieta utilizó como su lema: "Es necesario que él crezca, pero que yo mengüe" (Juan 3:30).

Un dentista cristiano con el don de exhortación les dice a sus pacientes que su versículo favorito es: "Abre bien la boca, y te la llenaré" (Salmos 81:10b, NVI).

Una mamá con el don de exhortación escribió la siguiente escritura en letras gigantes en una pared de una sala cuna en Seattle: "No todos dormiremos; pero todos seremos cambiados" (1 Corintios 15:51).

3 - A veces puede dar consejos superficiales y trillados.

Nunca	Rara vez	A veces	Usualmente	Mayormente	Siempre	
0	1	2	3	4	5	PUNTOS

Puesto que los exhortadores son tan buenos dando consejos, fácilmente pueden caer en la trampa de dar respuestas trilladas. Pueden aconsejar a tres personas con el mismo problema básico, una tras otra, y después de orar, recomendar los mismos pasos a seguir. Las personas reciben ayuda. Luego viene la cuarta persona con el mismo problema. El exhortador no se molesta en orar sobre el consejo que dará, puesto que el mismo consejo ha funcionado para las otras tres personas. Pero esta vez no es lo que el Espíritu Santo quería transmitir, y el consejo no ayuda a la persona.

Es muy importante que quien tiene el don de exhortación dependa constantemente del Espíritu Santo, el Consolador, para que Él lo guíe y le dé sabiduría al aconsejar. De otra forma, el exhortador podría desarrollar una mentalidad engreída de "sabelotodo".

4 - No tiene pelos en la lengua.

Nunca	Rara vez	A veces	Usualmente	Mayormente	Siempre	
0	1	2	3	4	5	PUNTOS

Los exhortadores siempre están contentos de poder expresar lo que piensan. No son tan dogmáticos como los maestros y las personas con el don de percepción, pero en asuntos que tienen que ver con la aplicación práctica de alguna verdad, tienen opiniones fuertes. Esto, junto con su mandíbula bien engrasada, hace que estén listos para dar su opinión en cualquier momento.

También pueden ser un poco chismosos, mandones, habladores y agresivos. Como dijo un exhortador una vez: "Muchas veces mi boca se adelanta a mi mente."

Peggy nos contó su experiencia al cuidar durante una semana a su nieta de diez años, quien tiene el don de exhortación.

"Las cosas marcharon muy bien los primeros días – dijo ella –. Yo disfrutaba de las conversaciones de Margaret. Pero ya el tercer día estaba deseando que no hablara tanto. El cuarto día me estaba preguntando si ella podía hacer otra cosa que ejercitar el habla. El quinto día, después de escucharla ir y venir en sus conversaciones, le dije, '¡Ya basta, Margaret! ¡Deja de hablar! No soporto oír ni una palabra más.'

"Pobre niña. Se veía tan desconcertada. Su respuesta me asombró. Me di cuenta de que no es por nada que ella tiene el mismo nombre que yo. 'Pero abuela – me dijo –, ¡tú también hablas mucho!' "

La tendencia de los exhortadores a ser mandones proviene del deseo de dar consejos. Quienes tienen el don de exhortación disfrutan de decirles a los demás qué deben hacer. Alguien dijo una vez: "No contestes las preguntas que no han sido preguntadas y no des un consejo que no se te ha pedido." Los exhortadores pueden aprender de este dicho tan sabio.

Tal vez la oración más eficaz para el exhortador que habla demasiado sería: "Señor, pon guarda a mi boca." Jesús nos advierte que somos responsables de cada palabra que decimos.

5 - Puede llegar a sentirse demasiado seguro de sí mismo.

Nunca	*Rara vez*	*A veces*	*Usualmente*	*Mayormente*	*Siempre*	
0	**1**	**2**	**3**	**4**	**5**	**PUNTOS**

En el mundo de hoy, la confianza en sí mismo es una cualidad deseada. Pero, así como el hombre necio que construyó su casa sobre la arena, la confianza en sí mismo no es un buen fundamento. Nuestra confianza debe estar primeramente en el Señor. Luego, al apreciar el don y las habilidades que Él nos ha dado, podemos empezar a sentirnos seguros de nosotros mismos de una manera santa.

Joleen, quien tiene el don de exhortación, nos confesó que en una época ella era una persona segura de sí misma. "Descubrí que tenía una respuesta para todo – confesó –. Yo daba consejos así como algunos doctores dan pastillas. No había problemas, solamente retos.

"Sin embargo, cuando empecé a ver lo que pasaba a veces cuando yo me entrometía, me sentí abatida. Algunas veces mis consejos eran completamente equivocados para la persona, o obstaculizaban lo que Dios estaba tratando de hacer en su vida. Dios me humilló completamente y me ayudó a poner mi confianza en Él."

Joleen reconoció que todavía no había ganado la batalla, ya que todavía tendría que esforzarse por no tener una actitud de sabelotodo. Pero estaba agradecida de haber podido reconocer su problema y tratar con él adecuadamente.

Si usted está con una persona que tiene el don de exhortación, por lo general, esta será de bendición a su vida. Pero si dicha persona sigue dejando salir de su boca torrentes de palabras, siéntese libre de decirle: "¡Por favor, da tu opinión en veinticinco palabras o menos!"

Problemas típicos del exhortador:

1 - Tiende a interrumpir a otros en su afán por dar su opinión o consejo.
2 - Usará las Escrituras fuera de contexto para comunicar una opinión.
3 - A veces puede dar consejos superficiales y trillados.
4 - No tiene pelos en la lengua.
5 - Puede llegar a sentirse demasiado seguro de sí mismo.

	Nunca	*Rara vez*	*A veces*	*Usualmente*	*Mayormente*	*Siempre*	*PUNTOS*
	0	*1*	*2*	*3*	*4*	*5*	
1							
2							
3							
4							
5							
						TOTAL	

Personajes Biblicos Con El Don de Exhortación

18

¿Dónde estaríamos hoy sin los exhortadores? Sabemos lo mucho que se necesitan hoy día, y era lo mismo en los tiempos bíblicos. Una cosa es convertirse al cristianismo, y otra cosa es vivir una vida cristiana. Quienes tienen el don de exhortación han sido dotados para animar y motivar a los creyentes a apropiarse de la gracia de Dios en su caminar cristiano.

Bernabé es un buen ejemplo del don de exhortación. Incluso su nombre significa "hijo de motivación /consolación".

Examinemos lo que el libro de Hechos tiene que decir sobre él. Usted se conmoverá al apreciar en la vida de Bernabé sus características de exhortación.

Escritura: Hechos 4:36, 11:22-26 (TAB)

Sus comentarios:

Hechos 4

36 Entonces José, levita, natural de Chipre... a quien los apóstoles (mensajeros especiales), pusieron por sobrenombre Bernabé (que traducido es, Hijo de consolación)...

Hechos 11

22 Llegó la noticia de estas cosas a oídos de la iglesia (asamblea) que estaba en Jerusalén; y enviaron a Bernabé que fuese hasta Antioquía.

Sus comentarios:

23 Este, cuando llegó, y vio la gracia (el favor) de Dios, se regocijó, y exhortó – advirtió, instó y animó – a todos a que con [determinado y constante] propósito de corazón permaneciesen fieles y dedicados al Señor.

24 Porque era varón bueno [bueno en sí mismo y también bueno para el beneficio y el provecho de otras personas], y lleno del Espíritu Santo [controlado por Él] y lleno de fe [es decir, su creencia que Jesús es el Mesías, a través del cual obtenemos salvación eterna]. Y una gran multitud fue agregada al Señor.

25 Después fue Bernabé a Tarso para buscar a Saulo; y hallándole, le trajo a Antioquía.

26 Y se congregaron allí todo un año con la iglesia [asamblea], y enseñaron a mucha gente; y a los discípulos se les llamó cristianos por primera vez en Antioquía.

El hecho de que Bernabé estuviera lleno de gozo indica que él estaba en el lugar correcto dentro del Cuerpo de Cristo, porque el gozo es el fruto de operar en nuestro don motivacional.

Nótese también que Bernabé *buscó a* Saulo. Otros cristianos no estaban listos para confiar en quien había perseguido a la Iglesia tan brutalmente, pero Bernabé vio el potencial en Saulo y definitivamente contribuyó a que llegara a ser el poderoso Pablo que encontramos más adelante.

Escritura: Hechos 4:36, 11:22-26 (TAB)

Nuestros comentarios:

Hechos 4

36 Entonces José, levita, natural de Chipre, a quien los apóstoles (mensajeros especiales), pusieron por

#1 Su nombre: hijo de consolación

sobrenombre Bernabé (que traducido es, Hijo de consolación)...		
Hechos 11		
22 Llegó la noticia de estas cosas a oídos de la iglesia (asamblea) que estaba en Jerusalén; y enviaron a Bernabé que fuese hasta Antioquía.	**#1**	Enviado a ayudar
23 Este, cuando llegó, y vio la gracia (el favor) de Dios, se regocijó, y exhortó – advirtió, instó y animó – a todos a que con propósito [determinado y constante] de corazón permaneciesen fieles y dedicados al Señor.	**#1** **#4** **#7** **#13** **#14** **#19**	Exhortó fielmente Fe práctica Motiva al ministerio Acepta a las personas Positivo, gozoso Espera mucho de otros
24 Porque era varón bueno [bueno en sí mismo y también bueno para el beneficio y el provecho de otras personas], y lleno del Espíritu Santo [controlado por Él] y lleno de fe [es decir, su creencia que Jesús es el Mesías, a través del cual obtenemos salvación eterna]. Y una gran multitud fue agregada al Señor.	**#2** **#6** **#7** **#13** **#14** **#15** **#17**	Obtuvo una reacción visible Se enfocó en las personas Motivó el desarrollo Aceptaba a las personas Apreciado por otros Testificó con su vida Completó lo que empezó
25 Después fue Bernabé a Tarso para buscar a Saulo; y hallándole, le trajo a Antioquía.	**#13**	Aceptaba a las personas
26 Y se congregaron allí todo un año con la iglesia [asamblea], y enseñaron a mucha gente; y a los discípulos se les llamó cristianos por primera vez en Antioquía.	**#1** **#3** **#4** **#6** **#11** **#17**	Enseñó a otros a vivir la vida cristiana Ayudó a aplicar la verdad Enseñó de forma práctica Se enfocó en las personas Sabía comunicarse con la gente Completó el trabajo de enseñanza

Algunos de los apóstoles tenían más de un don motivacional fuerte. Pablo era uno de ellos. Aunque a nuestro parecer su don motivacional primario era el de dar, también vemos un don secundario bastante fuerte de exhortación, al igual que los dones de percepción y enseñanza. Vemos a Pablo dando consejos prácticos y motivando a la gente,¡muy frecuentemente! Hay demasiadas escrituras que hablan de Pablo para mencionarlas todas aquí, pero mientras lee sobre él o lee sus escritos, observe su don en acción.

Pedro, siendo la "boca" de los discípulos, obviamente tenía una gran facilidad con las palabras. A nuestro parecer, Pedro también tenía el don de exhortación. Considere estos pasajes: Hechos 2:14-41; 3:1-4:21.

También lea acerca de los siguientes exhortadores:

Silas – Hechos 15:22-40; 16:25, 29; 17:4, 10:15; 1 Pedro 5:12

Tito – El libro de Tito; 2 Corintios 2:13; 7:6, 13-14; 8:6-23; 12:18; Gálatas 2:1, 3; 2; Timoteo 4:10.

Aarón – Éxodo, Levítico, Números

Características Del Dador

19

De los siete dones motivacionales, este es el más escondido. Parte de la razón es que la "mano izquierda" del dador no sabe cuando su "mano derecha" da limosna (Mateo 6:3). Otra razón puede ser por la personalidad "integral" del dador. Los dadores tienen muchas de las mismas cualidades que los servidores. Pueden ser líderes o seguidores, y al igual que quienes tienen el don de percepción y enseñanza, aman la Palabra de Dios. Pero cuando viene el tiempo de utilizar recursos, el dador es único.

La palabra griega es *metadidomi* (a diferencia de *didomi,* que significa dar), la cual significa "dar más, compartir o impartir". Esto se debe hacer con *haplotetes* (simplicidad, sinceridad y libertad).

Al calificarse en cuanto a este don, asegúrese de distinguir entre un comportamiento aprendido y sus tendencias interiores y naturales. Por ejemplo, puede ser que sus padres y su iglesia le hayan enseñado a ser generoso y a diezmar. Pero, ¿ha sido esta siempre su *motivación interna*? ¿Lo ha hecho siempre con gozo? Tal vez tenga que reflexionar sobre su niñez para poder calificarse adecuadamente.

1. Da libremente de sus pertenencias y de su dinero, tiempo, energía y amor.

Nunca	Rara vez	A veces	Usualmente	Mayormente	Siempre	
0	**1**	**2**	**3**	**4**	**5**	**PUNTOS**

Nótese que quienes tienen el don de dar, dan más que sólo dinero. Si tienen dinero, lo dan generosamente, pero también dan de todo lo que poseen. Dan generosamente de todo lo suyo. Y, cuando han madurado bastante en su don, dan sin ningún motivo oculto. Simplemente se convierten en canales que el Señor utiliza para la distribución de sus recursos, porque están convencidos de que todo le pertenece a Él .

Sharon, un ama de casa cuyo don de dar tenía ansias de expresarse, estaba muy consciente de lo apretado que era su presupuesto familiar. Había sido una decisión difícil el que ella no saliera a trabajar para poder quedarse en casa y ser una madre a tiempo completo.

Un día tuvo una brillante idea.

– Mi amor – le dijo a su esposo –, ¿crees que podríamos dar veintidós centavos al día, cinco días a la semana, para un proyecto especial?

– Seguro – respondió su esposo –, eso no es sino unos cinco dólares al mes.

Sharon estaba encantada. Compró los primeros cinco sellos y se lanzó a su proyecto. Cada día tomó un nombre de su lista de tarjetas de Navidad y pasó unos minutos orando por esa persona (o pareja o familia), pidiendo al Señor que la bendijera y la guiara. A menudo, mientras ella oraba, el Señor le daba un versículo de las Escrituras para esa persona.

Entonces Sharon escribía una carta, expresando su amor por dicha persona. Además, usando su destreza para la caligrafía, fabricaba un señalador de libros y escribía en él el versículo bíblico que Dios le había dado.

¡Qué bendición debe haber sido estar en su lista de tarjetas de Navidad y recibir un regalo así, hecho por ella misma, en un momento inesperado!

Recientemente leímos esta cita tan apropiada: "El mejor regalo no se puede comprar ni vender. Consiste en dar una parte de sí mismo."

2. Disfruta de dar sin que otros lo sepan.

Nunca	Rara vez	A veces	Usualmente	Mayormente	Siempre	
0	**1**	**2**	**3**	**4**	**5**	**PUNTOS**

Jesús tuvo mucho que decir sobre no publicarlo por todas partes cuando hacemos una contribución.

"Cuídense de no hacer sus obras de justicia delante de la gente para llamar la atención... Por eso, cuando des a los necesitados, no lo anuncies al son de trompeta... para que tu limosna sea en secreto. Así tu Padre, que ve lo que se hace en secreto, te recompensará" (Mateo 6:1, 2-4, NVI).

Quienes tienen el don de dar no desean que se les aclame o elogie. Ellos sólo quieren complacer a su Padre celestial. El gozo que reciben de Él es recompensa suficiente para ellos. Muchas veces harán grandes esfuerzos para asegurarse de que otros no se enteren de sus donaciones.

Mientras yo era editora de la revista *Aglow,* recibimos el manuscrito de un libro escrito por Joanne Sekowsky titulado *A Christian Roadmap for Women Traveling Alone* [Un mapa cristiano para mujeres que viajan solas]. Sentimos que sería un excelente recurso para las solteras; sin embargo no teníamos los mil dólares de anticipo que la imprenta requería, así que lo pusimos en la lista de espera.

Penny (un nombre ficticio) escuchó acerca del proyecto y fue a mi oficina. Después de entrar, cerró la puerta y dijo:

– Aquí tengo un cheque por los mil dólares. Ese libro tiene que publicarse.

– ¡Qué bueno! Gracias – le dije con gratitud.

– Sólo te pido una cosa – insistió Penny –. Que nadie más sepa de esto. Esto es entre el Señor y yo.

3. Quiere sentirse parte de los ministerios a los cuales contribuye.

Nunca	Rara vez	A veces	Usualmente	Mayormente	Siempre	
0	**1**	**2**	**3**	**4**	**5**	**PUNTOS**

Los dadores dan a los ministerios en los cuales tienen confianza, aquellos que están compartiendo el evangelio de manera eficaz. Por lo tanto, ellos no dan solamente dinero, sino que también se involucran de otras maneras. Oran por el ministerio, escriben cartas de ánimo, envían paquetes a los necesitados, y algunas veces hasta se presentan en persona a la sede del ministerio para ayudar con el trabajo.

Weldon, un pastor con un don de dar maduro, había estado apoyando un ministerio en las Filipinas. Él no solamente escribía cartas regularmente, sino que también animaba a los miembros de su congregación a hacerlo. Los hijos de los misioneros eran muy bendecidos en la Navidad y en su cumpleaños.

Después, el Espíritu Santo empezó a guiar a Weldon para que fuera a ayudar personalmente. Y así lo hizo, ayudando con la predicación, ministrando a los pobres y enseñando a los líderes. Después de hacer todo esto, él dijo que el haber podido ayudar a ese ministerio fue la mejor experiencia de su vida.

4. Intercede por las necesidades y por la salvación de las almas.

Nunca	Rara vez	A veces	Usualmente	Mayormente	Siempre	
0	**1**	**2**	**3**	**4**	**5**	**PUNTOS**

No es raro para quienes tienen el don de dar despertar a la medianoche con una "carga" por alguien.

Un hombre con este don le preguntó a un misionero que había regresado a los Estados Unidos:

– ¿Qué estaba pasando en su vida tres semanas atrás, el 6 de mayo, para ser exacto?

– ¡El 6 de mayo! – exclamó el misionero –. Ese fue el día que alguien trató de robar en la sede de la misión. Pero por alguna razón, el ladrón dejó caer todo y huyó. No sabemos por qué razón lo hizo.

– Oh, ya entiendo – dijo Graham.

– ¿Ya entiende qué?

– Pues, desperté de un sueño profundo y sentí que un gran peligro los rodeaba a todos ustedes – explicó Graham –. Así que oré por ustedes durante una hora más o menos, hasta que ya no sentía la carga. Si estoy calculando bien, cuando es de noche aquí, es de día allá, así que todo concuerda. Me alegro mucho de que el Señor me haya despertado.

Quienes tienen el don de dar, usualmente mantienen una lista de las personas que necesitan recibir salvación. Ellos intercederán fielmente hasta que con gozo puedan quitar un nombre de la lista. Cuando uno le pide a un grupo que ore por la salvación de un pariente o vecino, el que tiene el don de dar le dará seguimiento a su petición. Otros pueden tener la intención de hacerlo, pero pronto lo olvidarán. Sin embargo, el que tiene el don de dar no lo olvidará. Sobre todas las cosas, él desea que las personas vengan al reino de Dios.

5. Se siente complacido cuando su dádiva es la respuesta a una oración específica.

Nunca	Rara vez	A veces	Usualmente	Mayormente	Siempre	
0	1	2	3	4	5	PUNTOS

Los que tienen el don de dar saben que su don se usará mejor cuando son guiados a dar por el Espíritu Santo. Por eso se gozan mucho cuando alguien dice, por ejemplo: "¿Cómo supiste que necesitaba eso? Es una respuesta a mis oraciones."

Sucedió que cierta vez nos encontramos en medio de un incidente de este tipo. Annie había recibido una herencia y tenía $700 que quería dar a alguien que realmente lo necesitara. Ella asistió a una reunión donde habló una pareja misionera. Después de la reunión, Annie se sentó en una silla al lado nuestro.

– ¿Les parece que a ellos les servirían $700? – nos preguntó –. Mientras los escuchaba, sentí que Dios me dijo que se los diera. Pero no sé si realmente necesitan el dinero.

– Ellos sí lo necesitan – le aseguré –. De hecho, nosotros sabemos que ellos están levantando fondos para comprar un equipo de vídeo y lo que necesitan son exactamente $700.

– ¡Qué increíble! – exclamó Annie, apurándose a presentarles a los misioneros un cheque.

No sabemos quién fue más bendecido: quienes recibieron el regalo o quien lo dio. Annie se fue de la reunión exclamando: "¡Qué bueno es Dios!"

6. Quiere que sus obsequios sean de buena calidad.

Nunca	Rara vez	A veces	Usualmente	Mayormente	Siempre	
0	1	2	3	4	5	PUNTOS

Cuando los dadores dan, dan lo mejor. Son muy generosos y hasta despilfarradores. Ellos quieren que sus obsequios sean de la más alta calidad que puedan costear. Si no pueden comprar un obsequio, confeccionarán uno, con gran creatividad y mucha habilidad.

JoAnn había estado asistiendo al estudio bíblico de los martes por la mañana en nuestro hogar. Ella había notado que mi Biblia se estaba deteriorando. Era una edición de pasta dura, que yo había utilizada mucho durante diez años. Cada vez que buscaba un libro del Nuevo Testamento, el libro de Efesios se caía. Yo simplemente lo volvía a colocar en su lugar y seguía con mi búsqueda. De pronto, Gálatas también empezó a caerse. Pero yo seguía usando la Biblia porque era mi Biblia favorita, ya que tenía en ella todos mis apuntes.

Una tarde, JoAnn tocó a nuestra puerta. "Aquí tienes – me dijo, poniendo un paquete en mis manos –, esto es para ti." Y se fue.

Abrí el paquete. Era una preciosa Biblia nueva con pasta de cuero, de la edición más cara y duradera que había en el mercado. JoAnn me había comprado lo mejor. He usado esa Biblia durante más de catorce años y, ¡ninguna de las páginas se ha caído!

7. Da únicamente cuando es guiado por el Espíritu Santo.

Nunca	Rara vez	A veces	Usualmente	Mayormente	Siempre	
0	1	2	3	4	5	PUNTOS

No se puede presionar a un dador maduro a que dé. Ellos sólo dan de acuerdo a la guía del Espíritu Santo.

Hace aproximadamente diez años, nos alistábamos para salir de nuestro país a enseñar el seminario de los dones motivacionales. Habíamos revisado el material y se lo habíamos proporcionado a Bárbara, una mecanógrafa profesional, para que tuviéramos una copia limpia para poder reproducirla mientras estábamos de viaje. Sin embargo, no habíamos podido ir a recoger el material, debido a que nuestra cuenta bancaria había bajado tanto que no podíamos pagarlo.

El día antes de nuestra salida, decidimos que yo debería ir a donde estaba Bárbara y preguntarle si podríamos llevarnos el trabajo y pagarle cuando regresáramos. Cuando llegué, encontré a Bárbara con mucho dolor. Su espalda estaba adolorida y no podía encontrar una posición cómoda.

– Déjame orar por ti – le dije.

– Gracias – me respondió –. Tal vez eso ayude.

Oré para que su cintura se ajustara y para que el Señor le quitara todo ese dolor.

¡Caramba! – exclamó –. ¡Se ha ido! ¡El dolor se ha ido!

Ella se puso de pie y se inclinó en todas direcciones para asegurarse.

– El Señor te envió en el momento preciso.

Luego Bárbara me pasó la cuenta. Pero en la factura, Bárbara había escrito: "Cancelado".

– Qué es esto? – le pregunté.

– ¿Eso? – me respondió –. El señor me dijo esta mañana que yo necesitaba formar parte de su ministerio. Esto es algo que yo puedo hacer para ayudarlos.

– Bárbara – le dije –, no sabes cuánto me bendices.

Mientras iba manejando de regreso a casa, alabé y adoré al Señor por todo el camino. *Gracias Señor, por haberle dicho a uno de tus dadores que nos bendijera*, le dije.

8. Da para apoyar y bendecir a otros, o para el avance de algún ministerio.

Nunca	Rara vez	A veces	Usualmente	Mayormente	Siempre	
0	1	2	3	4	5	PUNTOS

Cuando los dadores escogen un ministerio para ayudarlo con su apoyo financiero, lo examinan muy bien para asegurarse de que 1) difunde el evangelio de manera eficiente, y 2) los gastos indirectos y administrativos no gasten una cantidad excesiva de las donaciones.

Algunas veces el que tiene el don de dar quiere ser una fuente de bendición anónima para aquellos que tienen necesidades genuinas.

Un hombre en un pequeño pueblo de Montana es así. Sus negocios van muy bien y mientras más da, más parece prosperar. Un día en su iglesia se fijó en una jovencita con una mala dentadura. Su madre era viuda, y su presupuesto apretado no le permitía ponerle un aparato a su hija.

El hombre fue al odontólogo del pueblo, le dio tres mil dólares y le dijo: "Llame a esta jovencita y encárguese de corregir su dentadura. Si hay algún costo adicional, hágamelo saber. Pero por favor, no le diga a ella, ni a nadie, de dónde salió el dinero. Solamente dígales que fue la provisión del Señor."

Durante los siguientes años, el dador tuvo el gozo de ver a esta chica con una hermosa sonrisa con metales mientras sus dientes se alineaban debidamente. Él fue bendecido personalmente al bendecir a la chica.

9. Ve la hospitalidad como una oportunidad de dar.

Nunca	Rara vez	A veces	Usualmente	Mayormente	Siempre	
0	1	2	3	4	5	PUNTOS

Al igual que la persona con el don de servicio, a quien tiene el don de dar le gusta practicar la hospitalidad. Desde afuera, esta característica se ve igual en personas con ambos dones. Sin embargo, su punto de vista interior difiere. El servidor ve la hospitalidad como una oportunidad de servir; el dador la ve como una oportunidad de dar.

Me hospedé en la casa de una dadora cierta vez, cuando estaba dando una conferencia al norte de British Colombia, en Canadá. Charlotte hizo todo lo que pudo para hacer que mi estadía fuera más cómoda. Preparó una deliciosa cena, y luego todo el resto de la noche trató de darme algo más para comer: otro postre, otra taza de café, fruta, caramelos de menta, nueces.

Además, parecía que cada media hora iba y me traía otro regalo. "Este lápiz labial es para ti; creo que combinará muy bien con tu colorido", me dijo. Ella era distribuidora de cosméticos; por lo tanto, revisó toda su mercancía hasta encontrar el tono perfecto para una pelirroja como yo.

Después me trajo un líquido especial para limpiar espejuelos. "Creo que esto te servirá", me dijo con mucho entusiasmo.

Al poco tiempo me trajo un perfume, luego una caja de polvo facial, una pluma, fotos de su casa y de su gato. Me dio pena aceptar tantos regalos, pero yo sabía que ella estaba disfrutando de la oportunidad de dar.

"No recibimos muchos huéspedes por acá – me explicó –. Casi nunca puedo recibir a nadie en casa." Su deseo acumulado de practicar la hospitalidad se desató, ¡y me beneficié yo!

10. Maneja las finanzas con sabiduría y prudencia.

Nunca	Rara vez	A veces	Usualmente	Mayormente	Siempre	
0	1	2	3	4	5	PUNTOS

Quienes tienen el don de dar manejan muy bien el dinero. A decir verdad, son las personas que mejor lo hacen. Son muy cuidadosos, cautelosos, y hasta un poco tacaños con sus propios gastos. Ellos no despilfarran el dinero.

Una pareja estaba en dificultades financieras. Las cuentas se acumulaban y ellos se endeudaban cada vez más. Se acercaron a un anciano de la iglesia para que este los aconsejara. Después de escucharlos por un rato, el anciano le dijo al esposo:

– Me parece que su esposa tiene una habilidad natural con las finanzas. ¿Por qué no le da a ella la responsabilidad de manejar sus finanzas durante seis meses y vean si ella puede resolver el problema?

– Nunca pensé hacer eso – dijo el esposo –. Siempre supuse que era la responsabilidad del esposo manejar el dinero. Pero el manejo del dinero no es mi fuerte, así que me gustaría darle la responsabilidad a ella.

La esposa, una persona que tenía las características típicas del don de dar, inmediatamente modificó el presupuesto, empezó a hacer pagos parciales a los acreedores, y eliminó todos los gastos innecesarios. No habría más almuerzos en restaurantes para su esposo o comidas en la cafetería de la escuela para los niños. No más ropa nueva para ningún miembro de la familia. Ella estiró el presupuesto de comida recortando cupones y comprando frutas, vegetales y pan en el banco de comida de la iglesia.

Al final de los seis meses, ya casi estaban solventes. "Querida – dijo su agradecido esposo –, te delego las finanzas de la familia de forma *permanente*."

Quienes tienen el don de dar, también son excelentes tesoreros para cualquier tipo de grupo. Son excelentes miembros de los comités de finanzas, y también excelentes contadores.

11. Rápidamente se ofrece para ayudar donde hay alguna necesidad.

Nunca	*Rara vez*	*A veces*	*Usualmente*	*Mayormente*	*Siempre*	
0	1	2	3	4	5	PUNTOS

Esta es otra característica que tienen tanto el dador como el servidor. Sin embargo, el servidor tiende a ofrecerse primero para suplir alguna necesidad, mientras que el dador ofrecerá su ayuda una vez que alguien haya identificado la necesidad.

Cuando se anuncia que habrá una reunión de trabajo en la iglesia un sábado, son los servidores y los dadores quienes asisten con gran entusiasmo. Seguramente trabajarán durante todo el día y regresarán el día siguiente si no se ha terminado el trabajo.

Cuando se piden voluntarios para cualquier tarea que valga la pena, mire a ver quiénes responden primero.

Si alguien está enfermo u hospitalizado, quienes tienen el don de servicio y el de dar le llevarán comidas, incluso antes que alguien piense en organizar tal acto de bondad.

12. Busca confirmación en cuanto a la cantidad a dar.

Nunca	*Rara vez*	*A veces*	*Usualmente*	*Mayormente*	*Siempre*	
0	1	2	3	4	5	PUNTOS

Steve Lightle compartió con nosotros que él y su esposa, Judy, siempre oran acerca de la cantidad de dinero más allá de su diezmo que deben dar a individuos u ministerios. "Nos damos cuenta que por lo menos el ochenta por ciento del tiempo Judy y yo sentimos ambos que debemos dar la misma cantidad – dice Steve –. Es tan precioso tener esa confirmación."

Steve nos contó de un ejemplo específico. "Recientemente, mientras pasaba un tiempo en oración, el Señor trajo a mi mente un amigo nuestro muy especial en Israel que tiene un ministerio muy importante. Después de orar por él por un rato, el Señor puso en mi corazón darle cierta cantidad de dinero. Lo que era inusual era que la cantidad no era en números redondos como cincuenta, cien o doscientos. Era específicamente doscientos cuarenta dólares.

"Le dije a Judy que el Señor me estaba diciendo que le enviara dinero a mi amigo y le pedí que orara ella para saber la cantidad de dinero que debíamos enviar. Un rato después, Judy me llamó y dijo: 'Steve, creo que Dios quiere que le enviemos doscientos cuarenta dólares.'

"'Gracias Señor – dije –, ¡esa es la confirmación!' y rápidamente enviamos el cheque a nuestro querido amigo en Israel.

"Poco después, recibimos una carta de nuestro amigo. Él estaba emocionadísimo. Nuestro regalo había sido una respuesta específica a sus oraciones. Él tenía una gran necesidad de comprar una parte esencial de su equipo que costaba cuatrocientos dólares. Él ya había dado doscientos dólares por adelantado y había estado orando por los otros doscientos cuarenta dólares para poder dar un diezmo de los cuatrocientos dólares. Nuestra donación era *exactamente* lo que él necesitaba. 'Nadie sabía de mi necesidad – nos dijo –, sino solamente Dios.' "

13. Tiene fuertes convicciones en cuanto a diezmar y dar más del diezmo.

Nunca	Rara vez	A veces	Usualmente	Mayormente	Siempre	
0	1	2	3	4	5	PUNTOS

Las personas con el don motivacional de dar nunca pensarían retener parte de su diezmo para sí mismos. Para ellos, eso sería robarle a Dios. Ellos creen que todo lo que poseen: dinero, casa, carro y todas sus otras pertenencias, son de Dios. Ellos se ven como mayordomos de los recursos de Dios. El diezmo es lo mínimo que dan. Generalmente dan más que eso, muchas veces el veinte o el treinta por ciento de su ingreso, o más.

En un libro sobre Robert Gilmour LeTourneau, un famoso inventor-fabricante con el don de dar, el biógrafo escribe: "En el asunto de dar, R.G. LeTourneau se considera un mayordomo del dinero que Dios ha puesto a su disposición. Él ha dicho repetidas veces que da el noventa por ciento de sus ganancias a la obra del Señor."[9] En el momento en que escribía el biógrafo, veintiocho años antes que LeTourneau muriera, él ya había donado doce millones de dólares a las misiones y a otras obras cristianas.

14. Se enfoca en predicar el evangelio.

Nunca	Rara vez	A veces	Usualmente	Mayormente	Siempre	
0	1	2	3	4	5	PUNTOS

Los dadores son evangelistas por naturaleza. Hemos descubierto que incluso de niños (siempre y cuando conocen al Señor), los dadores intentan llevar a otros niños al Señor.

Jerry Raaf, un capellán de la Fuerzas Armadas Canadienses, recuerda que ha tenido un fuerte deseo de predicar el evangelio toda su vida. Incluso cuando tenía cinco años de edad, trataba de hablarles a sus amiguitos acerca de Jesús.

Sus amiguitos no siempre querían escucharlo y se iban a su casa. Sin embargo, eso no desanimó a Jerry.

Un día sus padres lo buscaron y finalmente lo encontraron en el patio de las gallinas. Había cerrado las puertas para que las gallinas no se escaparan y estaba predicando con todo su corazón a un público que no tenía más remedio que escuchar.

El evangelista Rod McDougal, quien también tiene el don de dar, ha realizado cincuenta y siete "cruzadas de milagros" alrededor de las Filipinas durante los últimos cuatro años. (Hemos conocido a Rod y a su esposa, Trena, desde que eran líderes en el movimiento de los *Jesús People* [Pueblo de Jesús] en Seattle en los años sesenta.) Después de haber participado en una de sus cruzadas a nivel de toda una ciudad en la ciudad de Iriga City y de haber visto con nuestros propios ojos entre setecientos y dos mil personas llegar a los pies del Señor cada noche, le preguntamos a Rod:

– ¿Por qué no das un informe sobre esto en tu carta mensual? Solamente hablas de algunos cientos que se han ganado para el Señor.

– Los que no han estado aquí no lo pueden creer – explicó Rod –. Algunos son escépticos hasta de los números que usamos; creen que exageramos. Incluso para nosotros es difícil creerlo. Pero los campos están blancos aquí. Es un gran gozo ayudar con una mies que está tan madura.

15. Cree que Dios es la fuente de su provisión.

Nunca	*Rara vez*	*A veces*	*Usualmente*	*Mayormente*	*Siempre*	
0	**1**	**2**	**3**	**4**	**5**	**PUNTOS**

Debido a que desde su punto de vista, todo le pertenece a Dios, los dadores entienden que lo que el cristiano debe hacer es simplemente distribuir el dinero y los recursos donde Él le diga. Por lo tanto, si la provisión se agota, el dador razona que es la responsabilidad de Dios suplir lo que se ha agotado. Mientras tanto, el dador se contenta con lo que tiene o, según el caso, lo que no tiene. Como Pablo, el dador conoce cómo tener abundancia y cómo padecer necesidad.

A los dadores les encanta el versículo que dice "Mi Dios, pues, suplirá todo lo que os falta conforme a sus riquezas en gloria en Cristo Jesús" (Filipenses 4:19). Ellos tienen toda la confianza de que si son obedientes a la dirección de Dios en su vida, Él se encargará de suplir sus necesidades.

Aquí pareciera existir una paradoja. Por una parte, los dadores parecen ser los más capaces de ganarse bien la vida, mientras que al mismo tiempo son los que más tienden a vivir por fe.

Quizás el ejemplo más extraordinario de tan grande fe es el de George Mueller quien vivió en Inglaterra hace más de cien años. Empezó un hogar para niños y nunca le pidió a nadie que lo ayudara a suplir los gastos de su ministerio, sino solamente a Dios, sabiendo que sin duda alguna, Él tenía los recursos necesarios para suplir los gastos del ministerio al cual lo había llamado. Dios suplió sus necesidades al llevar a personas muy diversas a que llevaran o enviaran los recursos necesarios. Al final, se construyeron cinco hogares para niños en Ashley Down, los cuales cuidaban a 2.050 huérfanos al mismo tiempo.

Hoy la obra continúa según la estableció Mueller: aún no hacen campañas para recaudar fondos, sino que confían en que Dios les suplirá lo que necesitan.

16. Es muy diligente y tiende a tener éxito.

Nunca	*Rara vez*	*A veces*	*Usualmente*	*Mayormente*	*Siempre*	
0	**1**	**2**	**3**	**4**	**5**	**PUNTOS**

Pareciera que cualquier cosa que tocan los dadores se convierte en oro. Las obras en las cuales se involucran generalmente tienen éxito. Es verdad que los que tienen el don de dar trabajan duro, pero hay algo más. A nuestro parecer, Dios prospera a los dadores para que puedan dar aun más para la obra del evangelio. (Y por lo general, eso es lo que hacen.)

Cuando Patricia Stamets, quien tiene el don de dar, se mudó a Seattle, era una madre soltera tratando de ganar el dinero suficiente como para que sus hijos pudieran asistir a la universidad. En ese momento había una desaceleración económica en Seattle, pero ella se emocionó al conseguir un trabajo en bienes raíces, y estaba muy agradecida cuando su madre le prestó suficiente dinero como para comprar un auto, el cual le era necesario para su trabajo.

Un día durante la primera semana Patricia estaba alabando al Señor por haberle provisto el auto cuando escuchó que Él le preguntó:

– ¿Estás verdaderamente agradecida?

– *Sí, Señor* _respondió –. *Estoy verdaderamente agradecida.*

– Entonces quiero que lo muestres.

– ¿De qué manera Señor?

Entonces el Señor le dijo que Él quería que escribiera "El Señor es mi pastor..." en las puertas delanteras y en la puerta trasera de su auto, en letras tipo inglesas de cuatro pulgadas de alto.

– *Está bien Señor, lo haré* – dijo ella.

No pasó mucho tiempo para que la noticia llegara a oídos del presidente de la firma de bienes raíces y mandó a llamar a Patricia a su oficina. Él le dijo inequívocamente que quitara ese "mensaje religioso" de su auto o perdería su trabajo.

Al siguiente día, con el mensaje bíblico todavía en su lugar, Patricia fue a ver una casa que los propietarios querían vender. Cuando el cliente estaba caminando al auto con Patricia vio las palabras. "¡Tú conoces al Señor!" exclamó la mujer. Y le pidió a Patricia que regresara a la casa a orar con ella por una situación desesperante por la que estaba pasando. A las 10:20 de la noche, Patricia recibió una llamada de la mujer diciendo que la crisis había pasado.

"Nunca tomé la iniciativa de compartir mi fe – nos dijo Patricia –, pero a diario las personas respondían a la escritura, y me permitían orar y ministrar a sus necesidades. Mis ventas subieron y en cuestión de un par de meses yo estaba en el nivel más alto de la industria. El Señor me bendijo no sólo financieramente, sino también con oportunidades de ser un canal para sus propósitos. No hay ninguna desaceleración en la economía de Dios."

Ella agregó que el presidente de la compañía, impresionado con su éxito, nunca volvió a mencionar la escritura en su automóvil. Patricia ya va por su tercer auto con la escritura "El Señor es mi pastor..." escrita en él.

17. Tiene una habilidad natural para los negocios.

Nunca	Rara vez	A veces	Usualmente	Mayormente	Siempre	
0	1	2	3	4	5	PUNTOS

Quienes tienen el don de dar tienen facilidad para ganar dinero. Incluso en su niñez les atraen los "negocios". Estos niños son los que suelen poner una venta de limonada, o ir de puerta en puerta distribuyendo "tarjetas de presentación" hechas en casa mediante las cuales se ofrecen para lavar autos, cortar el césped o cuidar a los niños.

Quienes tienen el don de dar también ahorran dinero desde temprana edad. Mi sobrino Rex, su hermano y sus dos hermanas vivieron con mi familia durante un tiempo. Cada vez que les dábamos dinero a los niños, tres de ellos iban inmediatamente a comprar algo. Pero Rex no. Él lo guardaba en su caja de ahorros hasta tener suficiente como para comprar algo que verdaderamente quería en lugar de gastarlo en dulces.

Cuando se les daba dulces o nueces a los niños, Rex solamente comía uno, y guardaba los demás para comérselos después. Algunas veces cuando yo limpiaba la casa, encontraba sus tesoros escondidos detrás de una taza o debajo de un cojín del sofá. Yo, por supuesto, guardaba el secreto.

Hoy en día, Rex sigue manifestando las características de un dador: trabaja duro en su negocio, invierte cuidadosamente su dinero, está construyendo su propia casa, y cada año le regala a su esposa dos emocionantes semanas de vacaciones.

18. Le gusta obtener la mejor calidad por el precio pagado.

Nunca	Rara vez	A veces	Usualmente	Mayormente	Siempre	
0	1	2	3	4	5	PUNTOS

A los dadores no les gusta desperdiciar el dinero. Cuando dan, dan lo mejor. Pero cuando llega el momento de gastar dinero en sí mismos, son frugales. Compran cuando hay ofertas y rebajas. Una persona con el don de dar dijo una vez: "Nunca he comprado una prenda de vestir para mí misma al precio normal. Busco ropa que está en liquidación o espero las rebajas de fin de temporada."

Mary Jane es una dadora que siempre ha coleccionado cupones para comprar con descuento. Sin embargo, se alegró mucho al enterarse hace algunos años que su supermercado local aceptaría cupones ofrecidos por otros supermercados.

"Ahorro por lo menos diez dólares cada semana de esta forma – dijo Mary Jane –. Cuando junto los cupones que da el fabricante con los cupones de doble rebaja que dan otros mercados, a veces obtengo descuentos de veinticinco dólares o más."

"No he pagado por mi docena de huevos durante dos años desde que un mercado empezó a promover un artículo gratis. El otro día obtuve un pollo completo y una botella grande de jugo de fruta gratis. Sólo toma unos treinta minutos cada semana recortar estos cupones, y me ahorra por lo menos quinientos dólares al año, los cuales dono a la obra del Señor."

19. Definitivamente no es crédulo.

Nunca	Rara vez	A veces	Usualmente	Mayormente	Siempre	
0	**1**	**2**	**3**	**4**	**5**	**PUNTOS**

En nuestra opinión, Dios ha dotado a los dadores con esta característica para protegerlos de aquellos que intentarían apoderarse de su dinero. Los dadores no son fáciles de engañar. No se les puede embaucar.

Esta cualidad se manifiesta en otras áreas, no sólo en el área financiera. Lucy, una dadora que es propietaria de un hogar de ancianos, demuestra a diario esta cualidad al relacionarse con las personas mayores que están bajo su cuidado.

Un hombre canoso se le acercó en su silla de ruedas mientras yo estaba con ella, y le dijo: "Por favor, dígale a la enfermera en la recepción que está bien que yo vaya a casa de mi hija este fin de semana."

"Sr. Jones – le dijo Lucy –, usted sabe que solamente va a casa de su hija una vez al mes, y acaba de ir el fin de semana pasado."

Después, otra mujer llegó quejándose de que su compañera de cuarto le estaba robando la ropa. "No, Sra. Smith – le aseguró Lucy –, es imposible que haya hecho eso. Ella ni siquiera puede levantarse de la cama. Vuelva a mirar. Toda su ropa está en su lugar, querida."

Mientras seguimos caminando por el pasillo, otra media docena de personas le reportaron una crisis, y Lucy calmadamente las solucionó todas. Algunas personas eran tan convincentes que nosotros hubiéramos corrido a rescatarlas. Pero Lucy nos dijo: "En este trabajo, uno tiene que ser capaz de discernir lo real de lo imaginado, lo genuino de lo que es manipulación. Muchos viven en su pasado o en un mundo de fantasía. Estoy muy agradecida de que Dios me haya dotado con la habilidad de no creerlo todo."

20. Posee la sabiduría natural y la que es dada por Dios.

Nunca	Rara vez	A veces	Usualmente	Mayormente	Siempre	
0	1	2	3	4	5	PUNTOS

Quienes tienen el don de dar son justos e imparciales. Generalmente son más sabios que otras personas de su edad.

Nos viene a la mente el rey Salomón, un dador bíblico que pidió a Dios que le diera sabiduría y la recibió. En 1 Reyes 3:16-28 leemos la historia de dos mujeres que decían ambas ser madre de un bebé vivo, pues el bebé de una de ellas había muerto. Después de escucharlas, Salomón pidió un cuchillo y mandó a que cortaran al bebé vivo y dieran la mitad a una y la mitad a la otra.

¡Qué mandato tan horrible! Pero en el fondo era algo muy sabio, porque la verdadera madre le pidió a gritos que salvara al niño, mientras que la madre del niño que había muerto estuvo de acuerdo con la orden de Salomón y dijo: "No será ni para mí ni para ti. ¡Pártanlo!"

Al escuchar la respuesta de las dos mujeres, Salomón pudo determinar qué había pasado en realidad. Nótese el versículo final: "Cuando todos los israelitas se enteraron de la sentencia que el rey había pronunciado, sintieron un gran respeto por él, pues vieron que tenía sabiduría de Dios para administrar justicia..." (NVI)

El don de dar

Características

1 - Da libremente de sus pertenencias y de su dinero, tiempo, energía y amor.
2 - Disfruta de dar sin que otros lo sepan.
3 - Quiere sentirse parte de los ministerios a los cuales contribuye.
4 - Intercede por las necesidades y por la salvación de las almas.
5 - Se siente complacido cuando su dádiva es la respuesta a una oración específica.
6 - Quiere que sus obsequios sean de buena calidad.
7 - Da únicamente cuando es guiado por el Espíritu Santo.
8 - Da para apoyar y bendecir a otros, o para el avance de algún ministerio
9 - Ve la hospitalidad como una oportunidad de dar.
10 - Maneja las finanzas con sabiduría y prudencia.
11 - Rápidamente se ofrece para ayudar donde hay alguna necesidad.
12 - Busca confirmación en cuanto a la cantidad a dar.
13 - Tiene fuertes convicciones en cuanto a diezmar y dar más del diezmo.
14 - Se enfoca en predicar el evangelio.
15 - Cree que Dios es la fuente de su provisión.
16 - Es muy diligente y tiende a tener éxito.
17 - Tiene una habilidad natural para los negocios.
18 - Le gusta obtener la mejor calidad por el precio pagado.
19 - Definitivamente no es crédulo
20 - Posee la sabiduría natural y la que es dada por Dios.

	Nunca	*Rara vez*	*A veces*	*Usualmente*	*Mayormente*	*Siempre*	*PUNTOS*
	0	*1*	*2*	*3*	*4*	*5*	
1							
2							
3							
4							
5							
6							
7							
8							
9							
10							
11							
12							
13							
14							
15							
16							
17							
18							
19							
20							
						TOTAL	

PROBLEMAS DEL DADOR

20

Francamente, hemos descubierto que quienes tienen el don de dar no tienen tantos problemas como los que tienen los demás dones motivacionales, pero mencionaremos a continuación cinco problemas que ocurren de vez en cuando. Parece ser que los dadores se enfrentan principalmente a los problemas que tenemos todos, como el orgullo o la apatía.

1 - Posiblemente trate de controlar la manera en que se utilizan las contribuciones.

Nunca	Rara vez	A veces	Usualmente	Mayormente	Siempre	
0	1	2	3	4	5	PUNTOS

Aunque quienes tienen el don de dar son generosos, también pueden dar con condiciones. Un ejemplo clásico es la persona que dona dinero para una nueva alfombra para la iglesia, pero quiere seleccionar ella misma el color. O la persona que da para comprar un piano, pero quiere encabezar el comité que lo seleccionará.

Enfrentamos este tipo de problema en una ciudad donde uno de los ancianos de una pequeña iglesia había donado un edificio para que las personas se reunieran, y luego insistía en tener la última palabra sobre lo que acontecería allí porque "después de todo, yo pagué por el edificio". El pastor tuvo que confrontarlo y pedirle que decidiera si había donado el edificio a la iglesia, o si solamente estaba dejando que la iglesia lo utilizara, porque en tal caso la iglesia debería pagar una renta.

Así como los padres deben cortar el cordón umbilical cuando crecen sus hijos, de la misma manera los dadores deben aprender a cortar cualquier cordón invisible que los mantenga atados a las donaciones que han hecho.

2 - Tiende a presionar a otros para que den.

Nunca	Rara vez	A veces	Usualmente	Mayormente	Siempre	
0	**1**	**2**	**3**	**4**	**5**	**PUNTOS**

Así como los que tienen otros dones motivacionales, los dadores ven su don como el más importante. Ellos no entienden por qué otras personas no dan tanto como ellos, de modo que conciente o inconscientemente, pueden presionar a los demás.

Janet había sido una dadora generosa durante toda su vida. No tuvo ningún problema hasta que se casó. Hasta ese entonces, ella se había ganado su propio dinero y había dado para cualquier causa que ella quisiera. Su esposo definitivamente no tenía tanta motivación para dar que ella. De hecho, el era sumamente moderado en cuanto a dar. Aceptó diezmar, pero le parecía que dar más allá del diezmo era algo excesivo.

Janet empezó a presionarlo a que diera cada vez que llegaba un misionero a la iglesia o había un proyecto especial para el cual se necesitaba recaudar fondos o ella escuchaba acerca de alguien en la iglesia que tenía una necesidad genuina.

"No me daba cuenta cuánta tensión estaba creando en nuestro matrimonio – admitió –. Al principio, mi esposo no decía mucho. Luego empezó a tomar una postura defensiva en cuanto al dinero en general. Empezó a regañarme por cualquier cosa. Parecía que resentía cualquier sugerencia que yo daba, aun en los asuntos que no tenían nada que ver con el dinero."

A Janet le tomó un tiempo darse cuenta de que su manera de presionar a su esposo era lo que hacía que el tuviera esa actitud. "Le pedí perdón al Señor por haber presionado a mi esposo imprudentemente – dijo Janet –. Luego le pedí a mi esposo que me perdonara. Le dije: 'Querido, tú sabes cuánto me gusta dar, pero si no te tengo a ti para ayudarme a ser equilibrada, podría llegar a regalar todas nuestras pertenencias.'

"Entonces sucedió algo maravilloso. Él sugirió que cuando cualquiera de nosotros estuviera consciente de una necesidad, oráramos ambos juntos y discerniéramos lo que el Señor quería. Eso le ha dado una nueva dimensión a nuestro matrimonio."

3 - Puede disgustar a sus familiares o amigos al dar de una manera impredecible.

Nunca	Rara vez	A veces	Usualmen-	Mayormen-	Siempre	
0	1	2	3	4	5	PUNTOS

Ya que los dadores dependen de la guía del Espíritu Santo, un observador imparcial podría decir que dan sin ton ni son. De hecho, el que los dadores den de una manera que pareciera ser caprichosa, puede llegar a irritar a sus seres queridos.

Blanca es una dadora alegre que tiene su propia fuente de ingresos de un pequeño negocio que administra desde su casa. Un día su hija Trudy la llamó desde Hawai.

– Mamá, estoy muy deprimida. Marcos ha roto nuestro compromiso. Yo sé que es lo mejor, pero... ¿podrías venir y quedarte por una semana? Necesito un poco de ánimo.

– Trudy, me encantaría ir. Pero mi trabajo se ha acumulado y debo tenerlo listo antes de la fecha límite.

Blanca se sintió mal después de colgar el teléfono.

Tres horas después entró otra llamada, esta vez de una amiga íntima que se había mudado a otro estado.

– Blanca, tengo que hablar contigo. Me siento muy desanimada.

– ¿Qué sucede, Alicia?

– Bueno, yo sé que suena tonto, pero me siento tan inútil, y siento que nadie me necesita. Supongo que estoy echando de menos a mis hijos que ya se han ido de casa.

El hecho de que su amiga hubiera llamado en ese preciso momento le pareció a Blanca ser obra del Espíritu Santo. Le dijo a su amiga:

– Alicia, ¿te gustaría ir a Hawai?

– ¿A quién no? – respondió Alicia –, pero nuestras finanzas están apretadas.

– No, lo que quiero decir es que yo pagaré tus gastos.

Blanca le contó la necesidad que tenía Trudy y el hecho de que ella no podía ir.

– Trudy te ama tanto, y sería una gran bendición para mí si pudieras tomar mi lugar.

Blanca le envió el dinero a Alicia, quien al siguiente día salió para Hawai, y pudo animar mucho a Trudy. Las tres fueron bendecidas. Pero no sucedió lo mismo con el esposo de Blanca, quien no pudo entender por qué, si había dinero para ir a Hawai, no era él quien debería ir.

"Al principio me molestó la reacción de mi esposo – reconoció Blanca –. Luego me di cuenta que él no entendía por qué Trudy necesitaba de otra mujer en ese momento. Entendí que tenía que explicarle mis razones. Y le pedí que me perdonara por haber tomado la decisión sola."

4 - Tiende a consentir a sus hijos u otros familiares.

Nunca	Rara vez	A veces	Usualmen-	Mayormen-	Siempre	
0	1	2	3	4	5	PUNTOS

A los dadores les gusta tanto dar que pueden llegar a consentir a sus hijos, sobrinos o nietos.

Georgia admitió que generalmente se pasaba con los regalos que les daba a sus hijos en su cumpleaños o la Navidad. "Les daba tantos regalos a mis hijos que ellos no sabían con qué jugar primero. Lo peor de todo es que ellos *esperaban* recibir siempre un montón de regalos. Empecé a notar que estaban desarrollando una actitud de el-mundo-me-debe-mucho. Así que mi esposo yo hicimos un plan.

"Nos sentamos con los niños y les explicamos que la Navidad era el cumpleaños de Jesús y que le podíamos dar regalos a Él al dar a los necesitados, en vez de darnos regalos unos a otros. Nos asombramos de la manera en que recibieron esta idea. "Adoptamos" a varias familias necesitadas, averiguamos los nombres y las edades de los niños y llevamos a nuestros hijos a comprar regalos para ellos para que nos ayudaran a escogerlos. Por el gozo en su rostro, entendimos que estábamos haciendo lo correcto.

"La mañana de Navidad le cantamos 'feliz cumpleaños' a Jesús y luego reunimos todos los regalos y fuimos a distribuirlos a varias familias. ¡Qué tiempo tan precioso fue! Invitamos a dos familias con padres solteros de nuestra iglesia para la cena de Navidad; después de la cena, los niños de las tres familias jugaron juegos mientras los adultos conversamos.

"Cuando acostamos a nuestra hija mayor, ella dijo: 'Esta ha sido la mejor Navidad que jamás haya vivido.' "

5 - Puede usar el dar financieramente para evadir otras responsabilidades.

Nunca	Rara vez	A veces	Usualmente	Mayormente	Siempre	
0	1	2	3	4	5	PUNTOS

Algunas veces, quienes tienen el don de dar creen que si proveen el dinero, ya han hecho su parte.

A Jim le gustaba dar, pero también le gustaba ganar dinero. Disfrutaba de su trabajo y a menudo trabajaba horas de sobretiempo. Cuando su iglesia a la que había asistido durante años anunció su plan para construir un edificio de iglesia, él contribuyo con una cantidad generosa. Pero cuando llegó la hora de levantar la estructura con voluntarios, Jim estaba "demasiado ocupado" para ayudar.

Él se justificó diciendo que trabajaría horas adicionales los sábados mientras se construía el edificio para poder hacer una contribución adicional. Pero al poco tiempo el Espíritu Santo lo convenció y él reconoció que era simplemente que prefería trabajar en su oficina y no hacer labores físicas. Se arrepintió.

Cuando llegó el siguiente sábado a la obra, se dio cuenta que era muy divertido trabajar con los otros hombre. Decidió que involucrarse personalmente también era una parte importante de dar.

Problemas típicos del dador:

1 - Posiblemente trate de controlar la manera en que se utilizan las contribuciones..
2 - Tiende a presionar a otros para que den
3 - Puede disgustar a sus familiares o amigos al dar de una manera impredecible.
4 - Tiende a consentir a sus hijos u otros familiares
5 - Puede usar el dar financieramente para evadir otras responsabilidades.

	Nunca	*Rara vez*	*A veces*	*Usualmente*	*Mayormente*	*Siempre*	*PUNTOS*
	0	*1*	*2*	*3*	*4*	*5*	
1							
2							
3							
4							
5							
						TOTAL	

Personajes Biblicos Con El Don de Dar

21

Quienes tienen el don de dar se conocen por su generosidad, su habilidad de multiplicar lo que tienen y su éxito en los negocios. Abraham, el ejemplo bíblico que hemos seleccionado para el estudio de este capítulo, es un excelente ejemplo de todas estas cualidades.

Quienes tienen el don de dar también permanecen muy cerca de Dios y tienen un gran deseo de predicar el evangelio. En la época del Antiguo Testamento, el evangelio todavía no se había proclamado, pero Abraham abogaba por el monoteísmo. El hecho de que caminara tan de cerca con Dios le permitió dejar la seguridad de su tierra natal y seguir a Dios a la Tierra Prometida.

Busque las características del don de dar en los versículos que siguen:

<u>Escritura: Génesis 13-14 (TAB)</u>	*<u>Sus comentarios:</u>*

Génesis 13

2 Y Abram era riquísimo en ganado,
en plata y en oro.

9 ¿No está toda la tierra delante de
ti? Yo te ruego que te apartes de mí.
Si fueres a la mano izquierda, yo iré
a la derecha; y si tú a la derecha,
yo iré a la izquierda.

Génesis 14 *Sus comentarios:*

14 Oyó Abram que su pariente [sobrino] estaba prisionero, y armó a sus criados, los nacidos en su casa, trescientos dieciocho, y los siguió hasta Dan.

16 Y recobró todos los bienes, y también a Lot su pariente y sus bienes, y a las mujeres y demás gente.

19 y (Melquisedec) le bendijo, diciendo: Bendito (favorecido con bendiciones, hecho dichoso, feliz) sea Abram del Dios Altísimo, creador de los cielos y de la tierra;

20 y bendito sea el Dios Altísimo, que entregó tus enemigos en su mano. Y le dio Abram los diezmos de todo [lo que había tomado].

22 Y respondió Abram al rey de Sodoma: He alzado mi mano a Jehová Dios Altísimo, creador de los cielos y de la tierra,

23 que desde un hilo hasta una correa de calzado, nada tomaré de todo lo que es tuyo, para que no digas: Yo enriquecí a Abram;

En la vida de Abraham vemos una y otra vez su corazón dadivoso. He aquí lo que nosotros encontramos en estos versículos:

Escritura: Génesis 13-14 (TAB)	*Nuestros comentarios:*	
Génesis 13		
2 Y Abram era riquísimo en ganado, en plata y en oro.	**#1**	Tenía posesiones para compartir
	#10	Sabio en finanzas
	#16	Exitoso en los negocios

9 ¿No está toda la tierra delante de ti? Yo te ruego que te apartes de mí. Si fueres a la mano izquierda, yo iré a la derecha; y si tú a la derecha, yo iré a la izquierda.	**#1** **#8** **#15** **#20**	Permitió que Lot escogiera su porción de la tierra Bendijo a la gente a su alrededor Tenía fe en la provisión de Dios Sabiduría

Génesis 14

14 Oyó Abram que su pariente [sobrino] estaba prisionero, y armó a sus criados, los nacidos en su casa, trescientos dieciocho, y los siguió hasta Dan.	**#1** **#11**	Dio energía y tiempo Ayudó a Lot
16 Y recobró todos los bienes, y también a Lot su pariente y sus bienes, y a las mujeres y demás gente.	**#1** **#11** **#16**	Devolvió a Lot sus posesiones Ayudó a Lot Su ataque tuvo éxito
19 y (Melquisedec) le bendijo, diciendo: Bendito (favorecido con bendiciones, hecho dichoso, feliz) sea Abram del Dios Altísimo, creador de los cielos y de la tierra;	**#1** **#8**	Próspero Fue bendecido por haber bende cido a otros
20 y bendito sea el Dios Altísimo, que entregó tus enemigos en su mano. Y le dio Abram los diezmos de todo [lo que había tomado].	**#7** **#13** **#16**	Da según la guía de Dios Primero en dar el diezmo Exitoso
22 Y respondió Abram al rey de Sodoma: He alzado mi mano a Jehová Dios Altísimo, creador de los cielos y de la tierra,	**#14**	Se enfoca en Dios
23 que desde un hilo hasta una correa de calzado, nada tomaré de todo lo que es tuyo, para que no digas: Yo enriquecí a Abram;	**#15** **#20**	Dios es su fuente Sabio en sus decisiones

Dios podía confiarle a Abraham grandes riquezas porque Abraham era generoso y nunca dejó que sus posesiones se convirtieran en ídolos. Aquí vemos que Abraham dejó que su sobrino escogiera la tierra que él prefería. Luego dio su tiempo, energía y recursos personales para rescatar a Lot. Después de ganar la batalla, dio un diezmo de todo lo obtenido a Melquisedec, con lo que se convirtió en el primero en diezmar en la historia.

Pero su mayor dádiva de todas se registra en Génesis 22 en el relato de cómo Abraham obedeció a Dios incondicionalmente cuando Él le pidió que le ofreciera a su único hijo, Isaac, el hijo a través del cual todas las promesas serían cumplidas. En el último instante, Dios detuvo a Abraham y no permitió que matara a su hijo, diciendo: "...porque ya conozco que temes a Dios, por cuanto no me rehusaste tu hijo, tu único" (Génesis 22:12).

Lea por sí mismo la historia completa de este dador extraordinario en Génesis capítulo 12 hasta el 25:8. También lea sobre:

Dorcas – Hechos 9:36-42

Cornelio – Hechos 10:1-31

Epafras – Colosenses 1:7; 4:12, Filemón 23

Pablo – Romanos 1:1-20; Hechos 9-28 (Nota: Pablo también tenía un fuerte don de percepción, de enseñanza y de exhortación. Pero su papel principal era el de proclamar el evangelio en todo el mundo.)

Lidia – Hechos 16:14, 40

Zaqueo – Lucas 19:1-10

Salomón – 1 Reyes 1-11; 2 Crónicas 1-9

Características Del Administrador

22

Quien tiene el don de administración ha nacido para ser líder. Surgirá como líder tan seguramente como lo hizo José, nuestro ejemplo bíblico.

Hubiéramos podido utilizar otras palabras para este don: facilitador, organizador, director, líder, superintendente. De acuerdo con el diccionario *Strong*, en el griego la palabra es *proistemi,* del verbo "pararse ante" o "presidir".

Califíquese a sí mismo mientras lee este capítulo y transfiera el total de puntos a su hoja de perfil.

1 - Es muy motivado a organizar lo que está bajo su responsabilidad.

Nunca	*Rara vez*	*A veces*	*Usualmente*	*Mayormente*	*Siempre*	
0	1	2	3	4	5	PUNTOS

A los administradores les encantan los retos. Mi esposo Don me dice que por eso es que yo lo amo tanto, porque él es un reto. (¡Hay momentos en que puedo decir amén a eso!)

También les encanta desarrollar u organizar cualquier cosa de la cual están a cargo. Tienen la motivación natural para hacerlo, un deseo creativo de tomar a las personas y la materia prima, y producir algo que nunca se ha producido. Les gusta, por ejemplo, organizar una oficina, establecer un comité, o desarrollar un proyecto.

Aunque yo siempre he sido una organizadora desde organizar – juegos en mi vecindario cuando era niña hasta ser responsable de un grupo de 900 jóvenes como Directora de Educación Cristiana en una iglesia metodista grande – mi proyecto favorito fue desarrollar la revista de *Aglow.*

El reto original era hacer llegar los testimonios de mujeres cristianas a aquellas mujeres que no podían asistir a nuestras reuniones. Sin embargo, cuando las mujeres pasaban las pequeñas revistas a sus amigas y familiares y nos empezaron a llover suscripciones, nos dimos cuenta que sin tener la intención de hacerlo, habíamos creado una publicación nacional.

El Señor siguió agregando personas competentes a nuestro personal voluntario mientras ampliábamos nuestra visión y engrandecíamos nuestra organización. Cada día era emocionante. Y vimos la revista aumentar desde doce páginas en blanco y negro a treinta y dos páginas a color. Después de siete años, 100.000 copias estaban saliendo a sesenta y cinco naciones.

Un líder-organizador, como requisito principal, debe ser "aprendiz de todo, oficial de nada". Debe tener una amplia gama de intereses y habilidades. Sin embargo, los que llevan a cabo tareas específicas deben ser más capaces y especializados. Para poder supervisar eficazmente, quien tiene el don de administración debe conocer un poco acerca de muchas cosas. En mi trabajo con *Aglow,* frecuentemente alababa al Señor por los que eran expertos en su campo. *Juntos* formábamos un magnífico equipo.

2 - Expresa las ideas y la organización de maneras muy claras.

Nunca	Rara vez	A veces	Usualmente	Mayormente	Siempre	
0	1	2	3	4	5	PUNTOS

Quienes tienen el don de administración saben comunicarse muy bien. Ellos buscan formas de expresar lo que quieren decir clara y eficazmente. Ya que creen que las imágenes son más expresivas que las palabras, les gusta utilizar diagramas, gráficas, bosquejos, fotos, y otras ayudas visuales.

¿Adivine por qué hay una hoja de perfil y un sistema de calificación es este libro? Puesto que mi don motivacional primario es la administración, lo primero que se me ocurrió cuando me enteré de los dones fue pensar: *¿Por qué será que nadie los ha organizado en gráficas para que las personas puedan calificarse a sí mismas?* ¡Qué gozo ha sido ver a las personas alrededor del mundo utilizar estas hojas para examinarse a sí mismas y descubrir el don que Dios les ha dado!

Cuando era editora de las publicaciones de *Aglow,* también me gustaba hacer gráficas para que pudiéramos ver lo que estaba sucediendo con un pedido desde el momento en que llegaba a nuestras manos hasta el momento en que se enviaban los materiales. Además, mantenía una gráfica que mostraba el progreso del ministerio y de las ventas en la parte de atrás de la puerta de mi oficina. Con una sola mirada podía ver nuestro estado financiero.

Hacer diagramas era tan natural para mí que cuando Don y yo estábamos recién casados y tuvimos nuestro primer desacuerdo, saqué una hoja de papel, hice un diagrama de nuestras diferencias, e hice un esquema que mostraba cómo podíamos solucionar nuestros problemas. Eso no era exactamente lo que Don quería ver. Yo pensé que eso resolvería todo, pero tuve que aprender que hay un momento y un lugar preciso para tales cosas.

3 - Prefiere estar bajo autoridad para tener autoridad.

Nunca	Rara vez	A veces	Usualmente	Mayormente	Siempre	
0	1	2	3	4	5	PUNTOS

Quienes tienen el don de administración entienden, honran y respetan las estructuras de autoridad. Ellos se sienten a gusto con estas estructuras, ya sea que estén a la cabeza o en algún lugar dentro del sistema.

El centurión que se acercó a Jesús para pedirle que sanara a su siervo probablemente tenía el don motivacional de administración. Cuando Jesús le ofreció ir a ver al hombre enfermo, el centurión respondió: "Señor, no merezco que entres bajo mi techo. Pero basta con que digas una sola palabra, y mi siervo quedará sano. Porque yo mismo soy un hombre sujeto a órdenes superiores, y además tengo soldados bajo mi autoridad. Le digo a uno: 'Ve', y va, y al otro: 'Ven', y viene. Le digo a mi siervo: 'Haz esto', y lo hace" (Mateo 8:8-9, NVI).

Jesús recompensó la confianza del centurión en la autoridad de Él, y el siervo fue sanado.

Quienes tienen el don de administración quieren saber cuánta autoridad tienen y qué autoridad no tienen, puesto que respetan estos límites. Les gusta tener parámetros claramente definidos, para no salirse de ellos inadvertidamente, y les gusta tener la libertad – dentro de esos parámetros – para ser "sus propios jefes". Son creativos y productivos si operan según este sistema, pero se sienten reprimidos y sofocados si no lo hacen.

4 - No tomará una responsabilidad si no es delegada por la autoridad.

Nunca	Rara vez	A veces	Usualmente	Mayormente	Siempre	
0	1	2	3	4	5	PUNTOS

Debido a su respeto por la autoridad, el administrador nunca la usurpará adrede. Por lo tanto, en cualquier situación donde existe la autoridad, el administrador no tratará de movilizarse y utilizar sus habilidades, aunque estas se necesiten grandemente, a menos que la autoridad le pida que lo haga.

Hace algunos años yo fui la conferencista en un retiro de mujeres en Kansas City. La última noche, un cuarteto de mujeres cantó después de mi mensaje final, y luego invitó a las personas a que se acercaran para recibir una ministración individual. Cerca de cincuenta mujeres respondieron al llamado. Yo pensé: *Esto va a tomar horas. Me gustaría ir y ayudarlas.* Pero las líderes no me habían pedido específicamente que ayudara con este tiempo de oración. Tampoco habían dicho que no podía hacerlo, pero como yo siempre someto mi ministerio a las líderes del grupo que me invita, sentí que no podía ir más allá de lo que ya se había establecido.

Estaba "pegada" a mi silla, y me sentía atormentada. Quería ayudar pero "no podía". Más tarde les conté a las líderes mi dilema.

"Simplemente supusimos que nos ayudarías con la ministración – dijeron sorprendidas –. Nunca pensamos mencionártelo."

Pero, puesto que ellas no lo habían mencionado, yo sentí que no podía participar.

Hay muchos administradores que no están utilizando sus habilidades correctamente debido a esta característica. Queremos animar a los que tienen puestos de liderazgo que busquen a estos facilitadores y les deleguen responsabilidades.

5 - Asumirá responsabilidades si no existe un liderazgo específico.

Nunca	Rara vez	A veces	Usualmente	Mayormente	Siempre	
0	1	2	3	4	5	PUNTOS

En una situación donde no existe una estructura de liderazgo o de autoridad, el administrador es quien de forma natural tomará las riendas. Si dividiéramos un grupo grande en grupos más pequeños y diéramos a cada uno una tarea para hacer, serían las personas con el don motivacional de administración quienes surgirían espontáneamente como los líderes de las unidades individuales. En realidad, los administradores prefieren ser escogidos con anticipación para tomar el liderazgo; sin embargo, donde un grupo está teniendo dificultades por no tener un líder designado que lo guíe, entonces los administradores tomarán las riendas.

Dan, un hombre joven con una licenciatura en administración de empresas, dice: "No soporto que no haya liderazgo dentro de una organización. Si nadie toma el control, por lo general lo hago yo para ordenar el caos que pueda existir."

En los primero días de *Aglow* no había nadie que lideraba el grupo, así que tomé la iniciativa de empezar la revista. Pero ocho años más tarde cuando el Señor me mostró que yo debía desarrollar el ministerio televisivo de *Aglow*, la organización ya había establecido una estructura de liderazgo claramente definida. Había una presidenta y seis vicepresidentas (de las cuales yo era una), así que esperé, sin decir nada, hasta que llegó el momento en que el concejo reconoció que era tiempo de iniciar tal ministerio y me pidieron que lo hiciera.

6 - Disfruta mucho de trabajar con metas y proyectos a largo plazo.

Nunca	*Rara vez*	*A veces*	*Usualmente*	*Mayormente*	*Siempre*	
0	1	2	3	4	5	PUNTOS

Mientras que la persona que tiene el don de servicio disfruta de trabajar con proyectos a corto plazo – los que duran, por ejemplo, entre dos días y dos semanas el administrador se inclina más a los proyectos a largo plazo, los que duran dos años, por ejemplo. "De hecho – dijo confiadamente un administrador –, prefiero un proyecto que tome varios años. Me gusta algo en lo cual me pueda involucrar a fondo. Me gusta hacer planes a largo plazo, y luego establecer metas a corto plazo para que estas se cumplan en el camino."

Cuando uno le pide a una persona con el don de compasión que se trace una meta, dicha persona dirá: "¿Para qué?" Estas personas viven un día a la vez, o más exactamente, un momento a la vez. En cambio, los administradores son los que asisten a seminarios sobre cómo manejar el tiempo. Ellos quieren mejorar su habilidad de manejar proyectos grandes.

Dorothy, una escritora oriunda de la zona noroeste de los Estados Unido, nos dijo que no se había dado cuenta de cuánto ella disfrutaba de enfrentar retos a largo plazo hasta que tenía casi cuarenta años. "Para ese entonces – nos explicó –, empecé a involucrarme con otros escritores y de pronto me encontré a cargo de un grupo de escritores. Mi trabajo era animar a los nuevos escritores o los que no se sentían seguros, y ahora casi se ha convertido en una obsesión. Los ayudo a fijarse metas personales a largo plazo en el campo de la escritura y les doy seguimiento para ayudarlos a perseverar en cuanto a alcanzar dichas metas, aunque eso signifique que tenga que descuidar mi propia escritura."

7 - Es una persona visionaria con una perspectiva amplia.

Nunca	*Rara vez*	*A veces*	*Usualmente*	*Mayormente*	*Siempre*	
0	1	2	3	4	5	PUNTOS

Proverbios 29:18 nos dice: "Donde no hay visión, el pueblo se extravía..." Es necesario tener una visión para mantener a las personas enfocadas, ya sea en los negocios o en la fe. Un buen líder es una persona de visión. Al levantar en alto esa visión, el líder puede inspirar grandes logros.

Esa visión puede ser cualquier cosa, ya sea una revelación de Dios acerca de sus propósitos para un grupo en particular o simplemente la habilidad de entender cómo las personas pueden trabajar juntas para alcanzar una meta en común.

Nehemías tenía una visión para reedificar los muros de Jerusalén. Josué se agarró de la visión de llegar a la Tierra Prometida. José tuvo un sueño que le mostró cómo salvar al Medio Oriente de una hambruna devastadora que duraría siete años. David tuvo la visión de ser rey; sin embargo, esperó el tiempo indicado. Gedeón tuvo una visión de victoria. La Biblia está llena de líderes visionarios.

Junto a la visión viene un tipo específico de fe. Los administradores creen que con la ayuda de otros, pueden alcanzar aquello que son capaces de visualizar.

Muchas veces tienen una visión más allá de la esfera de las personas a quienes dirigen, pero sus seguidores son estimulados y alentados por la visión de los líderes. Sin esto, las personas no desarrollarían su potencial al máximo.

8 - Fácilmente junta a personas y recursos para llevar a cabo metas o tareas.

Nunca	Rara vez	A veces	Usualmente	Mayormente	Siempre	
0	1	2	3	4	5	PUNTOS

Tal como la persona que disfruta de juntar las piezas de un rompecabezas, al administrador le gusta juntar a las personas y los recursos para posibilitar una tarea.

Pablo es un analista de sistemas para la Compañía Boeing. "Tengo que organizar, educar y animar a varias personas si deseo alcanzar las metas que se me han sido asignado – dice Pablo –. Disfruto de utilizar la habilidad, la lógica y la persuasión organizacional como mis herramientas básicas para trabajar con las personas a fin de completar un trabajo."

En cambio, Julia utiliza sus dones administrativos en su hogar. "Lo primero que hago por la mañana es hacer una lista de cosas que debo hacer durante el día – nos dice –. Luego considero las tareas, y decido quién debe hacerlas y cuándo. Programo tareas para los niños. Junto los recursos necesarios, en este caso, la escoba y el trapeador, las herramientas de jardinería y los productos de limpieza. Hasta "organizo" a mi esposo. No siempre le gusta que lo haga, pero él sabe que si hace la parte del trabajo que le corresponde, todo se completará a tiempo."

9 - Disfruta de delegar tareas y supervisar a las personas.

Nunca	Rara vez	A veces	Usualmente	Mayormente	Siempre	
0	1	2	3	4	5	PUNTOS

A los administradores les encanta mandar a las personas. Lo decimos en un sentido positivo. Les es fácil ver qué tareas hay que hacer, y parecen saber quiénes podrían llevarlas a cabo. Disfrutan de distribuir el trabajo de manera que se cumpla de la mejor manera.

A Marvin le pidieron que asumiera el liderazgo de una organización cristiana muy grande que no estaba prosperando porque los empleados no trabajaban eficientemente. El don motivacional de administración que tenía Marvin le permitió reducir el personal y poner a personas capacitadas en los puestos clave. Luego delegó varias responsabilidades, enseñó principios de liderazgo a los empleados clave y los capacitó para ser buenos supervisores. La organización dejó de ser un fracaso financiero y llegó a ser un ministerio eficaz.

Nuestro hijo David tiene el don de administración. Nos reíamos cuando regresaba a casa de la universidad los fines de semana con una lista de tareas para delegar: "Papá, ¿podrías echar un vistazo al auto? Está haciendo un ruido extraño. Mamá, ¿me puedes lavar esta ropa? No tuve tiempo de hacerlo esta semana. Dan, ¿podrías cortar el césped por mí? ¡Tengo que estudiar para un examen importantísimo!" En un abrir y cerrar de ojos, él nos tenía a todos trabajando en las tareas que nos había delegado mientras él alcanzaba su meta más importante.

10 - Soportará la crítica para completar la tarea en la cual se ha involucrado.

Nunca	*Rara vez*	*A veces*	*Usualmente*	*Mayormente*	*Siempre*	
0	**1**	**2**	**3**	**4**	**5**	**PUNTOS**

¡Los líderes son muy criticados! Parece que son gajes del oficio del administrador. Siempre hay quienes sienten que el líder debería hacer las cosas de manera diferente: más lentamente o más rápidamente, más prudentemente, más audazmente, etc.

Una variación de la famosa declaración de Abraham Lincoln podría ser: "Se puede complacer a todas las personas algunas veces, y a algunas personas todas las veces; pero no se puede complacer a todas las personas todas las veces." Sin embargo, esto no detendrá al administrador.

Un pastor dijo una vez: "El problema que hay cuando uno trabaja en la iglesia es que se está trabajando con personas, y cuando hay personas, hay problemas."

En otra ocasión, un cristiano respondió a una crítica pública de las iglesias diciendo: "No existen iglesias perfectas. Y si usted encontrara una y llegara a congregarse en ella, ¡ya no sería perfecta!"

Si usted conoce a algún administrador, ore por él/ella. Los administradores reciben más críticas de lo que les corresponde.

11 - Tiene mucho entusiasmo por cualquier tarea que emprende.

Nunca	*Rara vez*	*A veces*	*Usualmente*	*Mayormente*	*Siempre*	
0	**1**	**2**	**3**	**4**	**5**	**PUNTOS**

El entusiasmo emana naturalmente del administrador. La TAB dice que el administrador debe hacer su trabajo con "entusiasmo y determinación". La palabra griega es *spoude,* la cual en la versión Reina Valera se traduce "diligencia". Kenneth Wuest, autor de *Word Studies in the Greek New Testament* [Estudios de palabras en el Nuevo Testamento en griego], lo traduce "esfuerzo y denuedo intensos". Hemos aprendido de la *Strong's Concordance* que la palabra también abarca los conceptos de velocidad, diligencia, seriedad, apuro, esfuerzo intenso y determinación.

Es como si Dios le hubiera dado al administrador la habilidad de poner todos sus esfuerzos en determinada obra o tarea de manera que pueda completarla.

Dennis, quien tiene varias responsabilidades administrativas grandes, dice: "¡Me encanta lo que hago! Me muero de ganas de llegar al trabajo cada día. Me gustan las exigencias y los retos de mi trabajo. Disfruto de ver qué tan rápidamente puedo completar lo que tengo que hacer para después seguir con la siguiente tarea con el mismo entusiasmo y celo."

Aunque el celo del administrador es puro y altruista, es tan fuerte que muchas veces otras personas se sienten amenazadas y agobiadas por él.

"Yo era el responsable de una organización voluntaria – dice Hazel –. Estaba muy identificada con las metas de la organización y me metí de lleno en el trabajo. Pero algunos de los miembros parecían estar sospechosos de mi entusiasmo y empezaron a resistir cada idea que yo proponía. Finalmente organicé una sesión de enseñanza sobre los dones motivacionales, de manera que ellos pudieran aprender lo que podían esperar de las diferentes personas. Esto ayudó mucho. Empezaron a aceptar mi celo por la obra y trabajamos juntos mucho mejor."

12 - Su máxima felicidad y satisfacción es trabajar para alcanzar sus metas.

Nunca	Rara vez	A veces	Usualmente	Mayormente	Siempre	
0	1	2	3	4	5	PUNTOS

Quienes tienen el don de servicio gustan de trabajar con metas inmediatas y experimentan gran gozo cuando alcanzan estas metas. Pero los administradores trabajan con proyectos a largo plazo y encuentran su gozo al trabajar para alcanzar la meta.

Cada vez que yo empacaba una edición de la revista – todas las historias editadas, las fotos listas, las citas y los títulos escritos, el diseño completado – y ponía el paquete en el correo para enviarlo a la imprenta, sentía gran gozo. Pero los paquetes se tardaban tres meses en llegar a la imprenta. (Y tengo que reconocer que sentía un "gozo anticipado" durante ese tiempo.)

Wanda se dio cuenta de que su don de administración le ayudaba muchísimo en su trabajo como coordinadora del programa de educación cristiana de su iglesia. "La primera meta en la que trabajé – dice –, fue organizar un centro de recursos que supliría a los maestros los materiales que necesitaían, para que el trabajo se hiciera bien. Después pasé meses capacitándolos en los métodos de enseñanza. ¡Qué gran gozo y satisfacción sentí al final, al ver al grupo completo trabajando para hacer que nuestra Escuela Dominical funcionara de manera excelente."

13 - Está dispuesto a que otros se lleven los laureles para que se pueda terminar un trabajo.

Nunca	Rara vez	A veces	Usualmente	Mayormente	Siempre	
0	1	2	3	4	5	PUNTOS

Un administrador maduro no se preocupa por llevarse los laureles por algún logro. Como cualquier otra persona, al administrador le gusta que lo halaguen y lo animen; sin embargo, él prefiere compartir el reconocimiento con todo el grupo. Él ve el éxito como un logro colectivo. No es una modestia falsa cuando el administrador rechaza los elogios de la gente. Cuando él dice: "Nada de esto hubiera sido posible sin el excelente trabajo de mis colegas", verdaderamente lo cree y lo dice de corazón. Él se ve a sí mismo como el que organiza el trabajo, y ve a los demás como los que ejecutan la tarea.

Roy Burkhart, pastor de una iglesia grande en Ohio, al instruir a quinientos estudiantes del seminario en cuanto a los aspectos prácticos del pastorado, dijo: "Es increíble lo que se puede realizar en una iglesia si a nadie le importa quién se lleva los laureles."

En el mundo de los negocios Jeff ha aprendido lo bien que trabaja su personal cuando él los halaga y les agradece. "Pero incluso voy más allá – dijo él –. Cuando doy una idea o un consejo y uno de mis empleados la toma y la desarrolla, yo le doy el mérito por haber pensado en ello. Me gusta ver que las personas se sientan útiles y valiosas. También a mí me hace sentir bien."

14 - Prefiere asumir un nuevo reto cuando ya ha terminado una tarea.

Nunca	Rara vez	A veces	Usualmente	Mayormente	Siempre	
0	1	2	3	4	5	PUNTOS

Una vez que los administradores completan una tarea, están listos para emprender otra. Algunos suponen que una vez que el administrador ha puesto a funcionar un negocio o una iglesia, lo que quiere es seguir llevando las riendas. Pero no es así. Una vez que el sistema está caminando sobre ruedas, él prefiere dejárselo a otra persona y pasar a otra tarea que implique un reto.

Después de siete años, la revista *Aglow* estaba funcionando bien. Finalmente habíamos contratado personal asalariado, incluyendo un buen grupo de editores, y ya no sentía que me necesitaban. Sin tener ningún trabajo pionero que hacer, me sentía aburrida y frustrada. Ya sabía lo que iba a hacer cada día; ya no había aventuras como antes.

Entonces, al finalizar mi octavo año, el campo de la televisión se abrió para nosotros. Era algo completamente nuevo que nunca se había intentado, y yo estaba encantada. Podía vislumbrar lo edificante que sería el que las mujeres compartieran el evangelio con otras mujeres en la privacidad de su propio hogar.

Recuerdo haber estado de pie en la azotea de un rascacielos en Chicago que alberga una cadena de televisión cristiana. Al mirar a mi alrededor, vi en la oscuridad un sinfín de edificios de apartamentos altos, y me imaginaba a miles y miles de mujeres en aquellos apartamentos, algunas solitarias, otras abusadas, otras temerosas, muchas sin esperanza. *¡Oh, Dios mío!* – oré –. *¡Esta es la manera en que podemos alcanzarlas! Probablemente muchas de ellas no aceptarían ir a una reunión, pero sí escucharán a otra mujer compartir de todo corazón por televisión!*

15 - Constantemente se escribe notas a sí mismo.

Nunca	Rara vez	A veces	Usualmente	Mayormente	Siempre	
0	1	2	3	4	5	PUNTOS

Esta característica se aplica a todos los que tienen el don de administración sin excepciones. Diariamente escriben notas recordatorias para sí mismos y hacen listados de cosas que deben hacer, llamadas que hay que hacer, metas que tienen que cumplir, etc.

Los administradores tienden a tener tantas cosas en su mente que si no escriben las cosas cuando se les ocurren, es muy posible que las olviden. En una conferencia de escritores, yo estaba conversando con un nuevo editor de la revista *Decisión.* Él compartió conmigo algunas de las cosas que le gustaba de su nuevo trabajo y fácilmente pude ver que tenía el don de administración. Sólo por divertirme, le pregunté:

– ¿Te escribes notas a ti mismo, verdad?

– ¿Cómo lo supiste? – me preguntó atónito.

– Porque veo que tienes el don motivacional de administración, y los administradores *siempre* se escriben notas a sí mismos – le dije.

Adela también reconoce: "Yo rijo mi vida por las listas. Algunas veces paso más tiempo haciendo listas que haciendo las tareas en sí. Tengo una tendencia a querer organizar todo, pero algunas cosas sería mejor hacerlas espontáneamente."

Otra persona con el don de administración nos confesó que cuando no tenía a la mano una hoja de papel, escribía sus anotaciones en la mano, y luego esperaba no olvidar que estaban escritas ahí y lavarse las manos antes de haber transferido las anotaciones a un papel.

16 - Es un líder natural y capaz.

Nunca	Rara vez	A veces	Usualmente	Mayormente	Siempre	
0	1	2	3	4	5	PUNTOS

¿Una abeja es atraída a la miel? ¿Regresa una vaca al pasto? ¡Claro que sí! De igual manera el administrador está destinado a dirigir, por lo menos parte del tiempo.

Una de las cosas que hemos aprendido sobre los administradores es que no funcionan bien en cualquier tipo de equipo de liderazgo. Ellos tienen fuertes convicciones sobre la forma en que dirigen. Cada uno tiene su propio estilo y si hay dos líderes, habrá conflictos. Los administradores prefieren estar completamente a cargo de ciertas tareas o áreas; no les gusta compartir el liderazgo. Como cierto hombre dijo una vez: "Prefiero mil veces seguir a alguien que tratar de compartir el liderazgo con otro administrador."

Una de las raras parejas que comparten el don motivacional de administración son Duncan y Judy, un joven pastor y su esposa. Ambos fueron criados en una granja y les encanta la jardinería. Así que en su primer pastorado ellos decidieron sembrar un jardín de vegetales en su jardín trasero, y después compartieron con nosotros esta escena:

– Los surcos deben ir de norte a sur – declaró Duncan.

– Ay, no – insistió Judy –, nosotros siempre los disponíamos de este a oeste.

– Bueno, los vegetales altos necesitan ir aquí en el lado sur para que le den sombra a los otros cultivos dijo Duncan.

¿Estás bromeando, verdad? – dijo Judy –. Cualquier persona sabe que es mejor sembrar el maíz y los frijoles al norte para que las plantas más pequeñas reciban el sol que necesitan.

Se pasaron la siguiente hora discutiendo acerca de dónde debía sembrarse cada vegetal.

"No estábamos resolviendo nada dice Judy. Ambos estábamos muy seguros de que teníamos la razón. Creo que nunca hubiéramos podido sembrar nuestro jardín si Dios no le hubiera dado a Duncan una sabiduría especial. Él trajo un vara y trazó una línea justo por el medio del terreno y me dio el lado derecho y él tomó el lado izquierdo. Cada uno dispuso los surcos en dirección diferente y siguió los métodos a los cuales estaba acostumbrado. Y, ¿sabes qué pasó? Al final cada uno terminó con un lindo y productivo jardín."

También puede haber excepciones. Mi amiga Bette Ayers, quien tiene el don de administración, escribió: "Pensé que les resultaría interesante saber que hay veces que dos líderes sí pueden trabajar juntos. Cuando yo era capellán de los retiros de nuestra iglesia, tenía a JoAnn McMoran como mi mano derecha. No te puedo decir lo maravilloso que fue trabajar con ella. Fue una gran bendición tenerla a mi lado para orar con ella y buscar la voluntad de Dios en cada cosa. Me di cuenta de que cuando dos administradores trabajan bien juntos, es porque tienen al Señor como el verdadero Administrador."

17 - Sabe cuándo conservar métodos antiguos y cuándo lanzar métodos nuevos.

Nunca	Rara vez	A veces	Usualmente	Mayormente	Siempre	
0	1	2	3	4	5	PUNTOS

En cualquier grupo u organización donde se ha establecido un método de operación, las personas generalmente se sienten a gusto con ese método. Pero cuando un administrador toma las riendas, muchas veces él/ella puede ver que es necesario hacer unos cambios. Sin embargo, no es fácil hacer que las personas intenten algo nuevo cuando están acostumbrados a lo viejo. Esto requiere de gran sabiduría y los administradores lo tienen.

Jesús explicó que un líder en el reino de Dios "es como el dueño de una casa, que de lo que tiene guardado [en su bodega] saca tesoros nuevos y viejos, lo fresco [al igual que] lo familiar" (Mateo 13:52, TAB).

En Japón visitamos Meiji-Mura, una aldea restaurada del período meiji. Nuestro anfitrión, el pastor Tempei Wada, señaló una casa que tenía una bodega de estilo antiguo en la parte de atrás. "Esa es como la bodega que mencionó Jesús – dijo el –. Era donde el dueño de la casa guardaba sus tesoros, su dinero, su vajilla de plata, todas las cosas de valor.

"Fíjense que no tiene ventanas – nos comentó –. Cuando se cierra la puerta, no hay forma de que un ladrón entre allí. El dueño de la casa guardaba sus cosas de valor allí: cosas nuevas al igual que tesoros heredados de la familia, y las llevaba a la casa para disfrutarlas según deseaba."

Nos pareció apta la comparación. El líder sabio presenta nuevas ideas o nuevas maneras de funcionar una o dos a la vez, dejando que las personas sigan con lo conocido mientras se adaptan a lo nuevo. Luego presenta otra idea nueva, y después otra, pero no todas a la vez.

18 - Disfruta de trabajar con personas y estar alrededor de ellas.

Nunca	Rara vez	A veces	Usualmente	Mayormente	Siempre	
0	1	2	3	4	5	PUNTOS

Los administradores son personas que gustan de relacionarse con la gente. Ellos comparten esta característica con los exhortadores, pero en este caso, su motivación no es animar, sino llegar a conocer a las personas, aprender de ellas y relacionarse con ellas. Los administradores son grandes observadores del comportamiento humano y constantemente están aprendiendo cómo trabajar con las personas más eficazmente.

Hemos observado a nuestro hijo David relacionarse con las personas. En la escuela secundaria le gustaba ser parte de un grupo, ya sea que fuera el equipo de fútbol, un grupo de canto cristiano, el grupo de jóvenes de la iglesia, el cuerpo de estudiantes, o simplemente su propio grupo de amigos.

Cuando estaba en el onceavo grado, notó que muchos de los estudiantes eran ignorantes acerca de los problemas de los que viven en las naciones del tercer mundo. Él estaba interesado especialmente en las dificultades de los haitianos, y desarrolló una idea para exponer a sus compañeros las necesidades de ese país.

Con la ayuda de un maestro y un miembro del personal de *World Concern* él organizó un viaje de diez días para ocho estudiantes y dos adultos, primero a Washington, D.C., para hablar con un congresista, luego a la Florida para visitar un campo de refugiados, y finalmente a Haití para visitar un hospital, escuelas, iglesias, y orfanatos cristianos para conocer a las personas. "Aprendimos mucho acerca de las relaciones interpersonales", dijo David.

Durante sus años en la universidad en Seattle (Seattle Pacific University), David fue "consejero de sus contemporáneos" de un piso de dormitorios. Le ayudó a pagar su dormitorio, pero lo más importante fue que le dio la oportunidad de relacionarse con otros estudiantes y desarrollar sus habilidades de liderazgo.

Cuando David nos dijo que estaba pensando lanzar su candidatura para ser presidente del cuerpo de estudiantes durante su último año, nosotros lo animamos a hacerlo, puesto que con su don motivacional de administración y su amor por las personas, nosotros sabíamos que él lo haría muy bien. Resultó electo como presidente del cuerpo de estudiantes, y efectivamente, desempeñó muy bien su cargo.

David piensa ser pastor o profesor de la universidad para que, como él dice, "pueda influir en la mayor cantidad de personas como sea posible."

19 - Le gusta ver las cosas terminadas lo más pronto posible.

Nunca	*Rara vez*	*A veces*	*Usualmente*	*Mayormente*	*Siempre*	
0	**1**	**2**	**3**	**4**	**5**	**PUNTOS**

Los administradores quieren terminar un trabajo, ¡rápido! No les gustan los retrasos, los trámites burocráticos o las personas que arrastran los pies.

Una madre con el don de administración dijo: "Me enojo y me frustro mucho cuando no puedo terminar un simple proyecto rápidamente. El obstáculo más grande es no saber dónde están las cosas. Con una familia tan grande como la mía (ella tiene seis hijos), es increíble lo que desaparece o lo que no se vuelve a poner en su lugar."

Jenni, quien es directora de un equipo de muchachas animadoras, compartió lo frustrante que es cuando las jovencitas no prestan atención o no son aplicadas. "Ellas tienen el potencial para ser campeonas, pero eso lleva trabajo. A menudo no se esfuerzan para aprender las formaciones. Eso retrasa nuestro progreso; desearía que no perdieran tanto tiempo."

20 - No disfruta de realizar tareas rutinarias.

Nunca	Rara vez	A veces	Usualmente	Mayormente	Siempre	
0	1	2	3	4	5	PUNTOS

"¡Qué aburrido!" Esa es la opinión del administrador acerca de los trabajos rutinarios y repetitivos. Si no hay desafíos, no hay interés.

Estimamos que un administrador no duraría más de un día en un trabajo rutinario. Por otra parte, a los que tienen el don de servicio les gusta la seguridad de un trabajo rutinario donde saben qué es lo que se espera de ellos. No es de extrañar que a los administradores les guste tener servidores en su equipo de trabajo, para poder delegarles este tipo de trabajo.

Susan, una administradora de Kamloups, Canadá, nos escribió que mientras ella hace tareas rutinarias en su casa, evita el aburrimiento organizando en su mente su proyecto más reciente. "No sólo tolero más las tareas de la casa – dice –, sino que cuando tengo el tiempo de trabajar en el proyecto, la mayor parte del plan está completado y así me ahorro tiempo."

Gladys dice que ella sobrelleva los trabajos domésticos rutinarios escuchando casetes de enseñanzas. Vilma tiene un sistema similar, solamente que en su caso, escucha su música favorita. Mark usa su walkman con los audífonos cuando corta el césped. Georgia ora mientras aspira las alfombras y barre el piso. Y Pedro memoriza versículos de la Biblia en la media hora que le toma ir y venir del trabajo. ¡Todas son buenas ideas para los administradores!

El don de administración

Características

1 - Es muy motivado a organizar lo que está bajo su responsabilidad.
2 - Expresa las ideas y la organización de maneras muy claras.
3 - Prefiere estar bajo la autoridad para tener autoridad.
4 - No tomará una responsabilidad si no es delegada por la autoridad.
5 - Asumirá responsabilidades si no existe un liderazgo específico.
6 - Disfruta mucho de trabajar con metas y proyectos a largo plazo.
7 - Es una persona visionaria con una perspectiva amplia.
8 - Fácilmente junta a personas y recursos para llevar a cabo metas o tareas.
9 - Disfruta de delegar tareas y supervisar a las personas.
10 - Soportará la crítica para completar la tarea en la cual se ha involucrado.
11 - Tiene mucho entusiasmo por cualquier tarea que emprende.
12 - Su máxima felicidad y satisfacción es trabajar para alcanzar sus metas
13 - Está dispuesto a que otros se lleven los laureles para que se pueda terminar un trabajo.
14 - Prefiere asumir un nuevo reto cuando ya ha terminado una tarea.
15 - Constantemente se escribe notas a sí mismo.
16 - Es un líder natural y capaz
17 - Sabe cuándo conservar métodos antiguos y cuándo lanzar métodos nuevos.
18 - Disfruta de trabajar con personas y estar alrededor de ellas
19 - Le gusta ver las cosas terminadas lo más pronto posible.
20 - No disfruta del realizar tareas rutinarias.

	Nunca	*Rara vez*	*A veces*	*Usualmente*	*Mayormente*	*Siempre*	*PUNTOS*
	0	*1*	*2*	*3*	*4*	*5*	
1							
2							
3							
4							
5							
6							
7							
8							
9							
10							
11							
12							
13							
14							
15							
16							
17							
18							
19							
20							
						TOTAL	

PROBLEMAS DEL ADMINISTRADOR

23

Las personas con el don de administración a veces enfrentan el siguiente obstáculo: cuando llevan sus características positivas a un extremo, estas se convierten en áreas problemáticas. Dios los ha equipado con las capacidades y los dones que se necesitan para completar tareas y alcanzar metas. Sin embargo, si no bajan un poco la velocidad y se toman el tiempo de disfrutar de la vida, su don los absorbe tanto que terminan invirtiendo sus prioridades.

Un cristiano en Australia nos dijo que si Satanás no puede lograr que un cristiano peque adrede, su próxima táctica es empujarlo a hacer buenas obras hasta llegar a un extremo donde todo está fuera de equilibrio y su testimonio ya no es eficaz. Al calificarse a sí mismo, entienda que todos los excesos son malos.

1 - Se molesta cuando otros no comparten la misma visión o las mismas metas.

Nunca	Rara vez	A veces	Usualmente	Mayormente	Siempre	
0	1	2	3	4	5	PUNTOS

Como se ha mencionado, le es muy difícil al administrador trabajar en un equipo de liderazgo. Pero cuando tiene compañeros de trabajo con una visión diferente, que parecen obstaculizar el trabajo, para el administrador es como si tuviera una piedra de molino al cuello.

Ed, quien tiene el don de administración, trabajó para una organización que estaba estructurada de tal forma que los siete hombres que encabezaban los departamentos también servían como la junta de gobierno. La política de la compañía era no emprender ningún proyecto a menos que *todos* los integrantes de la junta estuvieran de acuerdo. Parecía una forma ideal de gobernar, pero en la práctica era frustrante cuando el voto negativo de una persona era el factor determinante.

"Había varios en la junta que eran un poco conservadores y automáticamente sospechaban de cualquier idea nueva – reportó Ed –. Cada vez que yo presentaba una propuesta para incrementar la eficacia de la organización, uno de ellos se ponía terco y decía: 'Bueno, nunca hemos probado eso' o 'Será mejor que por ahora no hagamos eso.'

"Yo me enojaba – admitió Ed –. Su falta de visión era sumamente frustrante. Finalmente me cansé. No estoy orgulloso de lo que hice, pero les dije que nunca avanzaríamos si ellos seguían dejando que la persona de menos visión determinara el nivel de nuestro trabajo.

"El Señor trabajó conmigo en cuanto a mi actitud, pero Él también me mostró que aquella estructura de autoridad no era para mí. Pude cambiarme a otro trabajo donde no ponían tantos obstáculos."

Quizás la cosa más importante que puede aprender el administrador es que la oración cambia las cosas. El ser persuasivo y el presentar los datos y los hechos no pueden cambiar del todo la perspectiva limitada de otras personas. Pero Dios puede mover montañas y transformar a las personas; Él puede engrandecer la visión de otros, si solamente se lo pedimos.

2 - Desarrolla una barrera por ser objeto de crítica.

Nunca	*Rara vez*	*A veces*	*Usualmente*	*Mayormente*	*Siempre*	
0	**1**	**2**	**3**	**4**	**5**	**PUNTOS**

Si es verdad, como nos dice la sicología, que por cada palabra negativa que se habla en contra de nosotros necesitamos cuatro palabras positivas para neutralizar el efecto negativo, entonces está claro por qué muchos administradores construyen una barrera para protegerse a sí mismos de la mucha crítica que les llega debido a su posición.

Malcolm, un administrador con un puesto ejecutivo, está casado con una mujer que solía fastidiarlo constantemente. Siempre le señalaba sus puntos débiles, y le acribillaba con comentarios poco amables.

"Yo podía soportar la crítica en el trabajo – insistió él –, pero era la actitud crítica de mi esposa que me atormentaba. Construí paredes de silencio y de sarcasmo, y determiné que no iba a permitir que ella me volviera a herir. Vivíamos en la misma casa, pero eso era todo. Nuestro matrimonio se estaba destruyendo y yo me decía a mí mismo que no me importaba.

"Afortunadamente a nuestro pastor sí le importaba. Él nos llamó e insistió en aconsejarnos. Me ayudó a empezar a bajar las barreras y también le enseñó a mi esposa cómo comunicarse sin criticar. Tomó tiempo, pero lo que ambos aprendimos fue muy valioso, y ahora estamos ayudando a aconsejar a otros con problemas similares."

3 - Puede caer en usar personas para llevar a cabo sus metas personales.

Nunca	*Rara vez*	*A veces*	*Usualmente*	*Mayormente*	*Siempre*	
0	1	2	3	4	5	PUNTOS

Para los administradores es tan importante alcanzar sus metas que pueden olvidar que las personas no son peones que pueden moverse como en un juego de ajedrez. No es que quieran hacer esto; simplemente llevan una cualidad buena a un extremo hasta que se vuelven desconsiderados y muchas veces hasta hieren a otras personas.

Yo recuerdo que en los primeros días de *Aglow*, cuando nuestra "oficina editorial y publicadora" ocupaba el espacio de nuestro garaje el cual era más grande de lo normal, caía en este error vez tras vez. La mayoría de nuestro personal voluntario trabajaba hasta las cuatro en punto para poder llegar a casa antes que su esposo.

Un día yo noté que podríamos terminar de empacar y poner al correo las revistas si cada una de nosotras trabajaba solamente media hora más de lo acostumbrado. Pregunté a las señoras si lo harían.

"Mi esposo se enoja mucho si llego tarde – se disculpó una mujer –. A él no le importa que haga trabajo voluntario siempre y cuando eso no interfiera con nuestra vida familiar y los quehaceres del hogar."

"Me gustaría quedarme a ayudar – dijo otra, disculpándose igualmente –, pero mi niñera no se puede quedar más de las 4:15."

"Yo me puedo quedar diez minutos más – dijo otra persona –, pero tengo que ir al supermercado y tener la cena lista o mi hijo perderá su práctica de basketball."

De pronto me di cuenta lo que estaba haciendo. Había empezado a mirarlas como muchas manos que podían terminar un trabajo, en lugar de verlas como personas reales con familiares reales con necesidades reales que había que suplir. ¡Yo era quien tenía que pedir disculpas!"

4 - Tiende a empujarse a sí mismo y descuidar las necesidades familiares y personales

Nunca	*Rara vez*	*A veces*	*Usualmente*	*Mayormente*	*Siempre*	
0	1	2	3	4	5	PUNTOS

¡Las prioridades! Eso es lo que los administradores deben tener en mente. Cierto administrador nos dijo: "Me entrego cien por ciento a cualquier cosa que hago." Pero esta cualidad que puede ser tan admirable también puede hacer estragos en otras áreas de la vida.

Los administradores pueden sobrecargarse, comprometerse demasiado a una tarea, o hacer demasiadas actividades, ya sea para su propio bienestar o el de su familia. El celo por su trabajo o ministerio puede llevarlos a descuidar a sus seres queridos.

Proverbios 31 nos da un consejo excelente: "Considera un prado nuevo antes de comprar o aceptarlo. Amplía su negocio prudentemente [no exponiéndose a ser negligente con sus responsabilidades actuales al asumir otras]..." (versículo 16a, TAB). Cada vez que los administradores estén considerando nuevos proyectos, necesitan tomar en cuenta sus obligaciones presentes y asumir nuevas responsabilidades solamente si pueden hacerlo sin descuidar su cónyuge, sus hijos, su trabajo, sus compromisos en la iglesia, su tiempo devocional, y el tiempo que le dedican al ejercicio y a la recreación.

5 - Descuida las responsabilidades rutinarias del hogar debido a su dedicación apasionada a su "trabajo".

Nunca	*Rara vez*	*A veces*	*Usualmente*	*Mayormente*	*Siempre*	
0	**1**	**2**	**3**	**4**	**5**	**PUNTOS**

¡Qué gran alivio fue para mí saber que, para las mujeres con el don de administración, era normal no disfrutar de los quehaceres del hogar! Antes me sentía muy culpable por esto. Yo sí hago los quehaceres de la casa... poco a poco. Pero tengo que admitir que nuestra casa no está perfectamente ordenada todo el tiempo. Tiendo a dejar los quehaceres del hogar para después. No me gusta sacudir el polvo. Lo hago y al siguiente día, los muebles ya tienen polvo otra vez. Hago la cama y luego dormimos en ella, y la tengo que hacer al día siguiente. Lavo la ropa y pronto hay que volver a lavarla. Esta rutina no tiene fin. (¡Me alegra tanto escuchar los reportes de que no hay suciedad ni polvo en el cielo!)

Hay que hacer los quehaceres del hogar. Pero he comprado un cable de teléfono largo para así poder hablar por teléfono mientras lavo los platos. Escucho casetes mientras limpio los pisos. Veo mi programa de televisión favorito mientras doblo la ropa y plancho. He aprendido a soportar los quehaceres del hogar.

Y ustedes los varones que tienen el don de administración, está bien que detesten cortar el césped, limpiar las tuberías de desagüe y pintar la casa, pero deben recordar que también hay que hacer esas cosas. Los administradores, ya sean hombres o mujeres, son las personas que más pueden llegar a ser "adictos al trabajo". Así que, ¡mucho cuidado!

Todos los administradores debemos recordar que nuestro amor por nuestro trabajo, nuestros proyectos voluntarios, el trabajo en la iglesia, o cualquier cosa en la que nos involucremos no debe llevarnos a descuidar las responsabilidades básicas de la vida.

Problemas típicos del administrador:

1 - Se molesta cuando otros no comparten la misma visión o las mismas metas.
2 - Desarrolla una barrera por ser objeto de crítica.
3 - Puede caer en usar personas para llevar a cabo sus metas personales.
4 - Tiende a empujarse a sí mismo y descuidar las necesidades familiares y personales.
5 - Descuida las responsabilidades rutinarias del hogar debido a su dedicación apasionada a su "trabajo".

	Nunca	Rara vez	A veces	Usualmente	Mayormente	Siempre	PUNTOS
	0	1	2	3	4	5	
1							
2							
3							
4							
5							
						TOTAL	

Personajes Biblicos Con El Don de Administración

24

En la Biblia, muchas veces los administradores son reyes, sacerdotes u obispos. Tales personas pueden asumir el liderazgo, no solamente debido a sus dones, sino también a la ventaja de haber nacido con cierta posición o poder. Sin embargo, el ejemplo del don motivacional de administración que hemos escogido examinar, es una persona que llegó al liderazgo sin ningún estatus ni influencia especiales.

José nació en una familia judía muy importante y es cierto que fue muy favorecido por su padre, Jacob. Pero esto no fue suficiente como para mantenerlo fuera de problemas. El error de José fue anunciar sus habilidades para gobernar antes de que la gente a su alrededor estuviera preparada para aceptarlo. Entonces, después que sus hermanos lo vendieron como esclavo, su familia no lo ayudó para nada a llegar a ser líder.

Veamos cuántas características del don de administración puede encontrar en la siguiente referencia.

Escritura: Génesis 37-50 (TAB)

Sus comentarios:

Génesis 37

9 Soñó [José] aun otro sueño, y [también] lo contó a sus hermanos, diciendo: He aquí que he soñado otro sueño, y he aquí que [no sólo] el sol y la luna [sino que] once estrellas se inclinaban a mí.

10 Y [también] lo contó a su padre y a sus hermanos; y su padre le reprendió, y le dijo: ¿Qué sueño es este que soñaste? ¿Acaso vendremos yo y u madre y tus hermanos a postrarnos en tierra ante ti?

Sus comentarios:

Génesis 39
4 Así halló José gracia en sus ojos, y le servía [a Potifar]; y él le hizo mayordomo de su casa y entregó en su poder todo lo que tenía.

Génesis 41
29 He aquí vienen siete años de gran abundancia en toda la tierra de Egipto.

30 Y tras ellos seguirán siete años de hambre [y escasez]; y [habrá tanta necesidad que] toda la abundancia [de los años anteriores] será olvidada en la tierra de Egipto, y el hambre (destitución, inanición) consumirá (acabará con) la tierra.

40 Tú estarás sobre [a cargo de] mi casa, y por tu palabra se gobernará todo mi pueblo [te tendrán reverencia, sumisión y obediencia]; solamente en el trono seré yo mayor que tú.

Dios ya había planificado cómo desarrollar y usar el don de liderazgo de José. Este lideró estando en la prisión, y luego como gobernador sobre todo Egipto y los alrededores. A continuación están las características que vemos en él:

Escritura: Génesis 37-50 (TAB)	*Nuestros Comentarios:*
Génesis 37	
9 Soñó [José] aun otro sueño, y [también] lo contó a sus hermanos, diciendo: He aquí que he soñado otro sueño, y he aquí que [no sólo]	**#7** Una persona visionaria **#11** Entusiasmo por sus sueños **#16** Capacidad de liderazgo revelada por un sueño

el sol y la luna [sino que] once estrellas se inclinaban a mí.	**#19**	Quiere que sus sueños se cum plan ya
10 Y [también] lo contó a su padre y a sus hermanos; y su padre le reprendió, y le dijo: ¿Qué sueño es este que soñaste? ¿Acaso vendremos yo y su madre y tus hermanos a postrarnos en tierra ante ti?	**#10**	Criticado
Génesis 39		
4 Así halló José gracia en sus ojos, y le servía [a Potifar]; y él le hizo mayordomo de su casa y entregó en su poder todo lo que tenía.	**#3** **#5** **#8** **#9** **#16**	Trabajó bajo autoridad Asumió responsabilidades Su don de administración fue re conocida Disfruta de supervisar Un líder aun en la cárcel
Génesis 41		
29 He aquí vienen siete años de gran abundancia en toda la tierra de Egipto.	**#7**	Un visionario
30 Y tras ellos seguirán siete años de hambre [y escasez]; y [habrá tanta necesidad que] toda la abundancia [de los años anteriores] será olvidada en la tierra de Egipto, y el hambre (destitución, inanición) consumirá (acabará con) la tierra.	**#6** **#7** **#14**	Se fija metas a largo plazo Un visionario Disfruta de un reto
40 Tú estarás sobre [a cargo de] mi casa, y por su palabra se gobernará todo mi pueblo [tendrán reverencia, sumisión y obediencia]; solamente en el trono seré yo mayor que tú.	**#1** **#3** **#6** **#7** **#16**	Motivado a organizar Acepta la autoridad Le dan metas a largo plazo Amplia perspectiva Un líder capaz

¿Alguna vez se ha preguntado qué les hubiera pasado a todos aquellos países del Medio Oriente si una persona con tan impresionante don de administración no hubiera estado disponible? El liderazgo visionario de José salvó a millones de personas.

Ahora dedique un tiempo a conocer más sobre José y otros ejemplos bíblicos del don de administración:

José – Génesis 30-40
Nehemías – Nehemías 1-7
Débora – Jueces 4-5
David – 1 Samuel 16:31, 2 Samuel; 1 Reyes 1-2; 1 Crónicas 10:13-29:30
Anás – Lucas 3:2; Juan 18:13-24; Hechos 4:5-6
Jacobo, hermano de Jesús – Mateo 13:55, Marcos 6:3; Hechos 12:17, 15:13; 21:18; 1 Corintios 15:7; Gálatas 1:19; 2:9
Jairo – Mateo 9:18; Marcos 5:22-43; Lucas 8:41-45

Características Del que Tiene Compasión

25

De todos los dones, el de compasión es el que Dios da más frecuentemente. ¡Qué maravilloso! Hay una canción que dice: "Lo que este mundo necesita ahora es amor, dulce amor", y es verdad. Puede ser que Dios ha creado tan vasto número de personas con el don de compasión justamente porque hay tanta gente herida. En nuestra encuesta, treinta por ciento de los que respondieron tenían este don. Eso es casi un tercio de la población.

"Tener misericordia" en el griego es *eleeo.* El diccionario *Strong's* lo define así: "compadecerse (ya sea de palabra o de hecho, específicamente por gracia divina): tener compasión, (apiadarse), tener (obtener, recibir, mostrar) misericordia (de)." (Decidimos usar la palabra "compasión" y no "misericordia", puesto que "tener misericordia de" o "apiadarse de" pueden tener una connotación negativa de debilidad.)

La persona con el don de compasión debe mostrar su compasión con gozo, *hilarotes* en el griego, que de acuerdo con Vine, autor de un importante diccionario, significa "aquella disposición de la mente, aquel gozo, que está pronto a hacer cualquier cosa; alegría." Wuest señala que nuestra palabra "hilaridad" viene de esta palabra en griego. Vincent lo define como "ese gozo, esa gracia amable, la afabilidad que hace que el que visita a un enfermo sea como un rayo de sol que penetra en la habitación y en el corazón del afligido". La TAB dice que nuestros actos de misericordia han de hacerse con "verdadera alegría y entusiasmo gozoso".

Recuerde que no existe un octavo don. Este es el último de la lista. Así que completa la aventura de descubrir sus dones. Cuando haya transferido el total de los puntos que sacó para el don de compasión a la hoja de perfil, verá el cuadro completo de sus dones. En el capítulo que finaliza esta sección veremos lo que indica su hoja de perfil y cómo se evalúa.

1 - Tiene una tremenda capacidad de demostrar amor.

Nunca	Rara vez	A veces	Usualmente	Mayormente	Siempre	
0	1	2	3	4	5	PUNTOS

De todos los dones motivacionales, este es el que tiene la mayor capacidad y habilidad de mostrar amor a otros. Reflejando la naturaleza de su Padre celestial, las personas con el don de compasión parecen tener una fuente inagotable de amor *ágape.* Mientras más oportunidades tengan de dar amor, más gozosas y satisfechas se sienten.

Yo estaba enseñando el seminario de los dones motivacionales en un retiro de mujeres en el este de Pennsylvania hace algunos años cuando noté a una mujer en la primera fila con lágrimas rodando por sus mejillas. Me pregunté si yo había dicho algo que le había molestado. En el próximo receso ella se acercó a mí.

“Yo solamente quiero hacerle saber que lo que vio eran lágrimas de gozo – me dijo –. Estuve sentada durante toda la sesión pensando: *Esto no encaja conmigo, esto otro tampoco,* y empecé a desanimarme. Dije entonces: *Señor, ¿será que voy a encajar con alguno de todos estos dones?*

”Entonces, cuando usted empezó a compartir sobre el don de compasión, el Señor me habló y me dijo: *Este es el don que yo te he dado y ahora yo agrandaré tu corazón para que puedas dar más de mi amor a otros.*

”Katie, sentí una sensación en mi corazón físico, tal como si se hubiese ensanchado, y después sentí el amor de Dios fluir en mi corazón y pude ver cómo Él verdaderamente ama y se preocupa por cada persona en el mundo. Me impresionó la grandeza de su amor y el hecho de que Él me había dotado de tal manera que pueda ser un canal para compartir su amor. No pude evitar llorar de gozo.”

2 - Siempre busca lo bueno en las personas.

Nunca	Rara vez	A veces	Usualmente	Mayormente	Siempre	
0	1	2	3	4	5	PUNTOS

Quienes tienen el don de compasión no critican. Es como si tuvieran tapaojos internos que no les permiten ver los rasgos negativos de otras personas. Su enfoque permanece en lo bueno, tanto lo real como lo potencial. Tampoco quieren escuchar a otros hablar sobre lo negativo de las personas.

Barbara Ann Chase, quien sirvió como la oficial internacional de *Aglow* durante varios años, era un excelente ejemplo de esta característica. Cada vez que ella escuchaba a cualquiera de nosotras hablar sobre lo negativo de alguna persona, ella intervenía diciendo: "Pero esa persona tiene tantas cualidades. El otro día yo la vi..." y empezaba a dar una lista de todas las cosas positivas que ella sabía de dicha persona.

Su enfoque en las buenas cualidades de los demás era un freno importante para las demás personas en la oficina, porque siempre podemos encontrar rasgos negativos en cualquier persona si los buscamos.

Dixie Choyce, una encantadora señora mayor en nuestra iglesia que tiene un don de compasión que fluye espontáneamente, compartió este recuerdo con nosotros: "Decidí a la edad de dieciocho años que tenía que haber algo bueno en cada persona, por antipática que pareciera la persona. Así que traté de encontrar cualidades y valores positivos en cada persona." Ella ha pasado toda su vida buscando y encontrando lo bueno en las personas.

3 - Percibe el ambiente espiritual y emocional de grupos e individuos.

Nunca	*Rara vez*	*A veces*	*Usualmente*	*Mayormente*	*Siempre*	
0	**1**	**2**	**3**	**4**	**5**	**PUNTOS**

Es como si hubiera antenas o sensores invisibles en la cabeza de aquellos que tienen el don motivacional de compasión. Son sumamente sensibles al estado emocional de otros. Ellos saben si las personas están deprimidas, tristes o alegres, confiadas o temerosas.

Jeannette nos dijo que ella siempre ha sido sensible a las necesidades espirituales de las personas. "Dios me ha dotado con la habilidad de ver cuando las personas son intimidadas o heridas por otras personas en una conversación. Automáticamente tiendo a ayudarlas."

Las personas con el don de compasión también son buenas con el lenguaje corporal. Algunos expertos en comunicación han propuesto que de un setenta y cinco a ochenta por ciento de la comunicación humana es no verbal. La manera en que nos paramos, nos sentamos o hasta sostenemos nuestros brazos, le dice a la gente: "Te acepto" o "No recibo nada de lo que dices" o "Me siento desanimado hoy". Pero aun más que todo esto, nuestras expresiones faciales muchas veces son la forma en que mostramos nuestros sentimientos, aunque no digamos nada. Si hablamos, el tono de nuestra voz puede revelar mucho más que las palabras que utilizamos.

Todos nosotros podemos "descifrar" este tipo de comunicación hasta cierto punto, pero las personas con el don de compasión son expertos en la materia. Y puesto que ellas están constantemente funcionando en esta área, siempre están más o menos sintonizadas con los sentimientos más profundos de los demás.

4 - Se siente atraído a ayudar a las personas heridas o afligidas.

Nunca	Rara vez	A veces	Usualmente	Mayormente	Siempre	
0	1	2	3	4	5	PUNTOS

Esta es una característica que tienen las personas con el don de compasión que siempre está presente y lista para funcionar. Empieza a notarse desde la infancia y continúa a través de toda su vida.

Estas son las personas que, de niños, traían a casa los perros perdidos y los gatos heridos. También traían a casa a los niños solitarios que no tenían amigos.

Nuestra hija Linda era así. Recordamos que en los últimos años de la escuela primaria, ella empezó a traer a casa amigas un poco raras. Una era tan antisocial que le preguntamos: "Linda, ¿por qué quieres jugar con *ella*?"

Linda nos respondió: "Esta chica no tiene ni una amiga en la escuela. ¡Así que yo voy a ser su amiga!"

No todos entienden por qué las personas con el don de compasión son atraídas a las personas heridas, y esta cualidad no agrada a todo el mundo.

Arlene nos cuenta que cuando ella tenía diez años de edad, se dio cuenta de que una niñita mejicana en su pequeño pueblo nunca había visto o tenido un árbol de Navidad. Así que la invitó a compartir la cena de navidad con su familia. "Cuando llegó María con sus ropas harapientas, mi madre quedó horrorizada – nos dice Arlene –. Mi madre había sido criada con muchos prejuicios raciales y de clase social, y ella no podía comprender por qué yo había invitado a tal persona a nuestro hogar. Cuando mi madre dijo que María se tenía que ir de la casa, yo lloré amargamente. María finalmente pudo quedarse para cenar y ver nuestro árbol, pero mi madre no estaba nada contenta."

5 - Toma acción para quitar el dolor y aliviar los problemas de otras personas.

Nunca	Rara vez	A veces	Usualmente	Mayormente	Siempre	
0	1	2	3	4	5	PUNTOS

Las personas con el don de compasión no solamente son atraídas a quienes están heridos, sino que también hacen algo al respecto.

Una mujer con este don nos dio una simple definición sobre la diferencia entre lástima, empatía y compasión:

La lástima dice: "¡Siento mucho que estés herido!"

La empatía dice: "¡Siento mucho que estés herido y me uno a tu dolor!"

La compasión dice: "¡Siento mucho que estés herido, me uno a tu dolor, y voy a quedarme a tu lado hasta que el dolor desaparezca!"

Mollie, una enfermera a quien le encanta ministrar a otros, nos dijo: "Trabajar con los amerindios en el área de la salud pública y la obstetricia me ha dado la oportunidad de compartir mi don y ayudar a otros en una forma muy práctica."

Bonnie, quien hoy trabaja con *Parents in Crisis* (Padres en Crisis), una organización de apoyo a aquellos que están luchando con hijos abusados y con adición a las drogas, nos cuenta lo mucho que quería ayudar a los heridos desde que era niña.

"Cuando tenía seis años de edad – nos relata –, solía regresar a casa corriendo cuando terminaba el día escolar para ir a compartir con la pequeña hijita de los vecinos lo que había aprendido aquel día. La niña tenía cinco años de edad y todavía usaba un cochecito de bebé. Tenía una enorme cabeza, el cuerpo de un bebé, y una gran excrecencia en la espalda. Me daba mucha lástima y quería ayudarla, y esa era la única forma que se me ocurría."

6 - Se preocupa más por los problemas mentales y emocionales que por los físicos.

Nunca	Rara vez	A veces	Usualmente	Mayormente	Siempre	
0	1	2	3	4	5	PUNTOS

Supongamos que usted tiene que pasar unos días en el hospital. ¿Adivine quién será la primera persona que llegará a visitarlo? La persona con el don de compasión inquirirá sobre su comodidad y sobre el pronóstico médico. Pero después seguirá averiguando cómo le está afectando emocionalmente el estar en el hospital. ¿Le preocupan las cosas que hay que hacer en casa? ¿Tiene temor? ¿Siente la presencia de Dios en este tiempo de necesidad? ¿Necesita oración?

Tal vez él o ella simplemente se siente al lado de su cama y le sostenga la mano. Esta persona literalmente llorará con los que lloran.

Sharon estaba tan preocupada sobre las personas con problemas que empezó un grupo en su iglesia llamado *Caring and Sharing* (Preocupándose y Compartiendo), donde las personas podían reunirse y hablar sobre sus aflicciones y encontrar a otros en situaciones similares.

Jacquie, quien encabeza la lista de la cadena de oración en la iglesia, encuentra que siempre está dando consejería informal. "Parece ser que siempre tengo a alguien en mi vida que necesita mi apoyo emocional. Tan pronto como logro ayudar a alguien a salir de su problema, el Señor me envía a otra persona."

7 - Es motivado a ayudar a las personas a tener una buena relación con los demás.

Nunca	Rara vez	A veces	Usualmente	Mayormente	Siempre	
0	1	2	3	4	5	PUNTOS

Las personas con el don de compasión se preocupan por las relaciones quebrantadas. Son edificadores de puentes. Son pacificadores. Quieren ver el Cuerpo de Cristo unido y funcionando en amor. Les gusta la oración de Jesús en Juan 17, y trabajan para ese fin.

Robin Adams, ahora una misionera en Japón, ejemplifica esta característica constantemente en su vida. Mientras vivía todavía en los Estados Unidos, la observamos organizar reuniones en su casa, para las cuales reunía a personas de diferentes iglesias y de diferentes trasfondos para que pudieran conocerse y amarse unas a otras.

Cuando la visitamos en Japón, vimos que seguía haciendo lo mismo. Ella invitaba a las personas japonesas que había conocido en diferentes circunstancias para que llegaran a su casa a cenar. "Eso les da la oportunidad de conocer a cristianos fuera de su propia iglesia – nos dijo –. Los japoneses tienden a limitar su compañerismo cristiana a su pequeño grupo. Ellos necesitan saber que hay muchas otras personas que también aman al Señor. Me gusta mucho ver cómo empiezan y se desarrollan amistades a partir de estos encuentros. Estoy encantada de poder expandir la visión de cualquier persona en el Cuerpo de Cristo."

Hemos visto también a Barbara Ann Chase tratar de unir a organizaciones cristianas para que trabajen por una causa común.

Y David DuPlessis con su maravilloso don de compasión solía visitar la cabeza de cada denominación para fomentar un mejor entendimiento, amor y compañerismo entre las iglesias.

8 - Disfruta de las oportunidades para dar preferencia o lugar a otros.

Nunca	Rara vez	A veces	Usualmente	Mayormente	Siempre	
0	**1**	**2**	**3**	**4**	**5**	**PUNTOS**

Estas son las personas que le abrirán las puertas, que le cederán su puesto delante de ellas en una cola, y que le darán la mejor silla.

Lynn Koontz tenía una cita con el médico a las 9:30 a.m. porque tenía dolor de espalda. El médico estaba bastante atrasado cuando aproximadamente a las 10:20 una señora mayor llegó a la sala de espera, obviamente muy enferma. La recepcionista le dijo que ya tenían demasiadas personas que atender ese día, pero que tratarían de darle una cita lo antes posible.

Lynn no lo pudo resistir. Se puso de pie y fue a donde estaba la recepcionista y le dijo: "Por favor, deje que esa anciana tome mi lugar. Yo esperaré para ver al médico."

Lynn tuvo que esperar hasta el medio día para poder ver al doctor, pero se sentó en la sala de espera con su espalda adolorida pero su corazón lleno de gozo.

9 - Cuida sus palabras y sus acciones para no herir a otros.

Nunca	Rara vez	A veces	Usualmente	Mayormente	Siempre	
0	**1**	**2**	**3**	**4**	**5**	**PUNTOS**

La última cosa que una persona con el don de compasión quiere es herir a otra persona. Por lo tanto, son muy cuidadosas con sus acciones y sus palabras.

Hemos visto a estas personas detenerse en medio de una oración para escoger la palabra adecuada, por temor a decir algo que pudiera ofender a alguien.

Dixie compartió con nosotros lo siguiente: "Cuando tenía cinco años me rehusaba a escoger entre mis padres cuando mi padre preguntaba: '¿A quién de los dos amas más?' Aunque yo amaba más a mi madre, siempre respondía: 'Los amo a ambos por igual.'

"Luego, cuando tenía nueve años, tuve que ser aislada debido a una enfermedad contagiosa que tenía. En ese momento mi padre me preguntó: '¿Con quién te quieres ir, con tu madre o conmigo?' Yo sabía que me estaban preguntado otra vez a quién amaba más. Así que dije: 'Yo puedo ir sola. No quiero que ninguno de los dos se contagie.'"

Henry nos cuenta cómo esta característica afectó positivamente su trabajo. "Yo trabajaba en el departamento de quejas de un tienda de departamentos. Cuando los clientes llegaban furiosos, en lugar de ponerme a discutir con ellos, inmediatamente me identificaba con ellos y les hablaba con tanta solicitud que a veces hasta olvidaban por qué estaban molestos. A menudo desistían de sus quejas. ¡Mi jefe estaba tan contento conmigo que me dio un buen aumento de salario!"

10 - Fácilmente detecta la insinceridad o los motivos equivocados.

Nunca	*Rara vez*	*A veces*	*Usualmente*	*Mayormente*	*Siempre*	
0	**1**	**2**	**3**	**4**	**5**	**PUNTOS**

El 'radar' que tiene la persona con el don de compasión le ayuda a detectar motivos ocultos o insinceridad de cualquier tipo. Y obviamente, al descubrir esto, se alejará de la persona o del grupo.

Virginia había ido a un grupo de oración por recomendación de una amiga. Al principio estaba impresionada. La líder parecía estar muy comprometida a orar por el mundo y la nación al igual que por las necesidades individuales. "Pero algo me molestaba de ella – dijo Virginia –. Al principio no podía ponerle el dedo, pero era como una 'señal de alerta' que sonaba dentro de mí."

Virginia regresó al grupo la siguiente semana. "Aproximadamente a mitad de la mañana me di cuenta de lo que me había molestado – dijo ella –. La líder tenía motivos mezclados. Creo que verdaderamente creía en el poder de la oración, pero también estaba controlando a las mujeres en el grupo. No tenía simplemente un liderazgo firme, sino que dominaba la reunión y disfrutaba de tener ese poder. Nunca más regresé al grupo."

Jill, una mujer con el don de compasión quien de niña pasó la mayor parte de su tiempo con los animales "porque ellos me amaban tanto" nos explica: "La insinceridad en las personas me molestaba mucho cuando era niña y todavía me molesta."

Shelly dijo: "Puedo percibir la insinceridad rápidamente y he aprendido a confiar en mis impresiones. Aún cuando las personas se acercan a mi para pedir oración, yo me doy cuenta si sus motivos son correctos o no. He aprendido a ministrar según el Señor me dirige, no necesariamente como las personas me lo piden."

11 - Es atraído a otras personas con el don de compasión.

Nunca	Rara vez	A veces	Usualmente	Mayormente	Siempre	
0	1	2	3	4	5	PUNTOS

Los que tienen el don motivacional de compasión son atraídos naturalmente el uno al otro. Ellos disfrutan de compartir unos con otros, de orar juntos y de tener compañerismo. No es que piensen igual, sino que *sienten* igual. Tienen las mismas reacciones emocionales hacia las personas y las situaciones; comparten las mismas preocupaciones.

Es increíble cómo tantas personas con el don de compasión nos han confesado que su mejor amigo/a es otra persona con el don de compasión. Esto es especialmente real mientras están en la etapa de crecimiento. A menudo no se pueden relacionar bien con aquellos que tienen dones del habla – los que tienen el don de percepción, de enseñanza, de exhortación y de administración – ya que se sienten dominados por ellos. Sin embargo, sí pueden relacionarse bien con los que tienen el don de servicio, de dar y especialmente con sus compañeros que tienen el don de compasión.

Aunque menos del uno por ciento de las personas se casa con alguien con el mismo don, la mitad de los que lo hacen son personas que tienen el don de compasión. Nuestra hija está casada con una persona que tiene el don de compasión. Su esposo Don (Simms) es gentil, amoroso y afectuoso. "Eso fue lo que me atrajo a él – nos dijo Linda –. ¡El me trata muy bien!"

Cuando una persona se casa con alguien que tiene el mismo don, y la pareja es inmadura, las características negativas de ese don tienden a amplificarse en la relación. Sin embargo, nos hemos topado con varias parejas con el don de compasión que son maduras y que tienen lo que ellos describen como un matrimonio celestial. Se cuidan y se aman tanto el uno al otro que es algo maravilloso. Sin embargo, aun algunas de estas personas reconocen que no siempre fue así y que tuvieron que solucionar muchos problemas en los primero años de matrimonio.

12 - Disfruta de hacer cosas especiales para otros.

Nunca	Rara vez	A veces	Usualmente	Mayormente	Siempre	
0	1	2	3	4	5	PUNTOS

Estas son las personas que recuerdan siempre los cumpleaños, los aniversarios, el Día del Padre y de la Madre, y el Día de los Enamorados. Ellos encuentran una variedad de ocasiones en las cuales pueden enviar tarjetas o notitas para comunicar su cariño.

Si usted está casado/a con una de estas personas, es afortunado. Un esposo con el don de compasión llevará a su esposa a cenar románticamente con más frecuencia que una persona con otro tipo de don. Una esposa con el don de compasión le servirá a su esposo una cena a la luz de las velas con más frecuencia que una esposa con otro tipo de don.

Su amabilidad se extiende a cada tipo de relación. Los hijos con el don de compasión serán más cariñosos con sus padres y viceversa. Los amigos con el don de compasión tienden a entregarse mucho más a la amistad.

Gail era una mujer soltera en nuestro grupo de hogar hace muchos años. Su don de compasión le permitió bendecir a muchos de nosotros con su amabilidad. Algunas veces ella invitaba a salir a las personas solamente para decirles lo especiales que eran para ella. ¡Con mucha frecuencia los demás olvidamos hacer cosas como esas!

Recibíamos preciosas tarjetas de ella para el Día del Padre o de la Madre, diciendo que nos amaba como a unos segundos padres. Algunas veces recibíamos tarjetas que no eran de cumpleaños, sino simplemente una nota "sin ninguna razón en especial sino para decirte cuánto significas para mí".

13 - Es confiable e inspira confianza.

Nunca	*Rara vez*	*A veces*	*Usualmente*	*Mayormente*	*Siempre*	
0	**1**	**2**	**3**	**4**	**5**	**PUNTOS**

Ya que ellos son confiables, las personas con el don de compasión esperan que otros también lo sean. Ellos asumen que todas las personas son honradas y confiables hasta tener pruebas de que no es así. De hecho, pueden ser tan confiados que llegan a ser crédulos.

Se desilusionan mucho cuando alguien resulta no ser confiable. ¿Pero sabe qué? De todas formas, seguirán esperando lo mejor de esa persona. Ellos creen en la capacidad de las personas de hacer cambios positivos en su vida. A menudo esta expectativa saca a relucir lo mejor en la gente a su alrededor. Pero también puede ser muy dañino para la persona con el don de compasión.

Hemos escuchado los siguientes comentarios de algunas personas con el don de compasión que han tomado nuestro seminario:

Doug: "A veces llego a confiar hasta el punto de ser estúpido. Siempre espero que las personas me tratarán de la misma forma en que yo las trataría. Y aun si me engañan, sigo confiando."

Donna: "Mi actitud siempre ha sido que cada persona que conozco es una persona buena. Y todavía me sobresalto cuando de vez en cuando me doy cuenta que no es verdad. Me siento abatida cuando alguien es deshonesto."

Cathy: "Cuando alguien en quien he confiado se aprovecha de mí, me enojo, mayormente conmigo misma por dejarme engañar tan fácilmente."

14 - Evita los conflictos y las confrontaciones.

Nunca	Rara vez	A veces	Usualmente	Mayormente	Siempre	
0	**1**	**2**	**3**	**4**	**5**	**PUNTOS**

Aun los niños pequeños con el don de compasión encuentran que es difícil enfrentar el conflicto. Ellos anhelan la paz y la armonía en el hogar y cuando sus padres se separan o se divorcian, su tierno don de compasión asume que es su culpa. Empiezan a decirse: *Si yo me hubiera portado mejor mi mamá y mi papá todavía estarían juntos.* Dos personas con este don lo expresaron de la siguiente manera:

Ben: "Cuando mis padres peleaban, yo lloraba y les rogaba que hicieran las paces. Les decía lo mucho que los amaba y les pedía que se amaran el uno al otro."

Ruth: "Nunca me ha gustado el conflicto. Además siempre terminaba haciendo el papel de 'intercesor' cuando alguien peleaba. Fue así con mis padres. Siempre estaba en medio, tratando de restaurar las relaciones y al mismo tiempo, de evitar que las personas fueran heridas."

Las personas con el don de compasión no disfrutan de confrontar a la gente. Tal vez insinúen que no están contentos con algo, pero rara vez encaran el problema de frente, a diferencia de los que tienen el don de percepción o de exhortación.

Esta característica puede ser un problema para los jovencitos puesto que generalmente evitan las peleas, y sus compañeros pueden llegar a decirles "mariquita" o "gallina".

Michael nos cuenta: "Nunca peleé cuando se burlaban de mí porque nunca creí que valía la pena pelear. La mayoría de mis amigos eran callados como yo. Nosotros jugábamos al margen del patio de recreo para no involucrarnos con los niños más agresivos."

15 - No le gusta hacer un trabajo o una actividad apresuradamente.

Nunca	Rara vez	A veces	Usualmente	Mayormente	Siempre	
0	**1**	**2**	**3**	**4**	**5**	**PUNTOS**

Las personas con el don de compasión tienen una sola velocidad: despacio. De niños, estos son los que hay que empujar por la puerta de la casa para que lleguen a la escuela a tiempo. Simplemente no le prestan mucha atención al reloj.

Era muy frecuente que nosotros tuviéramos que decirle a Linda: "¡Apúrate o perderás el autobús de la escuela!" Ojalá me hubiesen dado 10 centavos por cada vez que tuve que llevarla a la escuela porque perdía el autobús.

La puntualidad se vuelve un problema conforme ellos crecen. Se le da una tarea que hacer, y la terminarán, pero no necesariamente a tiempo. Pareciera que el tiempo simplemente no es importante para ellos. Son personas que viven en el presente; viven para el momento. Creen que el futuro se encargará de sí mismo, siempre y cuando estén en los negocios de su Padre en el presente.

Una mujer con el don de compasión con quien trabajamos, siempre llegaba tarde a las reuniones. Llegaba quince minutos después de que nosotros habíamos empezado, siempre con una "buena excusa". Ella decía algo como: "Fui a casa de una amiga que necesitaba oración." O bien: "Estaba tan concentrada en mi devocional que el tiempo se me fue y no me di cuenta de lo tarde que era."

En realidad, necesitábamos que ella estuviera ahí desde el principio de la reunión; sin embargo, no podíamos permitir que el tiempo de todos los demás se perdiera por estar esperándola. Así que decidimos fijar la hora en que empezaríamos la reunión quince minutos más tarde, sin informarle a ella. Como no supo lo que habíamos tramado, ¡pudo llegar para el inicio de cada reunión!

16 - Generalmente es una persona alegre y animada.

Nunca	Rara vez	A veces	Usualmente	Mayormente	Siempre	
0	1	2	3	4	5	PUNTOS

Las personas con el don de compasión son personas positivas. Una versión de la Biblia dice que ellos muestran misericordia y compasión "con... genuino gozo y alegría" (Romanos 12:8). A ellos les encanta demostrar amor. Es algo que les da gozo.

Una persona dijo: "Me gusta estar cerca de las personas con el don de compasión. Su gozo me anima."

Puesto que ellos anhelan que los heridos se sanen y las personas se lleven bien, constantemente están trabajando para llevar el nivel de felicidad en otros hasta donde debería estar. ¡Cuánto necesitamos ese tipo de ayuda!

Un hombre con el don de compasión tenía la responsabilidad de cuidar a sus padres ancianos. Ambos estaban muy entrados en años y exigían mucho de su tiempo. Por esta razón, Bart y su esposa no podían participar en muchos eventos. Sin embargo, cada vez que lo veíamos, él nos aseguraba que su vida andaba "perfectamente bien". Nunca se quejaba. Para él era un gozo ayudar a sus padres.

Robert tiene la reputación de cuidar y amar de una forma especial a su esposa, tanto en público como en casa. Otras mujeres dicen que desearían que su esposo las tratara de la misma manera. Sin embargo, notamos que Robert trata a todo el mundo así. Su voz y sus modales son muy gentiles, y su rostro siempre refleja un gozo interior. Es difícil sentirse "desanimado" cuando uno está cerca de Robert.

17 - Es regido por su corazón más que por su cabeza.

Nunca	Rara vez	A veces	Usualmente	Mayormente	Siempre	
0	1	2	3	4	5	PUNTOS

El corazón es el que manda en la vida de las personas con el don de compasión. Su corazón es el canal por medio del cual comparten el maravilloso amor de Dios con los demás.

Las personas con el don de compasión generalmente no tienden a ser intelectuales, ni a analizar y pensar mucho. Más bien sienten las cosas. Ellos confían en sus emociones y no su mente para guiar su vida. Ellos son los que dirían: "No me confundas con los hechos; ya sé lo que me dicen mis sentimientos." Esto no significa que no usen la cabeza. Sí lo hacen, pero siempre en relación con lo que sienten.

Habíamos compartido nuestro testimonio en una iglesia anglicana en Timaru, en la Isla del Sur de Nueva Zelanda, cuando un hombre se acercó a hablarnos.

– Lo que ustedes dijeron me tocó profundamente – dijo –, pero desearía no llorar tan fácilmente cuando me siento así. No me parece muy varonil. Trato de contener las lágrimas, pero de todas formas se me salen.

Le hicimos varias preguntas sobre sí mismo y determinamos rápidamente que tenía el don de compasión.

– No contenga las lágrimas – le aconsejamos –. Dios le ha dado un corazón sensible y amoroso y Él espera que usted responda con esos sentimientos profundos. El mundo necesita de más hombres que sean amorosos y que puedan soltar las lágrimas.

– ¿Quieren decir que está bien que yo sea de esta forma? – nos preguntó.

– Por supuesto – le respondimos –, describiéndole en resumen el don de compasión.

– ¡Qué alivio! – exclamó como si se le hubiese quitado un peso de encima –. Toda mi vida me he condenado por ser de esta manera.

Obviamente es más difícil para un hombre tener este don que para una mujer. La sociedad permite que las mujeres sean dirigidas por su corazón y que lloren con facilidad. Pero no es lo mismo con los hombres. La expectativa social de la mayoría de las culturas tiende a presionar a los hombres a tratar de ser 'machos'. Sin embargo, quien tiene el don de compasión simplemente no encajará con ese estereotipo. Nuestra esperanza es que el amplio conocimiento de los dones motivacionales permita que las personas con el don de compasión, ya sean hombres o mujeres, tengan la libertad de ser personas sensibles y con un corazón tierno así como fueron creadas.

18 - Se alegra al ver que otros son bendecidos y sufre al ver que otros sufren.

Nunca	*Rara vez*	*A veces*	*Usualmente*	*Mayormente*	*Siempre*	
0	**1**	**2**	**3**	**4**	**5**	**PUNTOS**

La persona con el don de compasión tiene una inmensa capacidad de identificarse con lo que otros están pasando. Literalmente se regocijará con quienes se regocijan y llorará con aquellos que lloran. Hay momentos en nuestra vida en que necesitamos a alguien que haga eso mismo por nosotros.

¿Alguna vez ha compartido su gran gozo con alguien sólo para encontrar que esa persona le responda de forma indiferente? Tal vez la persona diga algo como: "Pues, eso me ha sucedido muchas veces; no es gran cosa." En esa situación, uno se arrepiente de haberle contado su noticia a esa persona.

Sin embargo, cuando uno comparte buenas noticias con una persona con el don de compasión, ella tiende a saltar de alegría y decir: "Estoy muy feliz por ti" o "¡Alabado sea Dios! ¡Qué bueno que me lo contaste!" Y uno también se alegra de habérselo contado.

Earl reconoce que su don de compasión se expresa con mucha facilidad. "Yo puedo abrazar a una persona que está sufriendo y sentir su dolor. Y si alguien está gozoso, yo comparto ese gozo como si fuese mío."

Hay momentos en nuestra vida en que necesitamos que alguien entienda nuestra tristeza o sufrimiento. No necesitamos un consejo, ni una exhortación, ni una evaluación, sino solamente que alguien nos acompañe y se identifique con lo que estamos sintiendo. Necesitamos a alguien que nos ame.

Cuando Jane estaba en el hospital después de un accidente automovilístico muy serio, ella sabía que si sobrevivía, nunca se vería igual. La visita que significó más para ella fue la de una amiga con el don de compasión que solamente se sentó a su lado, le tomó la mano y lloró. "Dijimos muy pocas palabras – nos dijo Jane –, pero las lagrimas de mi amiga dijeron mucho."

19 - Es un paladín de las buenas causas.

Nunca	*Rara vez*	*A veces*	*Usualmente*	*Mayormente*	*Siempre*	
0	**1**	**2**	**3**	**4**	**5**	**PUNTOS**

Para la persona con el don de compasión, las causas justas deben prevalecer. Si hay maldad en la sociedad, estas personas luchan para superarlo. Muchas veces hacen esto de manera silenciosa, al escribir cartas o formar piquetes. Los que tienen una personalidad más extrovertida o un don secundario del habla también asisten a los mitines políticos o hasta aparecen por televisión. Pero todo es para traer un cambio.

Ellos tienden a ser altruistas, sin querer ningún beneficio para sí mismos, sino para otros.

Shannon compartió cómo su don se activó cuando la madre de su primer esposo murió, dejando huérfanos a su cuñado de dieciocho años y a su cuñada de trece. "Mi esposo, que tenía un don secundario de compasión, y yo fuimos a la corte a pelear con un tío que quería separar a los jóvenes. Los llevamos a vivir con nosotros. El chico terminó sus estudios y al final obtuvo un trabajo y se mudó solo. La chica se quedó conmigo, aun después que mi esposo murió, hasta que se casó. Me gusta pelear por las causas justas."

Stan nos cuenta cómo perdió su trabajo una vez (en 1974) porque hizo huelga, no para obtener más beneficios para sí mismo, sino para obtener los mismos beneficios para las mujeres de su oficina.

Sospechamos que el gran porcentaje de los "hippies" de los años sesenta eran personas con el don de compasión que no podían estar de acuerdo con una "guerra injusta". La subcultura que ellos formaron les permitió aventurarse a pelear por causas nobles en la sociedad como grupo y retirarse de vez en cuando a la seguridad de su propio grupo.

20 - Intercede por los problemas y los sufrimientos de otras personas.

Nunca	Rara vez	A veces	Usualmente	Mayormente	Siempre	
0	**1**	**2**	**3**	**4**	**5**	**PUNTOS**

Este es el tercero de los siete dones motivacionales que es llamado y ungido para interceder por otros. Los que tienen este don interceden primeramente por los sufrimientos y los problemas que saben que existen en la vida de las personas.

Sus oraciones son profundas y de todo corazón. Si alguna vez ha escuchado la oración de una persona con el don de compasión en una reunión, quizá haya pensado: *Caramba, ¡qué hermosa oración! Ojalá yo pudiera orar así.*

Ellos son muy expresivos porque sienten profundamente lo que oran. No es raro que lloren mientras interceden. Oran con abandono, casi olvidado que otras personas están presentes; no se avergüenzan de sus lágrimas u otras expresiones de emoción.

Las personas que sienten el deseo de ser miembros regulares de un grupo de oración son los que tienen el don de percepción, de dar y de compasión. Cada uno llevará su propia perspectiva al grupo.

El que tiene el don de percepción orará para que la voluntad de Dios sea hecha en las naciones, en las iglesia y otros grupos, y en la vida de cada individuo.

El que tiene el don de dar orará por la salvación de las almas perdidas, en general y específicamente.

El que tiene el don de compasión orará por los problemas y los sufrimientos de las personas y por la unidad en el Cuerpo de Cristo.

Es precioso ver un grupo así en acción. Creemos que es la realización de la declaración de Jesús:

"Otra vez os digo, que si dos de vosotros se pusieren de acuerdo (armonizan juntos, juntos hacen sinfonía) en la tierra acerca de cualquiera cosa que pidieren – sea lo que sea – les será hecho por mi Padre que está en los cielos. Porque donde están dos o tres congregados en mi nombre (unidos como mis seguidores), allí estoy YO en medio de ellos" (Mateo 18:19-20, TAB).

Nótese que "ponerse de acuerdo" (la palabra griega es *sumphoneo)* significa "armonizar juntos o hacer una sinfonía", lo cual es un hermoso cuadro de lo que sucede cuando estos tres dones oran juntos. Así como un acorde es más lleno y más hermoso que una sola nota, cuando cada persona dotada ora de corazón y desde su perspectiva única, la armonía que resulta es bellísima. Eso toca el corazón de Dios y produce resultados.

Animamos a las iglesias a que no presionen a todos a ir a las reuniones de intercesión, sino que dejen que el Espíritu Santo atraiga a aquellos que son llamados. Tres o cuatro personas de los tres grupos mencionados anteriormente lograrán hacer más en cuanto a la intercesión que docenas de personas que tienen los otros cuatro dones.

Esto no significa que no todos debemos orar. Todos hemos sido llamados a orar. Pero no todos somos llamados a interceder.

El don de compasión

Características

1 - Tiene una tremenda capacidad de demostrar amor.
2 - Siempre busca lo bueno en las personas.
3 - Percibe el ambiente espiritual y emocional de grupos e individuos.
4 - Se siente atraído a ayudar a las personas heridas o afligidas.
5 - Toma acción para quitar el dolor y aliviar los problemas de otros.
6 - Se preocupa más por los problemas mentales y emocionales que por los físicos.
7 - Es motivado a ayudar a las personas a tener una buena relación con los demás.
8 - Disfruta de las oportunidades para dar preferencia o lugar a otros.
9 - Cuida sus palabras y sus acciones para no herir a otros.
10 - Fácilmente detecta la insinceridad o los motivos equivocados.
11 - Es atraído a otras personas con el don de compasión.
12 - Disfruta de hacer cosas especiales para otros.
13 - Es confiable e inspira confianza.
14 - Evita los conflictos y las confrontaciones.
15 - No le gusta hacer un trabajo o una actividad apresuradamente.
16 - Generalmente es una persona alegre y animada.
17 - Es regido por su corazón más que por su cabeza.
18 - Se alegra al ver que otros son bendecidos y sufre al ver que otros sufren.
19 - Es un paladín de las buenas causas.
20 - Intercede por los problemas y los sufrimientos de otras personas.

	Nunca	*Rara vez*	*A veces*	*Usualmente*	*Mayormente*	*Siempre*	*PUNTOS*
	0	*1*	*2*	*3*	*4*	*5*	
1							
2							
3							
4							
5							
6							
7							
8							
9							
10							
11							
12							
13							
14							
15							
16							
17							
18							
19							
20							
						TOTAL	

Problemas Del Que Tiene Compasión

26

El don motivacional de compasión es potencialmente el don más lindo de todos, pero también el más destructivo emocionalmente. Todo depende del grado al cual la persona con el don de compasión ha superado sus propias heridas emocionales.

Las personas con el don de compasión son las más vulnerables a ser heridas porque su corazón está más abierto a otros. Cuando ellos son traicionados, no tienen ninguna protección, ninguna caparazón en la cual puedan esconderse y ninguna dureza o insensibilidad con la cual puedan desviar el ataque.

De todos los dones motivacionales, el niño con el don de compasión necesita la mayor cantidad de amor, cariño y protección de parte de un adulto. Aquellos que crecen en un ambiente como este, llegan a la etapa adulta bastante sanos en el área emocional y son capaces de enfrentarse a los desafíos de la vida. Aquellos que no han crecido así, a menudo requieren mucho ánimo, consejería, liberación y sanidad para poder recibir la herencia que Dios tiene para ellos de una vida libre de estorbos.

Hemos descubierto que la persona con el don de compasión es más apta a convertirse en alcohólico o drogadicto, y también es más probable que necesite de cuidados siquiátricos. Los que tienen este don son personas idealistas que son propensas a vivir en un mundo de fantasía si el mundo real llega a ser intolerable.

Desafortunadamente muchas personas con el don de compasión crecen en hogares donde prevalecen las peleas y el desamor, y hasta el abuso físico y emocional. Pero las buenas noticias son que Jesús puede sanar a aquellos que están heridos. Nuestra experiencia en cuanto a ministrar a los heridos emocionalmente, nos ha mostrado esto.

Así que, si usted ve que está herido, deje que Jesús lo sane y lo libere. A menudo eso sucede conforme usted lo pida. O permita que otra persona lo ayude: su pastor o un cristiano maduro que ministra sanidad interior. Entonces será capaz de funcionar en toda la belleza y plenitud de su don.

1 - Tiende a ser indeciso.

Nunca	Rara vez	A veces	Usualmente	Mayormente	Siempre	
0	**1**	**2**	**3**	**4**	**5**	**PUNTOS**

Es muy difícil para la persona con el don de compasión tomar decisiones. Pensará primero en las consecuencias, se tardará lo más que pueda, o transferirá la responsabilidad a otros si es posible.

Un joven con el don de compasión se enamoró de una joven con el mismo don. El primer año de su matrimonio fue un verdadero desafío.

– Vamos a comer fuera esta noche decía él.
– Está bien le respondía ella.
– ¿A dónde te gustaría ir?
– En realidad no me importa, decide tú.
– No, escoge tú el lugar.
– Me sentiría mejor si tú lo hicieras.
– La última vez yo tuve que tomar la decisión, te toca a ti.
– Bueno, cualquier lugar está bien.
– Entonces, escoge uno.
– ¡No quiero hacerlo!
– Bueno, yo tampoco quiero.

Ya para este momento estaban demasiado enojados como para salir juntos. El problema era que para cada decisión era lo mismo, hasta que finalmente fueron a hablar con su pastor para pedir consejería sobre cómo tomar decisiones.

Esta característica es especialmente perjudicial en la crianza de los niños. A menudo los padres con el don de compasión no están dispuestos a confrontar a sus hijos cuando hay un comportamiento inapropiado. Ellos esperan que el otro padre tome la responsabilidad y se encargue de hacerlo. En realidad, al hacer esto, están instruyendo a sus hijos: los están entrenando para ser desobedientes e irrespetuosos.

2 - Es propenso a tomarse para sí las ofensas de otra persona.

Nunca	Rara vez	A veces	Usualmente	Mayormente	Siempre	
0	**1**	**2**	**3**	**4**	**5**	**PUNTOS**

Debido a que las personas con el don de compasión no pueden soportar ver a otra persona herida u ofendida, ellos son propensos a unirse a la causa de la persona ofendida.

Funciona de la siguiente manera: la persona A dice algo que hiere a la persona B. La persona con el don de compasión lo observa y se une a la persona B, enojándose con la persona A. Mientras tanto, la persona A y la persona B se reconcilian y restauran su relación. Pero la persona con el don de compasión sigue con su enojo y resentimiento hacia la persona A.

Ellos deben aprender primeramente que estos asuntos no son de su incumbencia. Lo único que deben hacer es orar por las personas involucradas. No somos responsables de las acciones de otros a menos que estemos en una posición de autoridad sobre ellos, como padre, pastor, maestro, o líder de un grupo.

Y en segundo lugar, ellos deben aprender que la oración moverá montañas. Así como la oración puede desactivar la actitud crítica del que tiene el don de percepción, así también puede desactivar la tendencia de la persona con el don de compasión de tomarse para sí las ofensas. Ellos deben entregar estas ofensas al Señor y dejar que Él se encargue de la situación.

Algunas veces al tomarse para sí las ofensas se interponen en lo que el Señor está tratando de hacer con la persona. También tienen una tendencia a ofenderse fácilmente. Muchas veces malinterpretan las palabras o las acciones de otras personas.

Una buena oración para la persona con el don de compasión es: "Señor, ayúdame a no ofenderme con facilidad, para mi propio bien y para el bien de otros."

3 - Es herido fácilmente por otras personas.

Nunca	Rara vez	A veces	Usualmente	Mayormente	Siempre	
0	1	2	3	4	5	PUNTOS

¡Esto es muy importante! Nadie es herido tan fácilmente como la persona con el don de compasión. Ellos son los más vulnerables.

Esto generalmente empieza en la niñez y hasta en la primera infancia. Una mujer a la cual le dimos consejería fue una niña no deseada. Ella era un inconveniente para sus padres y ellos nunca dejaron que lo olvidara. De adulta, ella siguió sintiendo que incomodaba a los demás. A menudo estallaba en lágrimas y rogaba: "Por favor, que alguien me ame." Jesús sí la amaba, y en un encuentro muy personal con Él, ella fue sana.

Brian compartió que tuvo muchas dificultades en su hogar. "Mi mamá y mi papá discutían, peleaban y se gritaban. Sus discusiones me partían el corazón, pero tenía miedo, así que fingía que no escuchaba nada. Hasta el día de hoy me duele escuchar cuando las personas pelean."

Desafortunadamente los niños con el don de compasión muchas veces asumen la culpa por las peleas entre sus padres. Ellos tienden a tomar todo de forma muy personal.

Gary tenía apenas siete años cuando se divorciaron sus padres. "Estaba seguro que era mi culpa – nos cuenta –. Durante todo ese tiempo, yo pensaba que si tan sólo me hubiera portado mejor, tal vez nada de eso hubiera sucedido. La culpa era casi insoportable a veces. Me ha tomado años de consejería para darme cuenta de que yo no fui el culpable de los problemas de mis padres."

Es irónico, pero las personas que son las mejores para aliviar las heridas de otros son los que más fácilmente son heridos. O... ¿será que Dios no desperdicia nada de lo que nos sucede, si dejamos que Él lo use?

4 - Se identifica demasiado con el sufrimiento de otros.

Nunca	Rara vez	A veces	Usualmente	Mayormente	Siempre	
0	1	2	3	4	5	PUNTOS

Esta es otra área peligrosa de aquellos que tienen el don de compasión. Si ellos se identifican demasiado con el sufrimiento de otros, puede hundirlos y hacer que su ministerio no prospere.

Dinah nos escribió sobre este problema en su vida. "Yo siempre quiero ayudar a los que están sufriendo porque siento su dolor. Pero tengo la tendencia a tomar sobre mí misma sus preocupaciones y vivirlas junto con ellos. Y es entonces que no soy lo suficientemente objetiva como para ser de ayuda."

La respuesta de Dinah fue recordar que Jesús ya ha llevado nuestras dolencias y nuestros sufrimientos. Él es el único que tiene el corazón suficientemente grande como para llevarlos todos. Debemos entregarle el sufrimiento del mundo a Él, en vez de tratar de tomarlo nosotros mismos.

En algunos casos hemos visto a personas con el don de compasión tomarse las enfermedades de otros. Dios tampoco nos ha mandado hacer esto. Jesús llevó nuestras enfermedades en la cruz al mismo tiempo que llevó nuestros pecados.

Una mujer en California (la llamaremos Amanda) estaba sufriendo por una amiga que tenía cáncer. Amanda empezó a presentar en su propio cuerpo síntomas similares a los del cáncer, aunque el doctor no podía encontrar ninguna base física para ello.

Le advertimos a Amanda que no debía tratar de llevar la enfermedad en su propio cuerpo, por mucho que amara a su amiga. Ella insistió en que quería sufrir con su amiga. Ni siquiera el esposo de Amanda pudo lograr que desistiera. Ella se debilitó casi completamente.

5 - Muchas veces su personalidad afectuosa es malinterpretada por el sexo opuesto.

Nunca	Rara vez	A veces	Usualmente	Mayormente	Siempre	
0	1	2	3	4	5	PUNTOS

Debido a que la persona con el don de compasión tiene una gran habilidad de demostrar amor, y puesto que muchas personas necesitan sentirse amadas, es muy fácil que su afecto sea malinterpretada por un miembro del sexo opuesto.

Una vez estuvimos encargados de un grupo turístico durante un viaje a la Tierra Santa y dos mujeres solteras iban en el grupo, ambas con el don de compasión. Ellas querían mostrar tanto el amor de Jesús al guía turística y al conductor del autobús que tomaban cada oportunidad para conversar con ellos. Muy pronto Don y yo pudimos ver que los hombres estaban interpretando el amor ágape de las mujeres como un interés romántico. Cuando nos enteramos de que habían sido invitadas a ir al apartamento del guía, Don tuvo que ponerle freno a la situación.

Al principio las mujeres resintieron su intervención, porque veían la invitación como una oportunidad de hablar con los dos hombres acerca de Jesús. Al final Don las convenció de que estaba actuando para protegerlas; si los hombres verdaderamente estaban listos para escuchar el evangelio, podían hacerlo en la seguridad del grupo.

Sheila, una joven universitaria con un promedio de noventa y ocho en el don de compasión, nos dijo lo siguiente: "Tengo que ser muy cuidadosa cuando estoy ministrando al sexo opuesto incluso dentro del grupo de jóvenes adultos de mi iglesia. Más de una vez un 'hermano' se ha enamorado de mí solamente porque me preocupé de él como hermano, ¡y qué problema ha sido! Es muy difícil poder rectificar la situación sin herir los sentimientos de la persona."

Nosotros recomendamos que una persona con el don de compasión *nunca,* y queremos decir *nunca* aconseje a alguien del sexo opuesto *a solas.* (De hecho, esta es una buena regla para todos nosotros.)

Si usted conoce a alguien con el don de compasión, tómese el tiempo de decirle que lo ama, y anímelo.

Problemas típicos del que tiene compasión:

1 - Tiende a ser indeciso.
2 - Es propenso a tomarse para sí las ofensas de otra persona.
3 - Es herido fácilmente por otras personas.
4 - Se identifica demasiado con el sufrimiento de otros.
5 - Muchas veces su personalidad afectuosa es malinterpretada por el sexo opuesto.

	Nunca	*Rara vez*	*A veces*	*Usualmente*	*Mayormente*	*Siempre*	*PUNTOS*
	0	*1*	*2*	*3*	*4*	*5*	
1							
2							
3							
4							
5							
						TOTAL	

Personajes Biblicos Con El Don de Compasión

27

Los que tienen el don de compasión son las personas más fáciles de ver en acción. Estas son personas afectuosas y sus acciones de amor y misericordia dan evidencia identificable.

La historia que contó Jesús del buen samaritano es un clásico ejemplo de una persona con el don de compasión. El contexto nos muestra la tremenda importancia de este don. Jesús acababa de señalarle a un maestro de la Ley astuto que la vida en el reino de Dios tiene que ver con amar a Dios y amar a nuestro prójimo.

Escritura: Lucas 10:35 (TAB)

Sus comentarios:

Lucas 10

30 Respondiendo Jesús, dijo: Un hombre descendía de Jerusalén a Jericó, y cayó en manos de ladrones, los cuales le despojaron de sus ropas y pertenencias; e hiriéndole, se fueron [despreocupadamente], dejándole medio muerto.

31 Aconteció que descendió por coincidencia un sacerdote por aquel camino, y viéndole, pasó de largo.

Sus comentarios:

32 Asimismo un levita, llegando
cerca de aquel lugar, y viéndole,
pasó de largo [por el camino].

33 Pero un samaritano, que iba de
camino, vino cerca de él, y viéndole,
fue movido a misericordia y
compasión por él;

34 y acercándose, vendó sus
heridas, echándoles aceite y vino;
y poniéndole en su cabalgadura,
lo llevó al mesón, y cuidó de él.

35 Otro día al partir, sacó dos
denarios [salario de dos días],
y los dio al mesonero, y le dijo:
Cuídamele; y todo lo que gastes
de más, yo [mismo] te lo pagaré
cuando regrese.

Ni el sacerdote ni el levita, los líderes religiosos de ese tiempo, mostraron compasión por el hombre que había sido atracado. La religiosidad sin el Espíritu puede impedir que sintamos lo que sienten las personas a nuestro alrededor.

El samaritano, por otra parte, estaba tan lleno del don de compasión que su amor rompió las barreras sociales que separaban a los samaritanos de los judíos. Aunque los judíos rechazaban a los samaritanos, el viajero samaritano tendió la mano para ayudar a un semejante que estaba en necesidad. A continuación vea nuestras observaciones:

Escritura: Lucas 10:35 (TAB)
Lucas 10

Nuestros Comentarios:

30 Respondiendo Jesús, dijo: Un
hombre descendía de Jerusalén a
Jericó, y cayó en manos de ladrones,
los cuales le despojaron de sus ropas
y pertenencias; e hiriéndole, se
fueron [despreocupadamente],
dejándole medio muerto.

31 Aconteció que descendió por
coincidencia un sacerdote por aquel
camino, y viéndole, pasó de largo.

Nota: el sacerdote no tenía compasión

32 Asimismo un levita, llegando cerca de aquel lugar, y viéndole, pasó de largo [por el camino].	Nota: el levita no tenía compasión
33 Pero un samaritano, que iba de camino, vino cerca de él, y viéndole, fue movido a misericordia y compasión por él;	**#1** Gran capacidad de amor **#4** Atraído a las personas heridas **#17** Responde con su corazón **#18** Sufre con los demás.
34 y acercándose, vendó sus heridas, echándoles aceite y vino; y poniéndole en su cabalgadura, lo llevó al mesón, y cuidó de él.	**#5** Hizo algo práctico para quitar el dolor **#6** Quitó aflicciones físicas **#17** Regido por su corazón
35 Otro día al partir, sacó dos denarios [salario de dos días], y los dio al mesonero, y le dijo: Cuídamele; y todo lo que gastes de más, yo [mismo] te lo pagaré cuando regrese.	**#6** Quitó posible angustia emocional **#12** Acciones amables **#13** Confió en el mesonero

Vemos que el buen samaritano no solamente se preocupó por las heridas físicas de la víctima, sino que también se anticipó a su angustia emocional. ¿Qué hubiera hecho al volver en sí, verse en un mesón y darse cuenta de que no tenía dinero para pagar por sus cuidados? El samaritano cubrió todas las bases de compasión como solamente aquellos con este don lo pueden hacer.

Otro ejemplo obvio del don motivacional de compasión es Juan, "el discípulo amado". Verdaderamente las personas con el don de compasión son muy amadas. Además, vemos la naturaleza amorosa y sensible de Juan en sus escritos. ¡Vea lo mucho que se evidencia su don en su Evangelio!

Otras personas con el don de compasión son:

Rut – el libro de Rut

José, el padre terrenal de Jesús — Mateo 1:16-24; 2:13; Lucas 1:27; 2:4-51; 3:23; 4:22; Juan 1:45; 6:42

Jeremías (pero con el *llamado* de profeta; nótese que a él muchas veces se le llama "el profeta llorón")

Raquel — Génesis 19-31, 35, 46, 48:7; Rut 4:11; 1 Samuel 10:2; Jeremías 31:15

Rebeca — Génesis 22:23; 24:29; 35:8; 49:3

Cómo Evaluar Su Hoja de Perfil

28

Ahora ya tiene su hoja de perfil completada. Ya ha calculado y transferido sus calificaciones, y en su hoja de perfil verá algo como el ejemplo siguiente. ¿Qué es lo que todo esto significa? ¿Cómo puede evaluarlo? ¿Qué pasa si tiene un empate con un primer y segundo lugar? ¿Qué pasa si no hay mucha diferencia entre ninguna de sus siete calificaciones? ¿Qué pasa si sus calificaciones parecen muy altas? ¿O muy bajas? Trataremos de responder a estas preguntas.

Utilizaremos nuestra propia hoja de perfil como ejemplo:

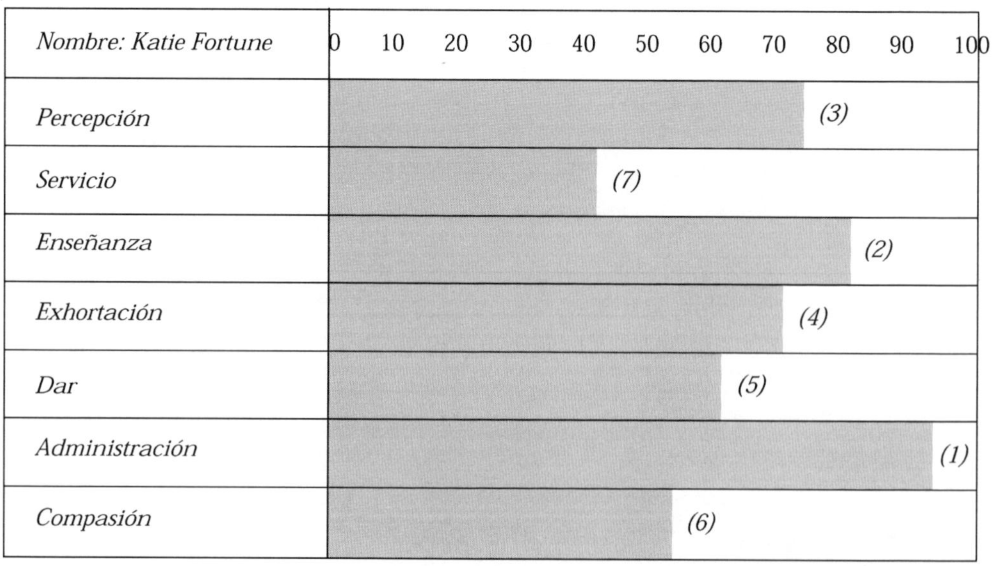

Esto es lo que vemos en mi hoja de perfil:

1) Mi don primario es el de administración. Tiene la calificación más alta (94) indicando que yo funciono bajo este don la mayor parte del tiempo. Significa que yo soy una líder capaz y me siento cómoda liderando, y que la organización es fácil para mí.

2) Mi don secundario es el de enseñanza (82) que es bastante alto también. Esto indica que también actúo bajo ese don gran parte del tiempo. Muestra que mi don de enseñanza es constantemente modificado por mi don primario de administración. También indica que puedo operar específicamente en mi don secundario, aunque la forma en la cual funciono sea influenciada por mi don primario. Por ejemplo, cuando estoy preparando una enseñanza, hago mucha investigación, pero siempre con una perspectiva global y una visión de organizar el material de forma sistemática.

3) Mi tercer don, el de percepción, (74) tiene una calificación bastante alta. Por lo tanto, este tercer don también influirá en mi vida, pero no necesariamente tanto como los dos primeros. Mi calificación no es lo suficientemente alta como para hacerme una intercesora regular, especialmente puesto que mi don primario no es un don intercesor. Sin embargo, es lo suficientemente fuerte como para proveerme un sentido claro de lo que es correcto e incorrecto, y un deseo de ver que la voluntad de Dios se haga a través del uso de mis dones primarios.

4) Cerca de mi tercer don está el de exhortación (72), lo cual es como – mis primeros tres dones – un don del habla. Por lo tanto, mis habilidades para comunicarme son muy fluidas.

5) Mis tres dones más bajos son los dones de servir:– el de dar (63), el de compasión (56), y el de servicio (42), lo cual significa que no me adapto bien al servicio en general.

6) Mi don más bajo en cuanto a puntaje es el de servicio, indicando que soy menos competente en esa área. Mi punto de vista, por supuesto, es que yo "sirvo" cuando me entrego al liderazgo y a la enseñanza para el beneficio de otros.

7) El hecho de que tanto Don como yo sacamos calificaciones bajas en el don de servicio indica que algunas veces descuidamos nuestra casa y nuestro patio por el hecho de estar involucrados con las personas en las áreas donde ambos podemos utilizar nuestros dones del habla.

Ahora, en la hoja de perfil de mi esposo Don vemos:

El don primario de Don es el de exhortación. La calificación alta de 89 revela que él funciona bajo este don la mayor parte del tiempo. Es muy natural para Don animar a las personas en cada situación en la que se encuentra. Este también es un don del habla y de liderazgo, y él hace mucho de ambas cosas.

Su don secundario de dar (73) también es muy fuerte. Esto le ha dado un gran interés en misiones y en evangelismo, y es por eso que a él le gusta ministrar en el área de misiones. Este don también lo motiva a apoyar financieramente a los misioneros y a los proyectos de evangelismo.

El don de percepción (69), que es su tercer don, está muy cerca de su don de dar; de esta combinación viene su llamado a un ministerio de oración e intercesión. Para él, su participación en la reunión de oración por la mañana en la iglesia, de 6:00 a 7:00 a.m., es indispensable y fructífera.

Compasión (62) y servicio (61) están casi empatados en cuarto y quinto lugar, y las dos calificaciones más bajas de Don que son administración (55) y enseñanza (54) sólo tienen un punto de diferencia. Las habilidades de enseñanza de Don nacen de su don de exhortación, y no de su don de enseñanza.

Fíjese que sus dos últimos dones son mis primeros dos. Esto significa que nos complementamos en cuanto a nuestra perspectiva de la vida. Esto también es un desafío en nuestro matrimonio de vez en cuando, pero les puedo decir que una cosa sí es segura: nunca nos aburrimos.

Don ejercita su don primario fungiendo como líder en el grupo de hogar y como anciano en la iglesia, enseñando seminarios en diferentes países, dirigiendo el evangelismo misionero en nuestra iglesia, supervisando los ministerios de amor como el banco de comida, y aconsejando.

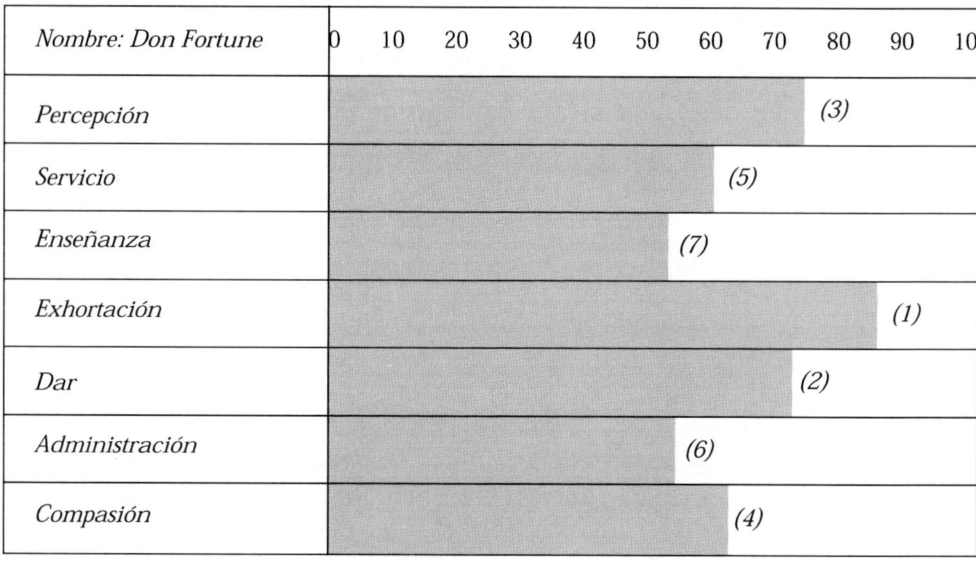

Este es el tipo de evaluación que usted puede hacer de su hoja de perfil. Recuerde, usted es único en el mundo entero, y Dios lo ha diseñado para que sea una parte vital del Cuerpo de Cristo.

RAZONES POR LAS QUE HAY CALIFICACIONES CASI IDÉNTICAS

En algunos casos una persona tendrá calificaciones tan similares que tendrá dificultades para determinar su don primario. Puede haber varias razones por esto:

Primero que nada, puede ser que sus dones motivacionales han sido sofocados en su niñez o están siendo escondidos por alguna circunstancia presente. Por lo tanto, puede ser que en este momento, otro don esté tomando precedencia sobre su don primario.

Una segunda razón puede ser que tenga una imagen de sí mismo muy pobre, tanto así que no es capaz de ponerse en contacto con su personalidad interior y sus verdaderos dones.

Una tercera razón puede ser que actualmente está involucrado en actividades o en un trabajo en el que utiliza algo de su don secundario; su calificación puede ser influenciado más por sus actividades presentes que por su don interno.

Una cuarta razón puede ser que está tratando de ser alguien que no es (o tratando de no ser algo que es).

Y finalmente, puede ser que sin duda alguna tenga dos dones motivacionales que son igualmente fuertes porque Dios le ha dotado de esa manera. Nuestra experiencia ha sido que cuando esto sucede, los dos dones se modifican el uno al otro para poder dar el equilibrio que se necesita para el tipo de ministerio que la persona va a tener. Vea el final del capítulo para obtener más información sobre esto.

CÓMO DISTINGUIR ENTRE DOS CALIFICACIONES CASI IDÉNTICAS

Si nota que tiene calificaciones casi idénticas en sus dos primeros dones, ¿cómo puede determinar si en realidad ambas son igualmente fuertes, o si una es más fuerte que la otra? A continuación hay una pequeña prueba para saber qué don es más fuerte. Las preguntas están basadas en sus preferencias. Es una forma subjetiva de determinar qué don es su don motivacional primario.

Responda a cada pregunta, incluso si siente que "en realidad me gusta hacer ambas". *Oblíguese a tomar una decisión,* aunque el margen de preferencia sea muy pequeño.

Si dos o tres de sus respuestas son (a), su don probablemente es el primero de los dos dones nombrados. Si las respuestas son mayormente las (b), entonces su don es el segundo don mencionado.

Este procedimiento también puede ser utilizado para determinar la fuerza relativa de su segundo y su tercer don, de su cuarto y de su quinto don, y así sucesivamente.

PERCEPCIÓN /SERVICIO

¿Prefiere pasar su tiempo

_______ a. intercediendo por otros (o)

_______ b. atendiendo a invitados en su casa?

¿Consideraría una obra más amorosa e importante

_______ a. ayudar a una persona a hacer cambios positivos en su vida (o)

_______ b. hacer algo para suplir una necesidad especial que ella tenga?

¿Prefiere ayudar a una persona a deshacerse de

_______ a. pecado en su vida (o)

_______ b. el desorden en su casa?

PERCEPCIÓN /ENSEÑANZA

¿Cuando comparte las Escrituras con las personas le gusta más

_______ a. decirles si su interpretación es correcta o incorrecta (o)

_______ b. animarlas a que estudien y encuentren la verdad por sí mismas?

¿Prefiere

_______ a. pasar tiempo en intercesión (o)

_______ b. enseñar un estudio bíblico a un grupo de cristianos?

¿Para formar una opinión sobre algo probablemente

_______ a. se guiaría por lo que siente y/o cree (o)

_______ b. investigaría hasta tener la suficiente confianza?

PERCEPCIÓN /EXHORTACIÓN

¿Para ser de verdadera ayuda a las personas prefiere

_______ a. decirles que se arrepientan y cambien su forma de ser (o)

_______ b. animarlas a relacionarse bien con los demás?

Al aconsejar a las personas, usted

_______ a. les dice qué están haciendo mal y cómo mejorar (o)

_______ b. las acepta como son, y luego les sugiere que cambien?

Cuando da consejos, usted

_______ a. cita las Escrituras como la base absoluta para toda acción (o)

_______ b. da pasos prácticos a seguir?

PERCEPCIÓN /DAR

¿Para ser de ayuda a otros, tiende a

_______ a. darles un consejo de acuerdo a las Escrituras (o)

_______ b. hacer algo por ellos?

¿Prefiere

_______ a. orar por alguien (o)

_______ b. proveerle algo?

¿Cuándo está con los no cristianos tiende a

_______ a. decirles que son pecadores y que necesitan arrepentirse (o)

_______ b. simplemente mostrarles el camino a la salvación?

PERCEPCIÓN /ADMINISTRACIÓN

¿Cuándo está ayudando a alguien espiritualmente, tiende a

_______ a. decirle: "Esto es lo que dice la Biblia" (o)

_______ b. ayudarles a ver una perspectiva global de las Escrituras?

¿Al aconsejar a alguien prefiere

_______ a. decirle qué está haciendo bien o mal (o)

_______ b. tratar de averiguar primero todo lo relacionado a su problema?

¿Prefiere pasar tiempo

_______ a. en oración y ayuno (u)

_______ b. organizando un proyecto cristiano?

PERCEPCIÓN /COMPASIÓN

¿Al ayudar a las personas tiende a suplir

_______ a. primero sus necesidades espirituales (o)

_______ b. primero sus necesidades emocionales?

¿Cuándo alguien está afligido

_______ a. le muestra en las Escrituras cómo superar su aflicción (o)

_______ b. se identifica con el afligido y se queda con él/ella hasta que su aflicción desaparezca?

¿Prefiere participar en

_______ a. un grupo de intercesión (o)

_______ b. un programa para ayudar a los pobres?

SERVICIO /ENSEÑANZA

¿Cuándo enseña usted prefiere

_______ a. demostrar la naturaleza amorosa de Dios (o)

_______ b. exponer la Palabra de Dios?

¿Si alguien necesita algo, prefiere

_______ a. proveérselo (o)

_______ b. enseñarle a proveérselo por sí mismo?

¿Prefiere

_______ a. ayudar a organizar o servir una comida en la iglesia (o)

_______ b. hablar al grupo después de la comida?

SERVICIO /EXHORTACIÓN

¿Prefiere

_______ a. hacer un trabajo con sus manos (o)

_______ b. hablar con su boca?

¿Si una persona no siguiera sus instrucciones adecuadamente, usted

_______ a. seguiría con el plan y lo haría usted mismo (o)

_______ b. le explicaría más detalladamente para que él/ella lo pudiera hacer?

Después de una reunión, ¿ siente que es más importante

_______ a. asegurarse de dejar el salón ordenado (o)

_______ b. pasar tiempo hablando con los asistentes?

SERVICIO /DAR

¿Ve la hospitalidad principalmente como una oportunidad de

_______ a. servir (o)

_______ b. dar?

¿Prefiere

_______ a. ayudar a las personas con sus necesidades prácticas (o)

_______ b. pasar tiempo testificando?

¿Prefiere ayudar a alguien que tiene una necesidad

_______ a. haciendo algo por él/ella (o)

_______ b. dándole dinero de forma anónima?

SERVICIO /ADMINISTRACIÓN

¿Preferiría

_______ a. ayudar a alguien a hacer algo (o)

_______ b. decirle cómo hacerlo por su propia cuenta?

¿Si un salón debe ser limpiado, usted

_______ a. iría a buscar una escoba para barrerlo (o)

_______ b. decidiría quién podría hacer mejor el trabajo?

¿Usted

_______ a. deja que las cosas se desarrollen solas (o)

_______ b. planifica con anticipación?

SERVICIO /COMPASIÓN

¿Le importa más

_______ a. las necesidades prácticas de las personas (o)

_______ b. cómo se sienten las personas?

¿Prefiere

_______ a. ayudar a organizar una fiesta de trabajo en la iglesia (o)

_______ b. visitar a los presos?

¿Usted

_______ a. trabaja en un proyecto hasta completarlo (o)

_______ b. se queda a medio camino por querer suplir las necesidades emocionales de otros?

ENSEÑANZA /EXHORTACIÓN

¿Prefiere ayudar a las personas

_______ a. enseñando una clase de estudio bíblico (o)

_______ b. dándoles consejería para sus problemas?

¿Prefiere

_______ a. leer un buen libro (o)

_______ b. estar con las personas?

¿Le gusta tener

_______ a. unos cuantos amigos selectos con intereses similares (o)

_______ b. muchos amigos, mientras más, mejor?

ENSEÑANZA /DAR

¿Le gustaría ver que Dios incrementa sus habilidades para

_______ a. enseñar eficazmente (o)

_______ b. dar generosamente?

¿Prefiere

_______ a. investigar y estudiar (o)

_______ b. testificar y evangelizar?

¿Es más probable que usted tenga éxito en

_______ a. una carrera de enseñanza (o)

_______ b. los negocios?

ENSEÑANZA /ADMINISTRACIÓN

¿Prefiere

_______ a. capacitar a otros para hacer un trabajo (o)

_______ b. delegar a otros un trabajo?

2. ¿Se da cuenta que a menudo está

_______ a. leyendo un buen libro (o)

_______ b. haciendo listas de cosas que debe hacer?

3. ¿Prefiere

_______ a. hacer una investigación a fondo de un tema (u)

_______ b. organizar y dirigir un proyecto en grupo?

ENSEÑANZA /COMPASIÓN

¿Sus decisiones son

_______ a. basadas en la investigación (o)

_______ b. difíciles de tomar?

2. ¿Usted

_______ a. mantiene sus emociones bajo control (o)

_______ b. llora con facilidad?

3. ¿Usted encuentra que

_______ a. es atraído a las actividades intelectuales (o)

_______ b. sueña despierto o tienes muchas fantasías?

EXHORTACIÓN/ DAR

¿Anima a las personas

_______ a. compartiendo sus propias experiencias (o)

_______ b. dándoles ayuda práctica?

¿Prefiere

_______ a. dejar que su vida sea un ejemplo a los inconversos (o)

_______ b. llevar a alguien a los pies de Cristo a través del testimonio verbal?

¿Prefiere

_______ a. hablar frente a un grupo (o)

_______ b. ser una persona que apoya a los demás?

EXHORTACIÓN / ADMINISTRACIÓN

¿Prefiere

_______ a. dar consejería individual (o)

_______ b. tomar el liderazgo de un grupo?

¿Cuándo está trabajando en un proyecto tiende a

_______ a. perseverar hasta que lo termina (o)

_______ b. delegar lo más que pueda a otros?

¿Se da cuenta de que

_______ a. se adapta fácilmente a casi cualquier situación (o)

_______ b. se frustra con las tardanzas y el papeleo ?

EXHORTACIÓN / COMPASIÓN

¿Prefiere

_______ a. dar consejería personal (o)

_______ b. ayudar con ministerios de caridad?

¿Tiende a

_______ a. ver los problemas como retos (o)

_______ b. abrumarse debido a los problemas?

¿Las decisiones son

_______ a. fáciles para usted (o)

_______ b. difíciles de tomar?

DAR / ADMINISTRACIÓN

¿Prefiere

_______ a. ayudar en un proyecto ya organizado (u)

_______ b. organizar un proyecto?

¿Prefiere ser

_______ a. un ayudante (o)

_______ b. un líder?

¿Preferiría pasar su tiempo

_______ a. evangelizando de puerta en puerta (o)

_______ b. iniciando un proyecto pionero?

DAR / COMPASIÓN

¿Se interesa primordialmente en

_______ a. las necesidades de las personas (o)

_______ b. los sentimientos de las personas?

¿Si está trabajando en un proyecto cuando alguien expresa una necesidad, usted

_______ a. terminaría el proyecto y después supliría la necesidad (o)

_______ b. supliría la necesidad y después terminaría el proyecto?

¿Prefiere animar a las personas a

_______ a. dar generosamente para el avance del evangelio (o)

_______ b. ministrar a aquellos que están afligidos y necesitados?

ADMINISTRACIÓN / COMPASIÓN

¿Cuándo ve una situación, se enfoca en

_______ a. la perspectiva a largo plazo (u)

_______ b. lo que está sucediendo en el momento?

¿Prefiere pasar su tiempo

_______ a. organizando a personas y proyectos (o)

_______ b. ministrando a alguien que está angustiado?

¿Prefiere trabajar con

_______ a. un grupo (o)

_______ b. una persona a la vez?

ACLAREMOS LAS CALIFICACIONES CASI IDÉNTICAS

A continuación le damos algunas otras sugerencias que lo pueden ayudar a asegurarse de cuál es su don motivacional primario:

Guarde su prueba por unos días, algunas semanas y hasta algunos meses. Observe más detenidamente su comportamiento, sus intereses y lo que lo motiva. Ahora que ya está familiarizado con los siete dones, podrá estar más alerta a la forma en que estos operan en su vida. Luego, tome nuevamente la prueba; esta vez puede resultar más exacta.

Si tiende a evitar darse a sí mismo cincos o ceros, haga nuevamente la prueba con la disposición de anotar los extremos cuando sea apropiado. Recuerde, no es orgullo obtener una calificación de cinco. Si siempre hace algo, eso simplemente es un dato más.

Busque patrones. Revise sus hojas de calificaciones para buscar consistencia en cuanto a un don mayor. Por ejemplo, puede haber obtenido calificaciones similares en dos dones pero en uno el rango de calificación es de dos a cinco, mientras que en el otro, la mayoría de las calificaciones son cuatro. Este último es probablemente su don primario.

Observe las áreas problemáticas de cada don. Algunas personas nos han dicho que las características problemáticas fueron las que más claramente les dieron a entender que ese era su don. Esto será especialmente real si usted es un nuevo creyente o una persona que todavía tiene muchos problemas que resolver.

Muchos han dicho que al reflexionar acerca de su niñez y su juventud vieron claramente cuáles eran sus dones. (Esto no lo ayudará si su personalidad fue sofocada o controlada durante ese tiempo.)

Pídale a su cónyuge, a una amiga o a un amigo cercano, o a un pariente que lo ayude a sacar sus calificaciones o incluso que las saque para usted. Quizá ellos puedan ver cosas que usted no ve. Sin embargo, utilice esto solamente como una confirmación, porque la persona que lo conoce mejor a usted, ¡es usted mismo!

Pregúntele al Señor. Esto bien podría ser la cosa más importante que puede hacer. Después de todo, Él lo creó y lo conoce mejor que nadie. Si Él sabe (y en realidad lo sabe) cuántos cabellos tiene en la cabeza en este momento (lo cual usted mismo no sabe), entonces sabe cuáles son los dones que ha puesto en usted. Recuerde, Él quiere que usted sea un miembro activo de su Cuerpo y que funcione eficazmente. Él quiere que use sus dones para ayudar a otros. Él desea que tenga el gozo que viene al utilizar su(s) don(es) motivacional(es) al máximo.

DONES COMBINADOS

Supongamos que ya ha hecho todo lo anterior y dos (o más) dones aún están empatados en primer lugar. Acepte lo siguiente: *Algunas personas tienen dones combinados.* Esto significa que Dios ha creado a estas personas con dos dones motivacionales de igual fuerza porque necesitan ambos para trabajar en su ministerio.

Lo que sucede es que los dos dones *se modifican* el uno al otro. Es esta modificación lo que permite que la persona lleve a cabo mejor lo que hace.

Cada combinación produce una modificación interesante. Por ejemplo, una persona con el don de percepción y el don de compasión se dará cuenta de que su don de percepción es suavizado por su don de compasión. Será sensible a las dolencias de otros, y no será tan criticón y juzgador.

Su don de compasión también es modificado de tal manera que él es capaz de ser bastante decisivo y aconsejar con bastante objetividad. Su tendencia a hacer concesiones es balanceada por su don de percepción, que no quiere hacer concesiones. Esto significa que hará concesiones solamente cuando haya una razón válida para hacerlo.

La combinación exhortador/maestro produce un individuo que es especialmente dotado para la enseñanza. Esta persona tendrá la habilidad no solamente de presentar hechos que ha investigado a fondo, sino también de comunicarlos mediante anécdotas interesantes que tienen que ver con la vida real.

La combinación del don de dar y el de percepción equipa a la persona para ser un evangelista o misionero poderoso, que tiene muchísimo éxito al llamar a las personas al arrepentimiento y a la salvación

El que tiene la combinación del don de servicio y el don de dar será un cristiano bien equilibrado que sirve de maneras prácticas y también provee apoyo financiero al ministerio de otras personas.

Y la lista de combinaciones sigue. Si usted tiene una combinación de dones, alabe a Dios por la manera especial en que lo ha equipado.

EXHORTACIONES BÍBLICAS PARA TODOS

No importa qué don o combinación de dones le haya dado Dios, lo más importante es recordar usarlo siempre con amor.

Después de la lista de dones motivacionales en Romanos 12, Pablo dedica el resto del capítulo a varias exhortaciones acerca de la manera en que debemos poner el amor en acción al usar nuestros dones. Aunque algunos versículos parecieran relacionarse específicamente a ciertos dones motivacionales, nos parece que en realidad se relacionan a *todos* los dones, y que *todos* debemos practicar los principios que se plantean aquí. La hospitalidad, la armonía, el perdón y la amabilidad son tanto el privilegio como la responsabilidad de cada cristiano. En este pasaje, es como si Pablo hubiera identificado las exhortaciones más importantes de sus propios escritos y de otras fuentes bíblicas y las hubiera condensado en una presentación precisa de lo que debería ser la conducta cristiana.

Se podría decir que si una persona – sea cual sea su don motivacional – viviera de acuerdo con estas exhortaciones, su vida sería provechosa y sus relaciones serían saludables. A continuación le presentamos una versión encapsulada de las exhortaciones de Pablo:

1 - Ámense unos a otros (Romanos 12:9a).
2 - Aborrezcan lo malo (Romanos 12:9b).
3 - Sigan lo bueno (Romanos 12:9c).
4 - Practiquen amor fraternal (Romanos 12:10a).
5 - Honren a otros (Romanos 12:10b).
6 - Sean fervientes en espíritu (Romanos 12:11a).
7 - Sirvan al Señor (Romanos 12:11b).
8 - Gócense en la esperanza (Romanos 12:12a).
9 - Soporten la tribulación (Romanos12:12b).
10 - Sean constantes en oración (Romanos 12:12c).
11 - Compartan con otros (Romanos 12:13a).
12 - Practiquen la hospitalidad (Romanos 12:13b).
13 - Bendigan a quienes los persiguen (Romanos 12:14a).
14 - No maldigan (Romanos 12:14b).
15 - Gócense con los que se gozan (Romanos 12:15a).
16 - Lloren con los que lloran (Romanos 12:15b).
17 - Vivan en armonía (Romanos 12:16a).
18 - No sean orgullosos (Romanos 12:16b).
19 - No se crean sabios (Romanos 12:16c).
20 - No paguen a nadie mal por mal (Romanos 12:17a).
21 - Procuren hacer lo bueno delante de todos (Romanos 12:17b).
22 - Vivan en paz (Romanos 12:18).
23 - No se venguen (Romanos 12: 19a).
24 - Dejen que Dios sea quien castigue (Romanos 12:19b).
25 - Sean bondadosos con sus enemigos (Romanos 12:20).
26 - Venzan el mal con el bien (Romanos 12: 21).

Las Características de Jesús

29

Solamente Jesús ha demostrado la perfecta y completa operación de los siete dones motivacionales en su vida.

JESÚS Y LA PERCEPCIÓN:

1. Él habló solamente lo que su Padre le indicó.
"Porque yo no he hablado por mi propia cuenta; el Padre que me envió, él me dio mandamiento de lo que he de decir, y de lo que he de hablar" (Juan 12:49).

2. Él fue la Verdad.
"Jesús le dijo: Yo soy el camino, y la verdad, y la vida"... (Juan 14:6).

3. Podía ver lo que había en el corazón de las personas.
"Porque cinco maridos has tenido, y el que ahora tienes no es tu marido..." (Juan 4:18).
"¡Generación de víboras! ¿Cómo podéis hablar lo bueno, siendo malos? Porque de la abundancia del corazón habla la boca" (Mateo 12:34).

4. Oró e intercedió.
"Levantándose muy de mañana, siendo aún muy oscuro, salió y se fue a un lugar desierto, y allí oraba" (Marcos 1:35).

5. Odió la maldad.
"...y les dijo: Escrito está: Mi casa, casa de oración será llamada; mas vosotros la habéis hecho cueva de ladrones" (Mateo 21:13).

6. Habló franca y directamente.
"¡Ay de vosotros, escribas y fariseos, hipócritas! Porque sois semejantes a sepulcros blanqueados que, a la verdad, se muestran hermosos por fuera; pero por dentro están llenos de huesos de muertos y de toda impureza" (Mateo 23:27).

JESÚS Y EL SERVICIO:

1. Trabajó con las manos como carpintero con su padre José.
"Y descendió con ellos, y volvió a Nazaret, y estaba sujeto a ellos" (Lucas 2:51).

2. Demostró servicio.
"Luego puso agua en un lebrillo, y comenzó a lavar los pies de los discípulos..." (Juan 13:5).

3. Exaltó el servicio.
"...el que quiera hacerse grande entre vosotros será vuestro servidor..." (Marcos 10:43).

4. Tuvo mucha energía para alcanzar lo que exigía su ministerio.
"Volvió el pueblo a juntarse a él, y de nuevo les enseñaba como solía" (Marcos 10:1).

JESÚS Y LA ENSEÑANZA:

1. Enseñó la verdad de Dios.
"Otra parábola les refirió, diciendo: El reino de los cielos es semejante al grano de mostaza, que un hombre tomó y sembró en su campo" (Mateo13:31).

2. Cumplió la Ley.
"No penséis que he venido para abrogar la ley o los profetas. No he venido para abrogar, sino para cumplir" (Mateo 5:17).

3. Citó las Escrituras
Él respondió y dijo: Escrito está: No sólo de pan vivirá el hombre, sino de toda palabra que sale de la boca de Dios" (Mateo 4:4, citando Deuteronomio 8:3).

4. Construyó sus argumentos sobre verdades bíblicas.
"Oísteis que fue dicho a los antiguos: No matarás; y cualquiera que matare será culpable en el juicio. Pero yo os digo que cualquiera que se enoje contra su hermano, será culpable de juicio" (Mateo 5:21-22).

5. Era inteligente y curioso.
"Y aconteció que tres días después le hallaron en el templo, sentado en medio de los doctores de la ley, oyéndoles y preguntándoles" (Lucas 2:46).

6. Tuvo dominio propio.
"Y le hacía muchas preguntas, pero él nada le respondió... Entonces Herodes con sus soldados le menospreció y escarneció..." (Lucas 23:9-11).

JESÚS Y LA EXHORTACIÓN:

1. Enseñó a la gente a vivir victoriosamente.
El Sermón del monte (Mateo 5-7)

2. Dio exhortaciones positivas.
"Amad a vuestros enemigos...bendecid...orad... dale... prestad...sed misericordiosos... no juzguéis... perdonad..." (Lucas 6:27-37).

3. Prescribió pasos precisos a seguir.
"Vete, y no peques más" (Juan 8:11).
"Jesús le dijo: "Si quieres ser perfecto, anda, vende lo que tienes, y dalo a los pobres;...y ven y sígueme" (Mateo 19:21).

4. Aceptó a las personas tal como eran.
La mujer samaritana (Juan 4:4-30); Leví el cobrador de impuestos (Marcos 2:13-16).

5. Su propia vida fue un testimonio de la verdad.
"Respondió Jesús: Yo para esto he nacido, y para esto he venido al mundo, para dar testimonio a la verdad..." (Juan 18:37).

JESÚS Y EL DAR:

1. Alimentó a los cinco mil.
"Entonces tomó los cinco panes y los dos peces...y dio a sus discípulos para que los pusiesen delante..." (Marcos 6:41).

2. Compartió su tiempo, su energía, sus habilidades y su amor con los demás.
Capacitó a sus discípulos, enseñó a las multitudes, sanó a los enfermos, echó fuera los demonios, y resucitó a los muertos.

3. Enseñó sobre dar.
"Y vino una viuda pobre, y echó dos blancas, o sea un cuadrante. Entonces llamando a sus discípulos, les dijo: De cierto os digo que esta viuda pobre echó más que todos los que han echado en el arca" (Marcos 12:42-43).

4. Se enfocó en el evangelio.
"Pero él les dijo: Es necesario que también a otras ciudades anuncie el evangelio del reino de Dios; porque para esto he sido enviado" (Lucas 4:43).

5. Dio su vida por nosotros.
"Nadie tiene mayor amor que este, que uno ponga su vida por sus amigos" (Juan 15:13).

JESÚS Y LA ADMINISTRACIÓN:

1. Organizó a sus seguidores.
(Tuvo una relación más intima con tres de ellos.) "Seis días después, Jesús tomó a Pedro, a Jacobo y a Juan, y los llevo aparte solos a un monte alto…" (Marcos 9:2).
(Capacitó a los doce discípulos.) "Después subió al monte, y llamó a sí a los que él quiso; y vinieron a él. Y estableció a doce para que estuviesen con él…" (Marcos 3:13).
(Envió a los setenta, de dos en dos.) "Después de estas cosas, designó el Señor también a otros setenta, a quienes envió de dos en dos delante de él a toda ciudad y lugar adonde él había de ir" (Lucas 10:1).

2. Estaba sumamente motivado a cumplir su misión.
"Jesús… el cual por el gozo puesto delante de él sufrió la cruz, menospreciando el oprobio, y se sentó a la diestra del trono de Dios" (Hebreos 12:2).

3. Fue un hombre que vivió bajo autoridad y enseñó sobre la autoridad.
"Y Jesús se acercó y les habló diciendo: Toda potestad me es dada en el cielo y en la tierra" (Mateo 28:18).

4. Fue un líder eficiente.
"A estos doce envió Jesús, y les dio instrucciones, diciendo: ...Sanad enfermos... resucitad muertos…dad de gracia…" (Mateo 10:5-8).

5. Soportó la crítica para llegar a su meta a largo plazo, que era la cruz.
"…el Hijo del Hombre…vino…para dar su vida en rescate por muchos" (Mateo 20:28).

JESÚS Y LA COMPASIÓN:

1. Tuvo una capacidad tremenda para mostrar amor.
"Y saliendo Jesús, vio una gran multitud, y tuvo compasión de ellos, y sanó a los que de ellos estaban enfermos" (Mateo 14:14).

2. Estaba consciente de las necesidades físicas de las personas.
"Y Jesús…dijo: Tengo compasión de la gente, porque ya hace tres días que están

conmigo, y no tienen qué comer; y enviarlos en ayunas no quiero, no sea que desmayen en el camino" (Mateo 15:32).

3. Estuvo alerta a las necesidades emocionales y psicológicas.
"Y al ver las multitudes, tuvo compasión de ellas; porque estaban desamparadas y dispersas como ovejas que no tienen pastor" (Mateo 9:36).

4. Amaba a los niños.
Pero Jesús dijo: Dejad a los niños venir a mí, y no se lo impidáis..." (Mateo 19:14).

5. Tuvo empatía por otras personas.
"Cuando el Señor la vio, se compadeció de ella, y le dijo: No llores" (Lucas 7:13).

6. Expresó sus sentimientos.
"Jesús lloró" (Juan 11:35).

7. Se lamentó por Jerusalén
"¡Jerusalén, Jerusalén, ...¡Cuántos veces quise juntar a tus hijos, como la gallina junta sus polluelos debajo de las alas, y no quisiste!" (Mateo 23:37).

Cada uno de nosotros, como parte del Cuerpo de Cristo en esta tierra, hemos recibido uno o más de los dones motivacionales a fin de capacitarnos para continuar con el trabajo que Él inició aquí. Trabajando juntos, podemos (en un sentido) lograr mucho más que lo que Jesús logró en sus tres años de ministerio terrenal.

"De cierto, de cierto os digo: El que en mí cree, las obras que yo hago, él las hará también; y aun mayores hará, porque yo voy al Padre" (Juan 14:12).

Incluso el tomar la Santa Cena ha cobrado un mayor significado para mi esposo Don y yo desde que entendimos cómo se relacionan los dones motivacionales con ella. Casi podemos ver a Jesús en esa Última Cena mientras partió el pan, que representaba su cuerpo a través del cuál Él había ministrado a las personas, diciendo algo como:

"Aquí tienes, Pedro. Tú eres obviamente parte de mi don de exhortación. Quiero que aumentes tu capacidad para hablar con denuedo por este grupo.

"Aquí tienes, Tomás. Yo quiero que sigas siendo parte de mi don de enseñanza, así como te he hecho. Siempre verifica lo que parece ser la verdad según lo que te he enseñado."

"Aquí tienes, Juan. Quiero que sigas creciendo como parte de mi don de compasión. Deja que el amor de mi Padre fluya continuamente a través de tu vida hacia otros."

Jesús mostró perfectamente todos los dones motivacionales. Como su Cuerpo hoy, nosotros podemos trabajar con Él para ministrar y ser una bendición para otros. Cuando Don y yo tomamos la Santa Cena, ahora miramos a nuestro alrededor a las personas con quienes estamos unidos y decimos con gran aprecio: "Gracias, Jesús, por el pastor Mike que se entrega tanto a su rebaño. Sus dones de enseñanza, administración y servicio son una combinación maravillosa. Y gracias, Señor, por Pati y su cándida pero amorosa honestidad que fluye a través de su don de percepción. ¡Cuánto te alabamos por el don de servicio de Claudia! ¿Qué haríamos sin su fidelidad para manejar todos los detalles y las tareas que hay que hacer? Y Señor, apreciamos tanto la habilidad de John de exhortar y animar a las personas mientras enseña. Gracias por el don de dar de Phil: es tan bueno verlo traer a las personas a tus pies. Estamos agradecidos por el floreciente don de Bonnie de administración y la meticulosidad de Ted al investigar tu Palabra. Y gracias, Señor, por el don de compasión tan precioso, gentil y abundante que tiene Lynn."

¡Cada vez que tomamos la Santa Cena celebramos con gozo el hecho de que cada persona en el Cuerpo de Cristo ha sido dotada generosamente por Dios!

PARTE 3

APLICACIONES PRÁCTICAS

Poniendo En Práctica Su Don

30

Ahora que ya sabe cuáles son sus dones, puede seguir los mandatos que se encuentran en 1 Pedro 4:10 y en Romanos 12:6 en cuanto a usarlos. Descubrirá el gran gozo que viene de funcionar en sus dones. Aunque se dé cuenta de que lo ha hecho natural y espontáneamente en el pasado, se deleitará aun más cuando observa consistentemente sus dones en acción en el futuro.

Podrá tomar decisiones sabias. Podrá vivir su vida al máximo con el fin de ser de bendición a otros, y podrá también aceptar y apreciar a otros conforme ellos usan sus dones. Verdaderamente podrá experimentar el cumplimiento de la oración de Jesús en el capítulo diecisiete de Juan.

En cualquier situación podrá reconocer los dones motivacionales en acción, ya sea en conversaciones, en grupos, en los predicadores, en los líderes o en aquellos que trabajan silenciosamente entre bastidores. Podrá notar el don de una persona conforme él/ella habla o enseña, incluso cuando esté hablando por televisión o por radio. Las biografías tendrán más sentido. Hasta los reportes periodísticos, si contienen suficientes detalles, revelarán el don de la persona.

Nos gustaría compartir el siguiente ejemplo para mostrar la naturalidad con que funcionan los dones.

Supongamos que usted ha invitado a siete personas a cenar y cada una de ellas resulta tener un don motivacional diferente. Usted lleva a la mesa tres platos de ensalada a la vez, cuando de pronto uno de los platos cae al piso y se rompe. Hay pedacitos de vidrio y de ensalada por todos lados. ¿Cómo reaccionaría cada persona?

La persona con el don de percepción diría: "Eso es lo que sucede cuando uno trata de cargar demasiados platos a la vez."

La persona con el don de servicio diría: "Déjame recoger todo y limpiar el piso."

La persona con el don de enseñanza diría: "La razón por la que dejaste caer el plato fue que no estaba bien equilibrado."

La persona con el don de exhortación diría: "La próxima vez, pídele a alguien que te ayude a traer los platos."

La persona con el don de dar diría: "Con mucho gusto te ayudo a hacer otra ensalada."

La persona con el don de compasión diría: "No te sientas avergonzada; eso le puede suceder a cualquiera."

La persona con el don de administración diría: "Juan, trae la escoba y la pala. Sally, trae el trapeador. María, ayúdame a hacer otra ensalada."

DESAFÍOS MATRIMONIALES

Nos hemos dado cuenta de que por lo general, los opuestos se atraen en el matrimonio. Generalmente uno de los dos cónyuges tendrá un don del habla y el otro tendrá un don de servicio. Una persona con el don de percepción puede sentirse atraída a alguien que tiene el don de compasión; el que tiene el don de enseñanza puede sentir atracción por alguien que tiene el don de exhortación; al que tiene el don de servicio le puede atraer alguien con el don de administración.

Podríamos escribir un libro completo sobre este tema (¡y tal vez lo hagamos!) pero nos gustaría decir aquí que muchos conflictos y muchas tensiones en el matrimonio pueden eliminarse al simplemente conocer y aceptar el don motivacional de la pareja.

Consideremos a Tim y a Darlene, por ejemplo. Tim es una persona callada a quien le gusta trabajar con las manos. Él trabaja construyendo barcos. Llora con facilidad, y cuando adopta una postura en cuanto a algún asunto, es fácil que después cambie de opinión. Darlene es más extrovertida, tiene opiniones fuertes, es muy firme en cuanto a las posturas que adopta, y se inclina a un ministerio de oración.

Al principio hubo muchos conflictos entre ellos. A Darlene le irritaban las "insipideces" de Tim y el hecho de que era a apto a cambiar de opinión. Él se molestaba con Darlene por su manera de ser dogmática e inflexible, y era lastimado fácilmente por su forma de hablar tan directa.

El examen de los dones motivacionales reveló que ella tenía el don de percepción y él el de compasión. Casi inmediatamente su relación empezó a madurar. Darlene se dio cuenta de que necesitaba orar más y comentar menos. Empezó a apreciar la sensibilidad de su esposo al igual que su gentileza como un precioso don del Señor, y entendió que él también podía escuchar a Dios.

Tim se dio cuenta de que el don de Darlene provenía de Dios y que él podía valorarlo, en lugar de sentirse amenazado por sus opiniones fuertes. Él vio que no había nada malo con que ella fuera quien más hablara de los dos.

Ambos empezaron a animarse el uno al otro en lugar de resistirse. Su relación cambió mucho y desde entonces han llegado a ser una de las parejas más amorosas y espiritualmente maduras que conozco. Darlene dijo: "Me di cuenta de que si ambos fuéramos iguales, uno de nosotros estaría de más."

Consideremos también a Gill y a Gloria. Él es un conferencista dinámico que durante años trató de presionar a su esposa callada y reservada a formar parte de su ministerio público. Cuando ella no quiso acceder, él la acusó de ser rebelde y terca. Cuando Gloria trataba de hablar frente al público se sentía avergonzada, humillada y asolada. Por otra parte, ella acusaba a Gill de ser dominante, controlador y orgulloso por querer un ministerio público tan visible.

Después de tomar el examen de los dones motivacionales ambos se arrepintieron por criticarse el uno al otro. Descubrieron que él tenía la combinación de los dones de administración-percepción y que ella era una persona con el don de servicio con un don secundario de compasión. Gil empezó a dejar que Gloria fuera una persona que apoyara el ministerio entre bastidores, y ella aceptó el hecho de que era el don de Gill y no su orgullo, el que hacía que disfrutara de un ministerio prominente. Ahora ellos se llevan muy bien.

Recomendamos que cada pareja casada, y cada pareja que está considerando el matrimonio descubra sus dones motivacionales.

Todas las relaciones, no solamente la de esposos, puede beneficiarse de comprender claramente los dones motivacionales. Utilice la siguiente gráfica para entender mejor a las personas con quien tiende a tener problemas o conflictos. Escriba el nombre y la relación que tiene con usted la persona en la primera columna. Luego, en la segunda columna, describa brevemente el problema en la relación. En la tercera columna escriba los dones motivacionales que usted cree que tiene la persona (quizá podría darle el examen para que él/ella lo haga personalmente, si está abierta a hacerlo) y cómo esto influye en los roces entre ustedes. La cuarta columna es para que escriba posibles soluciones. Describa lo que puede hacer para reducir la tensión entre ustedes. Puede ser que el solo hecho de ver lo diferentes que son sus dones (o en otros casos, lo similares que son) eliminará gran parte de la presión.

LA PERSONA Y LA RELACIÓN	CONFLICTOS Y PROBLEMAS	DON MOTIVACIONAL	POSIBLES SOLUCIONES
Esposo/esposa:			
Madre/padre:			
Hermano/hermana:			
Otro:			

Otras personas que podría incluir en la lista son: empleados, compañeros de trabajo, pastores, líderes, maestros, suegros, hijos, amigos o vecinos.

Pídale al Señor que lo guíe mientras busca soluciones. Recuerde que usted no puede cambiar a nadie; sin embargo, sí puede cambiarse a sí mismo, tanto sus actitudes como sus acciones.

RECOMENDACIONES EN CUANTO A LA CONSEJERÍA

Hemos descubierto que conocer el don motivacional de la persona es un recurso sumamente útil al dar consejería. Un don contaminado puede ser lo que está causando las dificultades que la persona está teniendo. O simplemente la persona puede estar en conflicto con alguien que tiene un don opuesto o puede estar en competencia con alguien que tiene el mismo don. La consejería que damos para un tipo de don es diferente a la que damos para otro tipo de don. Algunas veces la naturaleza de un problema es un indicador del tipo de don. Una esposa que constantemente se siente humillada por su esposo puede ser una persona con el don de compasión. Un padre que espera un alto nivel de desarrollo académico de su hijo puede ser un padre con el don de enseñanza cuyo hijo tiene el don de servicio.

A menudo podemos discernir el don de una persona entrevistándole o haciéndole unas cuantas preguntas clave. Le preguntamos a un hombre que esperaba una obediencia extrema de su esposa si él creía que siempre tenía razón en todo. Su respuesta de "sí" fue una pista de que él tenía el don de percepción.

Otras veces damos el examen de los dones motivacionales a quienes estamos aconsejando para que lo lleven a casa y saquen sus calificaciones allá. Luego les pedimos que lo traigan a la siguiente sesión de consejería.

A continuación detallamos algunos problemas que encontramos frecuentemente:

Percepción: criticón, intolerante, murmurador, orgulloso, mandón, controlador, tiene falta de perdón, y una imagen pobre de sí mismo.

Servicio: interfiere, es perfeccionista, criticón, dependiente del aprecio de otros, no corta el cordón umbilical.

Enseñanza: orgulloso, intolerante, legalista, dogmático, obstinado, testarudo, reservado, no es romántico, tiene una actitud de sábelotodo.

Exhortación: dogmático, interrumpe, hace concesiones, obstinado, habla demasiado, manipula la verdad.

Dar: tacaño, manipulador, demasiado enfocado en el dinero, adicto al trabajo, demasiado ahorrador, consiente a los niños, roba.

Administración: mandón, dominante, insensible, duro, demasiado celoso, deja las cosas para más tarde, descuida el trabajo rutinario.

Compasión: se hiere fácilmente, demasiado emocional, hace concesiones, indeciso, no fiable, llega tarde, ilógico, demasiado sentimental.

No nos imaginamos cómo sería aconsejar sin tener estas pistas y sin saber qué dones tienen las personas que aconsejamos.

ESTILOS PARA TESTIFICAR

En la mayoría de las clases y seminarios sobre cómo testificar, se asume que existe una fórmula básica que funciona para todos. Nosotros hemos descubierto que no es así. La forma de testificar será diferente para cada persona de acuerdo al don motivacional que tenga. Por lo tanto, vemos un gran valor en saber algo acerca del don de la persona antes de compartir nuestra fe. Las fórmulas generalizadas de cómo testificar pueden ganar a algunas personas para Cristo, pero es mucho mejor ser más específico.

Recuerdo que cuando tenía quince años fui acosada por un grupo de jóvenes, que aunque su intención era buena, eran demasiado directos. Me confrontaron en un lugar público y me preguntaron: "¿Eres cristiana?" Lo único que lograron fue hacer que yo me enfadara.

Primero que todo, fueron bruscos y descorteses. No hicieron ningún esfuerzo por iniciar una conversación conmigo primero o darme una oportunidad de relacionarme con ellos.

En segundo lugar, su pregunta era amenazadora y criticona. Implicaba que si no respondía con un sí estaba "perdida". Usaban lenguaje cristiano que generalmente no entienden los inconversos ni tampoco los cristianos de trasfondos más tradicionales.

En tercer lugar, no conocían nada acerca de cómo yo tendía a recibir las ideas nuevas, así que automáticamente rechacé lo que ellos dijeron. Yo respondí: "¡Por supuesto que sí!" aunque no tenía ni idea de lo que estaban preguntando. Solamente sabía que eso los ahuyentaría y así me fui caminando y pensando: "¡Gracias a Dios que no soy como ellos!" Aquel encuentro, lejos de ser un testimonio eficaz, me predispuso a rechazar futuros intentos de dar testimonio durante los próximos once años. Sus intentos me habían hecho más daño que bien.

Lo que sigue son algunas observaciones acerca de cómo testificar dentro del marco del don de una persona, que por lo menos le dará el derecho a ser escuchado. En todos los casos, primero enfóquese en tender un puente con la persona. Hágale saber que está verdaderamente interesado en él/ella, en sus necesidades y en sus opiniones.

Don de percepción: Responderá mejor a las preguntas sobre lo correcto e incorrecto, lo bueno y lo malo, la justicia de Dios, u otras cosas como estas: "¿Crees que hay mucha maldad en el mundo?" o "¿Cómo se puede amar y ser justo al mismo tiempo?" o "¿Sabes qué les sucede a las personas cuando mueren?" Dependiendo de sus respuestas, usted puede dirigir la conversación a lo que usted cree sobre estas cosas y por qué.

Don de servicio: Responderá a un evangelio que es práctico y útil. Preguntas como "¿Cuál es la necesidad más grande del hombre?" o "¿Crees que las buenas obras ayudarán a una persona a entrar al cielo?" o "¿Alguna vez has considerado cuánto se enfoca Jesús en la importancia de tener un corazón de siervo?" crearán interés y suscitarán una respuesta.

Don de enseñanza: Querrá saber datos y bases confiables o pruebas de lo que usted está compartiendo. Pregunte algo como: "¿Por qué crees que Dios envió a Jesús a vivir en esta tierra?" o "Mira este versículo. ¿Acaso no es una prueba convincente de que Jesús es verdaderamente el único Hijo de Dios?" o "¿Alguna vez has considerado las afirmaciones de Cristo? ¿Crees que son válidas?"

Don de exhortación: Se preocupa por las personas y por sus problemas y lo que ellos pueden hacer para ayudar. Preguntas como: "¿Cuál es la mejor forma de ayudar a las personas a solucionar sus problemas? o "¿Qué consideras de gran importancia para tener una vida completa?" o "¿Quieres saber cómo fue que yo manejé el mismo problema que estás enfrentando ahora?" llamarán la atención.

Don de dar: Tiene una tendencia interna a responder al evangelio de manera entusiasta. Con estas personas puede usar un método más directo, por ejemplo: "¿Sabes lo que significa nacer de nuevo?" o "¿Qué crees que significa la palabra *salvación* en la Biblia?" o "¿Cuál es el regalo más grande que le puedes dar a Dios?"

Don de administración: Está interesado en una visión global de la vida y del universo. Puede captar su interés al preguntar: "¿Por qué crees que Dios creó a las personas?" "¿Cuál es la cosa más importante que enseña la Biblia?" o "¿Qué crees que le sucederá a la raza humana?"

Don de compasión: Se relacionará mejor a un argumento emocional; la lógica lo deja frío. Trate de usar preguntas como: "¿Cómo piensas que Dios quiere que tratemos a otros?" o "¿Crees que hay esperanza para las personas que están sufriendo en el mundo?"

Por supuesto que usted desarrollará sus propias preguntas. Solamente recuerde que el enfoque principal para cada don es diferente. Después que haya captado el interés de una persona, se dará cuenta de que cada uno viene a Jesús con un énfasis diferente:

El que tiene el don de percepción sentirá la necesidad de arrepentirse y hacer de la salvación una decisión de su voluntad.

El que tiene el don de servicio será atraído por las buenas obras de Jesús y lo recibirá porque él también quiere hacer buenas obras.

El que tiene el don de enseñanza querrá leer todo el Nuevo Testamente para obtener los datos que necesita para tomar una decisión intelectual.

El que tiene el don de exhortación se gozará al conocer los métodos que usó Jesús para ayudar a las personas, y querrá unirse a Él.

El que tiene el don de dar se emocionará cuando el evangelio cobre sentido en su vida y querrá testificarle a otros de inmediato.

El que tiene el don de administración examinará la totalidad de la historia desde la creación hasta el milenio antes de aceptar que Jesús es el Hijo de Dios.

El que tiene el don de compasión derramará lágrimas de gozo al conocer la grandeza del amor de Dios hacia él personalmente.

Cada Cristiano Es Un "Ministro"

31

Puesto que crecí en una iglesia tradicional, yo pensaba que la única persona que era un ministro era el pastor. Nunca me imaginé que cada cristiano era un ministro.

En Efesios 4:12 Pablo nos dice que todos nosotros debemos ser equipados para la obra del ministerio, lo cual ayudará a edificar y a madurar el Cuerpo de Cristo. Pero ministraremos de distintas maneras, dependiendo de nuestro don motivacional, de nuestro posible don ministerial (versículo 11), y de cómo fluyamos en los dones de manifestación.

No todos son llamados como los que tienen dones ministeriales, al servicio a tiempo completo de equipar a los santos, pero *todos nosotros somos llamados a ministrar en el nombre del Señor Jesucristo.* La mayoría de nosotros trabajaremos a tiempo completo fuera de la iglesia, ya sea en un trabajo secular o en la casa. Sin embargo, nos daremos cuenta de que hay una variedad de oportunidades de ministrar a otros: el vecino con un problema, el mejor amigo de nuestro hijo, las personas en el hogar de ancianos, el número equivocado que resultó ser una persona en crisis, el compañero de trabajo, la mujer desanimada en el grupo de oración.

A continuación hay unos ejemplos específicos:

MINISTRANDO A LOS VECINOS

Una enfermedad mantiene a una mujer en cama durante un mes. Si cada uno de sus siete vecinos inmediatos tuviera un don motivacional diferente, ¿cómo demostrarían su amor hacia ella?

El que tiene el don de percepción orará en privado y al lado de su cama por sanidad, fortaleza y perseverancia.

El que tiene el don de servicio le llevará comida, se ofrecerá para hacer los quehaceres de la casa y los mandados, cortará el césped, etc..

Al que tiene el don de enseñanza no le será fácil acercarse a ella, pero finalmente le llevará algunos libros interesantes y algunos casetes para escuchar.

El que tiene el don de exhortación irá directamente a animarla, y compartirá textos de la Biblia para fortalecerla.

El que tiene el don de dar le llevará algo de comida y otros regalos, y pasará tiempo hablando y escuchándola.

El que tiene el don de administración le preguntará cuáles son sus necesidades y organizará a los vecinos para suplirlas.

El que tiene el don de compasión le preguntará cómo se siente, simpatizará con ella, la abrazará, llorará y se quedará al lado de su cama.

MINISTRANDO EN LA ESCUELA DOMINICAL

Hay un lugar para todos en un programa de Escuela Dominical. No todos querrán enseñar, pero hay muchos otros trabajos que hacer.

El que tiene el don de percepción querrá enseñar, especialmente en las clases de los adolescentes o adultos.

El que tiene el don de servicio preferirá ayudar al maestro o ayudar en la sala cuna, hacer trabajos de conserjería o ser el (la) secretario(a) de la Escuela Dominical.

El que tiene el don de enseñanza se esforzará por enseñar a los adultos o universitarios, o preparará y proveerá material complementario.

El que tiene el don de exhortación se gozará enseñando a cualquier edad y será especialmente bueno enseñando a niños o adolescentes.

El que tiene el don de dar se gozará enseñando a cualquier edad, y quizá también ayude a manejar las finanzas o promover apoyo económico para los misioneros.

El que tiene el don de administración se deleitará al estar a cargo de todo, o querrá ser el superintendente del departamento o enseñar la clase de los adultos.

El que tiene el don de compasión pedirá enseñar o ayudar a las edades primarias, a los preescolares, o en el departamento de sala cuna.

MINISTRANDO EN LOS ESTUDIOS BIBLICOS

Todos pueden ministrar enseñando un estudio bíblico a un grupo. Pero el tema y la perspectiva será diferente para cada don.

El que tiene el don de percepción:

1 - Pasará más tiempo preparándose en oración.
2 - Usará la Biblia como su texto básico.
3 - Se enfocará en temas como oración, profecía y la voluntad de Dios.

El que tiene el don de servicio:

1 - Preferirá usar material ya preparado.

2 - Hará una preparación detallada de la lección.
3 - Se enfocará en temas prácticos que demuestran la fe.

El que tiene el don de enseñanza:
1 - Querrá planificar él mismo las lecciones.
2 - Pasará más tiempo en la investigación bíblica.
3 - Preferirá enseñar un libro completo de la Biblia o una materia temática.

El que tiene el don de exhortación:
1 - Usará material ya preparado.
2 - Utilizará experiencias de la vida para dar ejemplos.
3 - Utilizará temas que ayuden a las personas a vivir una vida victoriosa.

El que tiene el don de dar:
1 - Disfrutará de hacer su propia preparación.
2 - Tenderá a dirigir cada lección para poder ganar a alguien para Cristo.
3 - Se enfocará en temas como evangelismo y misiones.

El que tiene el don de administración:
1 - Organizará el material para formar su propio plan de las lecciones.
2 - Traerá otros materiales a la clase para captar el interés de las personas.
3 - Cubrirá temas generales de aspectos variados.

El que tiene el don de compasión:
1 - Utilizará material ya preparado.
2 - Será espontáneo en sus métodos de enseñanza.
3 - Se enfocará en el amor de Dios y en las relaciones correctas.

MINISTRANDO AL CUERPO DE CRISTO Y A OTROS

Pablo nos dice en Efesios 4:16 que el Cuerpo de Cristo crece y se edifica a sí mismo en amor y en madurez mientras que *cada una de sus partes* hace su trabajo apropiadamente. Cada persona es necesaria. Cada persona ministra a las demás, consciente o inconscientemente.

Tal vez nunca haya pensado que las cosas que usted hace espontáneamente para ayudar a los demás sean un ministerio, pero sí lo son. Naturalmente somos atraídos a los ministerios que nos permiten utilizar nuestros dones motivacionales. Si usted no funciona en sus dones al ministrar a otros, entonces hay una carencia en el Cuerpo de Cristo. ¡La Iglesia lo necesita a usted!

Para demostrar la gran variedad de áreas de servicio que están disponibles, hemos hecho la siguiente lista de ministerios, agrupados bajo encabezados generales, aunque muchos se repiten. Hemos indicado qué dones motivacionales usualmente ministran en estas áreas, pero eso no significa que otros dones no ministren también en esas áreas. Mencionamos entre paréntesis otras dos posibilidades. Además, su don secundario puede atraerlo a áreas de ministerio a las cuales no lo atraería su don primario.

Mientras estudia esta lista, pida al Espíritu Santo que le dé algunas ideas de cómo usted podría ministrar.

Posibles áreas de ministerio

MINISTERIOS DE ORACIÓN Y SANIDAD: Percepción (dar y compasión)

___ intercesión
___ungir con aceite
___desayunos de oración
___grupos de oración
___visitar hospitales
___orar por teléfono
___cadena de oración
___ayunar
___ministrar a la gente

MINISTERIOS PRÁCTICOS: Servicio (dar y compasión)

___ayudar en la oficina
___secretario de la iglesia
___enviar correspondencia
___escribir cartas
___preparar la Santa Cena
___cuidado de niños
___apoyo financiero
___hacer vendajes
___manualidades
___ministerio de casetes
___fiesta para animar a
___ayudar en la cocina
___cuidar a los bebés
___organizar archivos
___llamadas telefónicas
___manejar inscripciones
___anuncios
___hacer regalos
___ayudar a las misiones
___programa deportivo
___ujieres
___despedidas de solteros
___limpiar la iglesia
___hacer reparaciones
___ventas
___organizar bodas
___hacer uniformes del coro
___hospitalidad
___tesorero de la iglesia
___fiestas de trabajo
___programa de recreación
___ayudar con las mudanzas
___boletín de noticias una
nueva madre

MINISTERIOS EDUCACIONALES: Enseñanza (administración y percepción)

___maestro de Biblia
___líder de conferencias
___ministerio de jóvenes
___conferencista de retiros
___investigación
___biblioteca de la iglesia
___ líder de seminario
___clases de adultos
___ministerio de niños
___discipulado
___estudio de palabras
___revisar libros
___maestro de Escuela Dominical
___estudio bíblico de mujeres
___editar
___instructor de Escuela Bíblica
___tutoría
___enseñar a nuevos creyentes

MINISTERIOS DE CONSEJERÍA: Exhortación (percepción y compasión)

___orar
___aconsejar a matrimonios
___aconsejar a adolescentes
___aconsejar a embarazadas
___animar a otros
___visitar hogares
___visitar hospitales
___resolver problemas
___llamadas de seguimiento
___centros de crisis
___sanidad interior
___ayuda telefónica

MINISTERIOS DE EVANGELISMO: Dar (percepción y exhortación)

___evangelismo a niños
___equipos de mimos
___autobús de la iglesia
___dramas
___en las escuelas
___causas políticas
___misiones
___cruzadas
___programas de TV/radio
___a universitarios
___testificar en las calles
___centro de evangelismo
___evangelismo en casas
___desayunos de hombres
___reuniones de mujeres
___evangelismo puerta a puerta
___Escuela Bíblica vacacional
___repartir Biblias

MINISTERIOS DE LIDERAZGO: Administración (exhortación y enseñanza)

___organización
___maestro de ceremonias
___supt. de Escuela Dom.
___líder de departamento
___planificación
___solucionar problemas
___líder de grupos en casa
___administ. de la iglesia
___liderazgo
___líder de comités
___director de educación crist.
___coordinador de misiones

MINISTERIOS DE AMOR: Compasión (servicio y dar)

___hospitalidad
___banco de comida
___visitar hospitales
___comida para confinados
___manejar automóvil
___cuidar niños
___Alcohólicos Anónimos
___oración telefónica
___misiones
___ministerio en las calles
___hospedar invitados
___banco de ropa
___asilos de ancianos
___llevar la Santa Cena
___centros de crisis
___ayudar en un hospicio
___ayudar a retardados
___ayuda telefónica
___ayuda para abusados
___refugio de mujeres
___recibir a invitados en casa
___visitar prisiones
___ayudar a ancianos
___comida para nuevas mamás
___ayudar a incapacitados
___ayudar a los necesitados
___transportar gente a la iglesia
___alimentar a los hambrientos
___ayudar en casa hogar
___ayudar a madres solteras

MINISTERIOS CREATIVOS: Todos los dones (dependiendo del talento e interés)

___música
___coro
___tocar piano
___dramatizar lecturas
___tríos/cuartetos
___traducción
___diseñar afiches
___drama
___dirigir la alabanza
___tocar órgano
___mimos
___títeres
___interpretación
___tablero de anuncios
___escribir libros
___escribir canciones
___orquesta de la iglesia
___banda de la iglesia
___decorar la iglesia
___hacer rótulos
___arte y manualidades

Además de todos estos ministerios a individuos o relacionados con la iglesia, hay cientos de organizaciones cívicas en los cuales puede involucrarse. Solamente recuerde mantener fijas sus prioridades: Dios, la familia, el trabajo y los ministerios externos.

Carreras y Trabajos

32

Una de las preguntas que la gente nos hace con más frecuencia es la siguiente: "¿Cómo relaciono los resultados de mi hoja de perfil con mi carrera o trabajo?" En este capítulo hemos relacionado los dones a 180 de las carreras y los trabajos más comunes. Si no encuentra su trabajo en la lista, es probable que encuentre uno similar y pueda sacar las conclusiones apropiadas.

Pero primero, queremos que considere una manera específica de relacionar sus dones motivaciones a cualquier trabajo que pudiera escoger, incluso el que tiene en este momento. He aquí algunas pautas generales para determinar qué probabilidad tiene de tener éxito y sentirse satisfecho en un trabajo o una carrera.

SUS RASGOS PERSONALES

Como parte de su don motivacional, Dios le ha dado ciertos rasgos personales o maneras de actuar. El hacer uso de estos rasgos es lo que le da satisfacción y le hace sentir que ha logrado algo. Cada vez que esté considerando algún empleo, debe hacerse la siguiente pregunta: "¿Hasta qué punto me permitirá este trabajo hacer lo que estoy motivado a hacer?"

Para ayudarlo a responder a esa pregunto hemos preparado las siguientes listas que indican lo que le gusta hacer a cada don motivacional. Lea lo que aparece bajo su don primario y bajo su don secundario, si es fuerte, y marque todo lo que podría hacer en un trabajo dado. Si llega a marcar muchos de los puntos que aparecen en la lista, es probable que tendrá éxito y se sentirá satisfecho en ese trabajo. Si marcó muy pocos de los puntos, es probable que ese trabajo no le vendría bien a usted. Es mucho mejor poder reconocer de antemano si disfrutaría de cierto trabajo que comprometerse a hacerlo y luego sentirse frustrado.

Las estadísticas indican que dos de cada tres personas se sienten insatisfechas en su empleo actual. ¡Qué triste! ¡Cuántas personas pasan todos sus años de trabajo haciendo algo para el cual no usan sus dones motivacionales!

No creemos que ese sea el plan de Dios. Él quiere que nos sintamos satisfechos en lo que hacemos. Aunque el trabajo de Adán fue maldito, Jesús nos ha hecho libres para *disfrutar* de nuestro trabajo. Nuestros dones motivacionales han de ser una bendición para nosotros y para otras personas.

Don motivacional de percepción

- abogar por
- aconsejar
- advertir
- amonestar
- analizar
- avisar
- cambiar
- combatir
- convencer
- corregir
- decidir
- declarar culpable
- defender
- desafiar
- disciplinar
- dramatizar
- evaluar
- evocar
- exponer
- fortalecer
- hacer cumplir
- hacer impacto
- identificar
- inspirar
- instar
- interceder
- juzgar
- moralizar
- negociar
- perseverar
- persuadir
- predicar
- prevalecer
- prevenir
- proclamar
- resolver

Don motivacional de servicio

- arreglar
- asistir
- atender a
- ayudar
- completar
- construir
- cumplir expectativas
- dar seguimiento
- desarrollar
- detallar
- dominar
- edificar
- ensamblar
- fabricar
- hacer
- hacer eficaz
- hacer funcionar
- implementar
- invitar
- llevar a cabo
- mantener
- ministrar
- obedecer
- operar
- perfeccionar
- persistir
- producir
- poner en práctica
- reparar
- satisfacer necesidades
- seguir
- ser anfitrión
- servir
- ser útil
- terminar
- trabajar para

Don motivacional de enseñanza

- analizar
- aprender
- buscar
- comprender
- entrevistar
- escribir
- establecer la verdad
- evaluar
- interpretar
- investigar
- llegar a entender
- mejorar

- comunicar
- dar clases particulares
- descubrir
- dictar conferencias
- disciplinar
- editar
- enseñar
- entrenar
- examinar
- explicar
- exponer
- formular
- hacer experimentos
- hacer investigación
- inspirar
- instruir
- observar
- presentar la verdad
- publicar
- recomendar
- resolver
- sistematizar
- teorizar
- validar

Don motivacional de exhortación

- abogar por
- aconsejar
- amonestar
- animar
- asegurar
- asesorar
- comunicar
- conseguir
- convencer
- cultivar
- dar opiniones
- demostrar
- desarrollar
- dirigir
- edificar
- enseñar (en la práctica)
- entrenar
- estimular
- exhortar
- respuestas
- exponer
- fortalecer
- guiar
- hablar
- influir en
- inspirar
- instar
- instruir
- llegar a su potencial
- mejorar
- modificar
- explicar motivar
- persuadir
- promover
- relacionar
- soportar

Don motivacional de dar

- abogar por
- acelerar
- adquirir
- alojar
- animar
- apoyar
- auspiciar
- ayudar
- bendecir
- beneficiar
- compartir
- conseguir
- contribuir
- corroborar
- dar
- desarrollar
- donar
- evangelizar
- improvisar
- inventar
- invertir
- invitar
- mejorar
- modificar
- multiplicar bienes
- negociar
- obtener
- presupuestar
- proclamar
- proporcionar
- propugnar
- reafirmar
- rescatar
- ser anfitrión
- tener éxito
- testificar

Don motivacional de administración

- administrar
- autorizar
- comunicar
- controlar
- coordinar
- crear
- establecer
- estar a cargo
- explorar
- fijar metas
- gobernar
- guiar
- motivar
- organizar
- planificar
- programar
- promover
- proponer estrategias

- dar forma a
- delegar
- desarrollar
- dirigir
- diseñar
- edificar
- influir en
- iniciar
- liderar
- lograr
- mandar
- manejar proyectos
- realizar
- ser responsable
- ser retado
- sobresalir
- supervisar
- tener visión

Don motivacional de compasión

- abogar por
- aceptar
- aliviar heridas
- alojar
- amar
- animar
- apoyar
- asegurar
- ayudar
- calmar angustias
- confiar
- consolar
- cuidar de
- dar preferencia a
- deferir a
- edificar
- edificar relaciones
- evitar herir
- hacerse amigo
- interceder
- mostrar misericordia
- perdonar
- promover la unidad
- renovar
- rescatar
- responder
- restaurar
- sanar
- ser amable
- ser compasivo
- ser sensible
- servir
- sustentar
- tener empatía
- tratar con delicadeza
- valorar

Estas listas también son útiles al momento de decidir a qué ministerio o trabajo voluntario sería mejor dedicarse, así como cuando se le pide su ayuda con algún proyecto, programa o tarea en la iglesia.

Pensamientos Finales

Ya ha aprendido sobre los dones motivacionales, ha descubierto cuáles son los suyos y ha visto cómo pueden funcionar en el Cuerpo de Cristo. ¡Ahora tiene que aplicar lo que sabe!

Podemos decir con toda sinceridad que lo que hemos aprendido sobre los dones motivacionales ha sido y sigue siendo sumamente útil en cada aspecto de nuestra vida. Ha enriquecido nuestra relación con los demás, ha aumentado nuestro entendimiento y aceptación de otros, nos ha equipado para ministrar más eficazmente, nos ha capacitado para cooperar con el plan de Dios para nuestra vida, y nos ha permitido tener la libertad de ser nosotros mismos.

Confiamos en que este libro haya enriquecido su vida, lo haya acercado a Jesús y lo haya capacitado para ser usted mismo, de modo que pueda llevar a cabo el mandato bíblico: "Cada uno ponga al servicio de los demás el don que haya recibido, administrando fielmente la gracia de Dios en sus diversas formas... Así Dios será en todo alabado por medio de Jesucristo, a quien sea la gloria y el poder por los siglos de los siglos. Amén." (1 Pedro 4:10-11, NVI).

Notas

Edward Ziegler, "The Mysterious Bond Between Twins" [El misterioso lazo entre gemelos], *The Reader's Digest* (Enero 1980): p. 78.

George Ricker Berry, *The Interlinear Literal Translations of the Greek New Testament* (Grand Rapids, Mich.: Zondervan Publishing House, 1973).

James Strong, *Strong's Exhaustive Concordance of the Bible*, (New York: Abingdon Press, 1970).

Kenneth Wuest, *Word Studies in the Greek New Testament,* Capítulo 12: Romanos en el Nuevo Testamento (Grand Rapids, Mich.: William B, Eerdmans Pub. Co., 1955).

Emily Binning, *Gordon Takes a Wife* (Lynnwood, Wash.: Women's Aglow Fellowship, 1977), pp. 136-137.

Steve Lightle, *Exodus II* (Kingwood, Tex.: Hunter Books, 1983), pp. 60-61.

Howard Pitman, *Placebo* (Bassfield, Miss.: Mississippi Christian Broadcasting, Inc., 1980), p. 33.

Utilizado con permiso.

Albert W. Lorimer, *God Runs My Business*, (Old Tappan, N.J.: Fleming H. Revell, 1941), pp. 131-132

EPÍLOGO

A continuación le damos un plan de estudio diseñado para ayudar a enseñar el material en este libro. Aunque ha sido diseñado como un estudio de 12 semanas, puede alargarse o acortarse, de acuerdo al tiempo del cual se dispone. Diga a los estudiantes que lean los capítulos y las preguntas antes del estudio.

Primera semana: Leer los capítulos 1-2

Capítulo 1: *Tres categorías de dones*

¿Cuáles son los dones mencionados en 1 Corintios 12:10? Defínalos.

¿Cuáles son las funciones de los cinco dones mencionados en Efesios 4:11-13? ¿Cómo difieren estos dones de los que se mencionan en 1 Corintios 12?

¿Cómo moldean nuestra personalidad los siete dones mencionados en Romanos 12:6-8?

¿Qué base provee Romanos 12:1-5 para la ejecución de nuestros dones motivacionales?

¿Cómo se relaciona 1 Corintios 12:28-31 a las listas de dones? ¿Es esencial el amor?

Capítulo 2*: ¡Todos tenemos un don!*

¿Cómo deben beneficiarse otras personas de nuestros dones?

¿Cuándo recibimos nuestros dones motivacionales? ¿Cuál es la evidencia?

¿Cómo afecta su don motivacional el punto de vista de una persona?

¿De qué maneras suplen ciertas necesidades básicas los siete dones motivacionales?

Segunda semana: Leer los capítulos 3 –5

Capítulo 3: *Colocados en su cuerpo*

¿Cómo se relacionan los siete dones con las diferentes partes del cuerpo?

Describa a alguien que conoce y la forma en que su don refleja su posición en el cuerpo.

¿Cuál es la diferencia entre los "dones del habla" y los "dones de servicio"?

Capítulo 4: *Ministramos en todas las áreas*

¿En qué sentido podemos todos funcionar en las siete áreas de los dones motivacionales?

¿Por qué pueden algunas personas ministrar mejor y más naturalmente en ciertas áreas?

Capítulo 5: *Si tengo un don, ¿por qué no lo sabía?*

¿Por qué puede ser que una persona no sepa acerca de sus dones motivacionales?

¿Cuáles son algunos obstáculos que impiden el fluir del don motivacional de una persona?

¿Cómo son avivados los dones motivacionales de tal manera que es se usen para el propósito de Dios?

Tercera semana: Leer los capítulos 7-9

Capítulo 7: *Características del que percibe*

¿Cuál es la diferencia entre una persona con el don de percepción, un profeta y el don de profecía?

¿Por qué los que tienen el don de percepción odian lo malo pero valoran el quebrantamiento?

¿Por qué los que tienen el don de percepción ponen tanto énfasis en lo que enseña la Biblia?

¿Qué son puntos ciegos o aspectos malos? ¿Tiene usted alguno? ¿Cómo se deshace de ellos?

¿Por qué es la intercesión el ministerio más importante de los que tienen el don de percepción?

¿Por qué son tan introspectivos los que tienen el don de percepción? ¿Cómo les ayuda esto? ¿Cómo les hace daño?

Capítulo 8: *Problemas del que percibe*

¿Por qué no está bien ser franco y brusco si lo que uno dice es la verdad?

¿Por qué tienden a tener problemas con su imagen de sí mismos los que tienen el don de percepción?

Capítulo 9: *Personajes bíblicos con el don de percepción*

¿Quiénes son los personajes del Antiguo Testamento que pudieran haber tenido el don de percepción? ¿Por qué?

¿Por qué es Juan el Bautista un buen ejemplo en el Nuevo Testamento de una persona con el don de percepción?

Cuarta semana: Leer los capítulos 10 -12

Capítulo 10: *Características del servidor*

¿Qué cosas hacen los servidores que tal vez no sean reconocidas como un ministerio?

¿Qué debería hacer una persona con el don de servicio si se involucra en demasiados proyectos?

¿Cómo pueden otras personas adaptarse al perfeccionismo de un servidor?

¿Cómo puede un padre que tiene el don de servicio privar a sus hijos de aprender a ser responsables?

¿Por qué era beneficioso para los israelitas el don de servicio de Moisés?

Capítulo 11: *Problemas del servidor*

¿Cómo podemos ayudar a los servidores a sentirse más amados y apreciados?

¿Cómo puede una persona decirle gentilmente a un servidor que no quiere que lo ayude con algo?

Capítulo 12: *Personajes bíblicos con el don de servicio*

¿Qué cree usted que apreció Jesús del don de servicio de Marta?

¿Por qué chocaron el don de María y el don de Marta?

Quinta semana: Leer los capítulos 13-15

Capítulo 13: *Características del maestro*

¿Por qué insisten los maestros en hacer una investigación tan extensa de todo?

¿Cómo puede la objetividad de un maestro capacitarlo para hacer trabajos que otros no pueden desarrollar bien?

¿Es posible cambiar las opiniones de un maestro? ¿Cómo?

¿Por qué tiene dificultades el maestro en ser un evangelista firme y enérgico?

Capítulo 14: *Problemas del maestro*

¿De qué maneras pueden los maestros ser menos diestros para la enseñanza que los exhortadores?

¿Cómo pueden otros hacer frente a un don de enseñanza legalista o dogmático?

Capítulo 15: *Personajes bíblicos con el don de enseñanza*

¿Qué características de Apolos indican que él era un maestro?

¿Qué sabe usted sobre Lucas que revela su don de enseñanza?

Sexta semana: Leer los capítulos 16-18

Capítulo 16: *Características del exhortador*

¿Por qué a muchas personas les gusta estar cerca de los exhortadores?

¿Por qué cree usted que los exhortadores sienten que las experiencias de la vida son tan válidas como las Escrituras?

¿Qué cualidades hacen que los exhortadores sean consejeros excepcionales?

¿La tendencia que tiene el exhortador de aceptar a todos es una excusa para hacer concesiones

Capítulo 17: *Problemas del exhortador*

¿Qué justificación usan los exhortadores para citar las Escrituras fuera de contexto?

¿Cómo pueden otros aceptar las muchas palabras de un exhortador?

Capítulo 18: *Personajes bíblicos con el don de exhortación*

¿Por qué estaba dispuesto Bernabé a ayudar a Juan Marcos, cuando este los había abandonado anteriormente?

¿De qué maneras demostró Pedro las características de un exhortador?

Séptima semana: Leer los capítulos 19-21

Capítulo 19: *Características del dador*

¿De cuántas maneras pueden dar los dadores?

De todos los dones, ¿por qué son los dadores más aptos a estar involucrados en evangelismo?

¿Por qué capacitó Dios a los dadores para ser tan talentosos y exitosos en los negocios?

¿Será la sabiduría la posesión exclusiva de los dadores? ¿Por qué?

Capítulo 20: *Problemas del dador*

¿Cómo se puede ayudar a un dador a "cortar el cordón umbilical" después que ha dado financieramente?

¿De qué forma puede la generosidad de un dador afectar negativamente a su familia?

Capítulo 21: *Personajes bíblicos con el don de dar*

¿Qué razones tenemos para decir que el don motivacional de Abraham era el de dar?

Puesto que los apóstoles casi siempre tienen más de un don fuerte, ¿cuáles eran los dones de Pablo?

Octava semana: Leer los capítulos 22-24

Capítulo 22: *Características del administrador*

¿Cómo cree que los administradores se relacionan con la autoridad?

¿Por qué es vital que los que tienen el don de administración tengan una capacidad visionaria?

¿Por qué los administradores continuamente llevan una lista de cosas para hacer?

¿Cómo podemos saber si una persona que desea estar en el liderazgo es realmente el indicado para tal posición?

Capítulo 23: *Problemas del administrador*

¿Cómo debe el administrador manejar la crítica?

¿Por qué los administradores a veces tienen sus prioridades fuera de orden?

Capítulo 24: *Personajes bíblicos con el don de administración*

¿Cómo fue que al compartir José sus sueños, se metió en problemas pero también en el plan de Dios?

¿Por qué se considera que David y Nehemías eran administradores?

Novena semana: Leer los capítulos 25-27

Capítulo 25: *Características del que tiene compasión*

¿De qué maneras es tanto un problema como una bendición tener el don de compasión?

¿Qué atrae a las personas con el don de compasión a aquellos que están heridos o afligidos?

¿Por qué confían las personas con el don de compasión en aquellos que no son fiables?

¿Qué conflictos pueden surgir entre una persona con el don de compasión y una con un don analítico?

¿Cuáles dones son dotados para la intercesión? ¿Cómo pueden las personas con estos dones trabajar juntas?

Capítulo 26: *Problemas del que tiene compasión*

¿Por qué se hieren tan fácilmente las personas con el don de compasión?

¿Por qué es difícil para una persona con el don de compasión ser firme o planificar de antemano?

Capítulo 27: *Personajes bíblicos con el don de compasión*

¿Hasta qué punto mostró compasión el buen samaritano?

Aunque Jeremías tenía el llamado de profeta, ¿cómo sabemos que también tenía el don de compasión?

Décima semana: Leer el capítulo 29

Capítulo 29: *Las características de Jesús*

¿La percepción que Jesús tenía era mayor que la nuestra o el Espíritu Santo nos puede capacitar para tener una percepción similar hoy día?

¿Por qué cree que Jesús hizo tanto hincapié en ser siervo?

¿Por qué basó Jesús tantas de sus enseñanzas en el Antiguo Testamento?

¿Cómo decidió Jesús a quién animar y a quién condenar?

¿De qué maneras era importante la enseñanza de Jesús sobre las buenas nuevas del reino de Dios?

¿Dejó Jesús que las cosas "simplemente sucedieran" o tenia Él un plan para su ministerio?

Analice las diferentes maneras en que Jesús mostró compasión. ¿Cuál fue la mejor?

Décimaprimera semana: Leer los capítulos 30 y 31

Capítulo 30: *Poniendo en práctica su don*

a. ¿Cómo responderían padres con diferentes dones al enterarse que su hijo había sacado malas notas en la escuela?

b.¿Cuáles son algunos conflictos matrimoniales que podrían surgir al casarse dos personas que tienen dones opuestos?

c. ¿En qué otra relación interpersonal pueden surgir conflictos a raíz de que ambas personas tengan dones muy diferentes? ¿Qué se puede hacer al respecto?

d. ¿Cómo puede ser útil el conocimiento de los dones motivacionales en la consejería?

e. ¿Las personas con diferentes dones motivacionales abordan el testificar de la misma manera? ¿Por qué o por qué no?

Capítulo 31: *Cada cristiano es un "ministro"*

f. ¿De qué manera es cada cristiano un "ministro"?

g. ¿Deben enseñar personas con diferentes dones? ¿Cómo será diferente el enfoque de cada uno?

h. ¿Cuáles son algunas posibles áreas de ministerio para cada uno de los dones? ¿Qué ha hecho usted?

i. ¿Cómo se relacionan los talentos con los dones motivacionales?

Décimasegunda semana: Leer el capítulo 32 y los pensamientos finales

Capítulo 32: *Carreras y trabajos*

a. ¿Cómo reflejan sus rasgos personales sus dones motivacionales?

b. De niño, ¿qué cosas hacía usted que reflejaban sus rasgos personales?

c. ¿Qué debería hacer al encontrar que en su trabajo no hay la oportunidad de satisfacer sus capacidades naturales?

d. Según la lista en este capítulo, ¿cuáles son las carreras y los trabajos en los cuales usted tendría éxito? ¿Está desempeñando un trabajo de este tipo actualmente? ¿Lo ha hecho en el pasado?¿Qué le indica esto acerca de su futuro?

Pensamientos finales

e. ¿Qué ha aprendido de este estudio de los dones motivacionales?

f. ¿Cómo ve usted el Cuerpo de Cristo ahora?